中央研究院叢書

存在交涉
日治時期的臺灣哲學

Existential Engagement
Philosophy in Taiwan, the Japanese Era

主編 洪子偉

中央研究院
聯經出版公司

探索臺灣的啟蒙時代

　　2014年5月，聽說中研院歐美所將舉辦日治時期臺灣哲學家的學術工作坊，我心想：「終於等到了！」密切追蹤該活動。半年後，又見《臺大文史哲學報》刊載了洪子偉先生所作〈臺灣哲學盜火者──洪耀勳的本土哲學建構與戰後貢獻〉一文，拜讀之後，心中極感興奮與激動。這些被埋沒於時代洪流中的臺灣哲學家們，終有重見天日的機會了。

　　1945年8月日本戰敗投降，中國政府在盟軍指令下接收臺灣，臺灣命運出現大轉彎。新來的中國政府強調「去日化」、「去奴化」，要將日本統治五十年的「毒素」全部掃盡，並以「祖國化」、「三民主義化」取代之。1947年發生全島性的反抗行動──二二八事件，當局更加認定臺灣人深受日本「奴化遺毒」，矢志加強中國化教育。1949年，在國共內戰中失去政權的國民黨政府逃亡臺灣，在這僅有的海島上宣稱自己是中國唯一合法政府、中國文化的正統。此後，中國文化優越性不斷抬高，透過媒體宣傳、藝文活動、學校教育等各方面鋪天蓋地而來；同時，大批中國文人擁入臺灣，成為官方推崇的學術界、文化界、思想界大師。在時代轉換之間，日治經驗成為原罪，臺灣文化遭到貶抑，臺灣知識分子更因不利的語言工具，快速被邊緣化，失去活動空間。

　　具有日治經驗的臺灣知識人，戰後卻成為無情時代的犧牲者。

　　19世紀下半葉，東亞各國遭受西方世界強大挑戰。日本經明治維新打造近代國家，成功回應外來衝擊，成為亞洲改革典範，包括清國、朝鮮、印

度、越南、菲律賓等鄰近各國，競相赴日學習，帝都東京人文薈萃，儼然是東亞文明中心。自1895年甲午戰後割讓給日本的臺灣，也在帝國統治下，進入近代世界。

1920年代，日本統治臺灣進入穩定時期，大批臺灣留學生前往母國學習。而這個時期的日本帝國，正處於翻天覆地的變化：明治維新以來強力打造的中央集權體制，面臨派閥、政黨、群眾運動的挑戰；資本主義發展不均的結果，農民、工人抗爭事件不斷，無產階級、社會主義運動興起；富國強兵等西化成果，步入盤整階段，應該繼續深化西方價值，或是以左翼西方修正自由主義西方，或是回歸東方，爭論不斷；擴張中的日本帝國對外如何維持與亞洲鄰國的互動、與西方世界的關係，對內又該如何維持殖民地朝鮮、臺灣的穩定統治。就在帝國面臨新局之際，明治天皇逝世，繼位的大正天皇體弱多病，社會控制能力衰減，形成日本近代史上思想蓬勃、多元開放的「大正民主時期」。

同時，日本的學院派哲學研究也在此時期高度發展。明治初期，西方哲學已傳入日本，西周將「Philosophy」翻譯成「哲學」，意味「希求哲智」、「愛智之學」，而被稱為日本西方哲學之父。明治時期向西方學習過程中，西方哲學思想陸續被引進日本，民間哲學家輩出；至大正初年，阿部次郎的《三太郎日記》對於自我人格、心靈、道德的探討，在青年間大為風行。1918年日本大學學制改革，隨著許多大學的新設、高等專門學校升格大學，哲學科系與哲學研究者大增，學院派哲學蓬勃發展，其中尤以京都大學最為著名。1920年代新康德哲學盛行，京大是為重鎮，左右田喜一郎、桑木嚴翼、朝永三十郎等人活躍一時；西田幾多郎反省西方哲學、企圖建立日本的哲學體系，學生田邊元繼承之，發展成「京都學派」；原本任教於早稻田大學、留學德國的波多野精一，也在大正時期轉到京都大學任教，以宗教哲學聞名；和辻哲郎的倫理學與風土哲學受德國哲學影響，於1930年代引領思想走向。

1920年代以來，愈來愈多臺灣青年到殖民母國求學。留學生大多集中於東京與京都，尤其東京占七成以上，其中以醫學、法商最受青睞。但是，

臺灣留學生處於大正民主時期，目睹母國政治社會運動風起雲湧，環顧俄國革命、中國五四運動、朝鮮獨立事件、殖民地自決風潮等世局變化，大受啟發。臺灣青年苦苦思考自我存在的困境，尋求殖民地解放之道，近代哲學與思想方法自然成為借重途徑之一。臺灣第一批近代哲學家們，由此孕育。

值得注意的是，留學歐美的風氣，也在此時期開展。據學者研究，日治時期留學美、英、法、德等國的人數超過百人，1926年並成立了「臺灣歐美同學會」。歐美留學生中也以學習醫學、財經者為主，但以人文社會為專業的人也不少，較知名的有攻讀神學的郭馬西、蔡愛智、劉振芳、劉子安，哲學博士林茂生、廖溫魁（文奎），攻讀文學與哲學的林攀龍，政治學的黃朝琴、游彌堅等等。臺灣青年接受時代洗禮，並與近代知識體系接軌，透過留日、留美、留歐學習思想工具，與世界文明對話。

如此看來，1920年代可以說是臺灣的啟蒙時代，自此時期以降的十數年間，臺灣社會文化昌明、思想蓬勃、各種改造倡議成績斐然。雖然1930年代末期時局丕變、軍國主義降臨，但是日治時期臺灣社會已培養出大批具有近代知識訓練與學術能力的知識分子，卻是不爭的事實。

戰後改朝換代、情勢嚴酷，迫使臺灣思想家們忍氣吞聲、自我隱遁，竟至臺灣社會全然遺忘他們曾經的存在與努力。1980年代民主化運動興起，本土歷史初受重視，廖仁義先生一度努力挖掘臺灣文化與哲學思想，可惜後繼無人。如今，臺灣已是民主國家，我們終於可以如正常國家一般，探究、理解自己的歷史。

本書所收錄的十一篇文章中，洪子偉所作〈日治時期臺灣哲學系譜與分期〉為臺灣近代本土哲學的各種淵源流派、代表成員、分期與發展，提供了基本而完整的圖像。就如同日治時期臺灣哲學家們思想淵源廣泛來自日本、美國與歐洲各國一般，本書的作者群則分布在臺灣、日本、香港、中國等處，這個多種語言、多種學術專業的工作坊組合，才有足夠能力為李春生、林茂生、洪耀勳、林秋梧、張深切、廖文奎、陳紹馨、郭明昆、黃金穗等九位臺灣本土哲學家的生平與思想進行深入的研究與分析。這是臺灣哲學史的第一步，具有開創性的意義。

雖然洪子偉先生與我並不熟識，但他邀我為本書作序，令我感到萬分榮幸，因此不揣敝陋，欣然允諾。拜讀本書，感到滿滿的知識活力與認識自我歷史的感動，真的深深感謝年輕人的努力。以此為起步，讓我們探索臺灣的啟蒙時代，重新認識臺灣哲學史。

陳翠蓮

臺灣大學歷史學系教授

2015 年 4 月 17 日

古道照顏色

乍聞歐美研究所舉辦有關臺灣早期哲學家的學術研討會有些驚訝，原以為早期學者應是研究日本哲學與中國哲學為主，後經主辦人洪子偉博士說明，才知最早在臺灣以哲學為志業者經常是以歐美哲學為主要關心，這應該是當時（20世紀始）歐洲哲學強盛再加上美國實用主義興起，因而引發日本哲學界的學習趨勢。就經歷而言，這些學者多半出生於臺灣，中學受教於日本，大學及研究所則負笈歐洲或美國，學成後則回到日本或臺灣從事和哲學相關的行業或論述。以語言而論，早期哲學家的母語是臺語，赴日習日語，赴歐美則操歐美語，回到日本復用日語，回到臺灣則常要修習中文。以鮭魚壯遊的方式，早期臺灣哲學家將歐美哲學精華源源不斷引入家鄉。

本會議第二項令人驚異的是臺灣早期哲學家人數之眾、門派之多、所學之精。據洪博士對臺灣早期哲學家的定義，加上有相關著作仍在流傳的條件，總數有二十人之多。哲學門派相當豐富，除了日本哲學、漢學、佛學之外，歐美哲學部分包括德國哲學（以康德、海德格、馬克思為主）、美國實用主義（包含心理學和教育學），以及基督教哲學。在會議期間，有幸聆聽許多專家學者對早期哲學家的精采剖析，得以了解先哲著作水準極高，在百年前臺灣哲學發展的初期即有純熟的成就，有的甚至自成一家之言。

最後的驚奇是參與會議發表論文者多是三、四十歲的年輕學者。大部分臺灣哲學學者對這些早期哲學家相當陌生或完全不知，例如本人只略知其中三位。然而這群年輕學者卻能侃侃而談早期哲學家的歷史和著作，深入探討

他們論理的特色、時空背景和師承，論文品質兼具深度與廣度，令人欽佩。
在這些年輕學者的閃亮眼神中，先哲的典範再度泛發光澤。

何志青

中研院歐美所副研究員

2015 年 4 月 20 日

編序

　　什麼是臺灣哲學？日治時期臺灣哲學家又如何界定？雖然臺灣研究已是顯學，但不論在臺灣文史學領域或甚至整個哲學界，對這些問題卻依舊相當陌生。哲學作為人文社會科學重要一環，若缺少相關考掘則臺灣研究將有不完整之憾。然而，編者自大學接觸哲學到進入學術圈工作至今二十年，幾未曾聽聞戰前臺灣哲學。若非幾年前偶然閱讀到洪耀勳的作品，彷彿讓人以為在 1949 年以前，臺灣未曾發展出本土哲學。或錯誤認為即便有，亦未臻成熟而不足道也。

　　但事實上，臺灣當代哲學的誕生，不但始於日本統治下的現代化浪潮，其啟蒙過程更是豐富多元而具生命力。那個時代，臺灣正面臨殖民同化的生存危機。臺灣哲學家所共同關心的問題是，若臺灣在文化上不同於日本，政治上又不歸屬中國，那它到底是什麼？他們思想的共通特徵是「存在交涉」——透過現實世界與抽象理論之間的反覆辯證，來重新認識自己的存在現況。以存有問題出發，正是早期臺灣哲學的時代精神。可惜這些深刻思辨與運動實踐，除了在皇民化與戰時體制下受到壓制，戰後兩蔣威權統治下的戒嚴時期更是禁忌，終而造成本土哲學的斷裂。本書目的之一，正是為了稍微填補這一段思想史上的空白。

　　然而本書的定位並非只是思想史上的，更期許有其跨時空的哲學意義（Philosophical significance）。近百年前，林秋梧透過馬克思理論批判當時佛教向資本階級靠攏，對照今日臺灣佛教團體財閥化，依舊適用；林茂生從杜威觀點抨擊同化教育將統治者的信仰價值強加諸學子，在近日教育部課綱爭議上，更顯諷刺；此外，洪耀勳借用黑格爾的主客辯證來證成臺灣在文化上的獨立性，或是廖文奎以四個論證來證成臺灣在政治上的獨立性，依然未獲

普遍重視。對於這些積習已久的當代困境，我們更希望從過去哲學家的論述中，尋找未來的可能出路。

　　本書以專家而非專題的方式編輯，讓讀者了解臺灣早期哲學家的理論之外，也能對其人與所處時代背景有較清楚認識。本書共收錄十一篇文章。除第一章導論，其餘十章則是國內外十二位學者針對臺灣九位哲學家的研究：包括李春生在基督教觀點下的儒家詮釋、林茂生的陽明研究與殖民政策下的教育哲學理想、洪耀勳的實存概念與真理辯證、林秋梧的左翼佛學、張深切的孔學批判、陳紹馨的社會哲學理論、廖文奎從祖國派到臺灣民族獨立的認同轉變、郭明昆以西方人類學方法探討傳統經學與家族稱謂，以及黃金穗從研究數理邏輯到創辦《新新》來思索臺灣文化前途的歷程。

　　這些論文除少部分涉及戰後文獻外，餘皆以戰前作品為主。全書十一章中有九章為新作，且均修改自2014年5月於中研院歐美所所舉辦的「歐美思潮與早期臺灣歐美哲學」工作坊之會議論文。這個工作坊規模不大，卻是國內首次以日治時期哲學為主題的會議，有其特殊意義。在此特別感謝中研院歐美所柯瓊芳所長、方萬全老師、何志青老師、林鈺婷小姐、李佩芸小姐、顏詩耕先生、臺灣大學的高君和先生、徐志成先生、吉田繪里小姐，以及自由譯者潘信宇先生、早稻田大學洪子傑先生、神戶大學佐藤昇先生亦幫忙甚多。也謝謝哲學界前輩趙天儀、林正弘、郭博文、李日章、何秀煌、廖仁義等幾位老師的指導與協助。另外，本書得以順利出版，要感謝中央研究院出版委員會的王汎森副院長、吳重禮委員、鍾彩鈞委員、劉翠溶委員、祝平一委員、張珣委員、李有成委員、呂妙芬委員、蕭阿勤委員、朱瑞玲委員、彭小妍委員，以及兩位院外匿名審查人的寶貴意見。學術發展科趙婉伶小姐的協調幫忙亦功不可沒。同時也謝謝《思與言》發行人魏千峰律師與臺師大臺文系代理系主任林淑慧老師之授權。最後，承蒙陳翠蓮老師與何志青老師慨允為此書作序，特此致謝。

洪子偉

中研院歐美所助研究員

2015年5月1日

目次

第一章

日治時期臺灣哲學系譜與分期

洪子偉[*]

　　臺灣現代哲學的發展始於何時？早期哲學又是何種面貌？本文的目的在替早期本土哲學概況勾勒出大致輪廓。為此，本文首先簡述其誕生的時代背景，並定義何謂「臺灣哲學家」，以釐清研究的對象與範圍。其次，本文提出早期哲學發展的「前啟蒙」、「啟蒙發展」與「成熟期」三階段觀點，並探討第一代與第二代哲學家的角色。同時也刻畫出當時哲學家重視基本存有與運動實踐的兩大特徵。其三，根據早期臺灣哲學家的理論師承與哲學系譜，將早期哲學區分為「歐陸—日本哲學」、「美國實用主義」、「基督宗教哲學」與「漢學」等四大學派，並簡述其發展特色與時代精神。最後，本文簡述研究早期哲學有何思想史之外的哲學重要性。

一、臺灣哲學的誕生與困挫

　　「哲學」一詞不論就其漢字詞源，或是其作為現代化學科傳入東亞的歷史來看，都是十足的舶來品。而臺灣具有現代意義的哲學發展，也始於19

* 　中央研究院歐美研究所助研究員。

世紀末日本統治下的西化浪潮。

　　1853年美國黑船來航，震驚日本，打破江戶幕府兩百多年的鎖國政策。在維新志士推動下，明治天皇開啟了「文明開化」的現代化革新。從政府體制、服裝髮型到語言文字，都有「脫亞入歐」論辯。這種西化運動，與其說是典章制度的移植，毋寧說是文化上的皈依。短短二十幾年，日本不但「散髮脫刀」，更有系統地引進了英國效益主義、古典自由主義等思潮。如中村敬太郎翻譯彌爾的《自由之理》（1871）、服部德翻譯盧梭的《民約論》（1877）、西周翻譯評註彌爾的《利學》（即《效益主義》）（1877）等[1]。而「哲學」一詞，也是由日本學者西周所譯定（當時清國學者尚稱「Philosophy」為「智學」）。1868年，明治天皇開辦開成學校作為研究與教授西學的官方機構。1877年4月東京大學成立[2]，文學部的第一科中包含了史學、哲學與政治學，這是哲學第一次以現代專門學科出現於日本。相較之下，清帝國同治皇帝1861年開始的「洋務」運動，則以「師夷長技以制夷」的思維出發。1903年光緒皇帝在模仿西方學制頒訂「奏定學堂章程」以建立現代化教育機構時，依舊將哲學排除在高等教育外[3]。1895年，兩帝國黃金交叉，臺灣島變成日本新疆。

　　清國割臺後，現代哲學思想便透過赴日本內地念書的臺灣學子，傳回本島逐漸發展。和幕末的維新志士一樣，臺灣青年積極接受歐美思潮，也有其救亡圖存的使命。廖仁義說得好：「臺灣哲學一開始就不是一種囿於學院藩籬的觀念推演，而是源自於民間尋找反支配思想的需求。」[4]

　　日本統治下的臺灣哲學發展有兩個背景條件，造就其豐富多元、具生命

1　宮永孝，〈西洋哲学伝来小史〉，《社会志林》，第57卷第1-2期（2010年9月），頁1-110，法政大学社会学部学会。

2　東京大學後來在1886年改名為「帝國大學」，1897年再度改名為「東京帝國大學」。

3　李明輝，〈省思中國哲學研究的危機——從中國哲學的「正當性問題」談起〉，《思想》，第9期（2008年5月），頁165-173。

4　廖仁義，〈臺灣哲學的歷史構造——日據時期臺灣哲學思潮的發生與演變〉，《當代》，第28期（1988），頁25-34。

力的特性。一方面，此時本土哲學家面臨日本總督府殖民同化所引發一連串在文化、語言、政治、社會上的生存危機。這些哲學家出於存在焦慮而展開本能求生，提出各種具開創實驗性質的解決方案。另一方面，自1910年代末期起，除了整個臺灣文化界受到中國五四運動、日本大正民主、俄國的布爾什維克革命、美國威爾遜的民族自決主張與朝鮮的三一獨立運動的衝擊之外[5]，臺灣哲學家更汲取諸如基督教神學、德國觀念論、辯證唯物論、美國實用主義與繼起的海德格哲學等歐美思潮的養分，對於上述生存危機展開各種大膽的論述與運動。

　　在這股浪潮下，早期哲學發展出兩個重要特徵：一是對於存有問題的關注、一是對運動實踐的重視。首先，這個時代的臺灣哲學家所共同關心的問題是，如果臺灣在語言文化上不同於日本，政治上又不歸屬中國，那它到底是什麼？面臨同化又該如何自處？他們透過現實世界（殖民臺灣）與抽象概念（哲學理論）之間的反覆辯證，來重新界定自己的存在現狀。除了先驗的哲學概念，他們更關注現實中倫理學意義下的存在問題。其次，臺灣自1920年代起經歷了政治民族運動與1930年代的文化民族運動，這群哲學家也在各種政治光譜的改革場域無役不與。從臺灣文化協會、臺灣民眾黨、臺灣革命青年團，到放棄東京大學學業潛渡中國參軍抗日者盡皆有之。正如馬克思所言：「哲學家至今只以各種方式來解釋世界，但更重要的是去改變它。」[6]在那個年代，臺灣哲學就是一種行動、一種實踐！

　　然而，哲學始於懷疑，常體現於對既有價值體系的反叛。故而早期哲學發展所遭遇的困挫，也多來自當權者的壓迫。例如洪耀勳〈風土文化觀〉（1936）曾以主客辯證來證成臺灣在文化上既不從屬於日本，也不歸屬中國。但這種論證方法，在某種程度上必須建立在對日本文化與中華文化的否定，這在帝國皇民化運動與戰時體制下可說是困難重重。即便日本戰敗，在

5　見廖仁義，〈僵斃的叛逆符號——「五四崇拜」及其霸權意識的批判〉，《自立早報副刊》（1988年5月4日、5日）。

6　出自馬克思（1845）《關於費爾巴哈的提綱》（*Theses on Feuerbach*），原文是 "The philosophers have only interpreted the world, in various ways; the point is to change it."

兩蔣政權漫長的戒嚴時期，其本土哲學論述也很容易被貼上「文化臺獨」標籤。因此，本土哲學的發展自1940年代起產生思想史上的斷裂，戰後哲學家更被迫在再殖民的獨裁體制下集體噤聲失語。廖仁義認為，這段時期「中國哲學以一種外來思潮暫時扮演臺灣本土哲學的整體」[7]。

　　解嚴後，只有廖仁義在1988年曾分析臺灣哲學的歷史構造[8]。即便臺灣史在1993年成為顯學後[9]，哲學界也僅有李明輝在1995年探討本土思想家李春生的論述[10]，整個學界對臺灣早期哲學研究雖有零星論述卻並不熱中。究其諸多原因，固然有文化認同與學術市場的考量，但或許其中一個難處在於「何謂哲學」此看法上的分歧，以至於如何去界定研究對象主體仍未有定論。例如，「傳統中國是否有哲學」一直是個爭議[11]，連帶影響臺灣清代經學者如鄭用錫、洪棄生的定位問題。重之以臺灣研究日益熱門，也有學者指出原住民文化中已具有原始哲學的特徵[12]。這些諸多因素都在決定臺灣哲學的研究對象與範圍時產生阻礙。

7　見廖仁義，〈臺灣哲學的歷史構造──日據時期臺灣哲學思潮的發生與演變〉，《當代》，第28期（1988），頁25-34。

8　見廖仁義，〈僵斃的叛逆符號──「五四崇拜」及其霸權意識的批判〉，《自立早報副刊》（1988年5月4日、5日）。以及廖仁義，〈臺灣哲學的歷史構造──日據時期臺灣哲學思潮的發生與演變〉，《當代》，第28期（1988），頁25-34。

9　見許雪姬，〈臺灣史研究三部曲：由鮮學經顯學到險學〉，《思想》，第16期。

10　李明輝編，《李春生的思想與時代》（臺北：正中書局，1995）。

11　「中國哲學」的名稱爭議分別表現在「中國」與「哲學」兩個含糊概念上。對於當代脈絡下，何乏筆（2008）主張以「漢語」哲學正名；至於傳統脈絡下，安樂哲則直接以中國「思想」取代。相關討論可見筆者〈臺灣哲學盜火者〉。

12　分別見：浦忠成，〈臺灣原住民神話中的一些原始哲學〉，《第二屆臺灣本土文化國際學術研討會論文集》（臺北：國立臺灣師範大學文學院國文系、人文教育研究中心，1997），頁33-40。張佳賓，〈從神話傳說論卑南族的倫理、教育及美學思想〉，《第三屆臺灣本土文化國際學術研討會論文集》（臺北：國立臺灣師範大學人文教育研究中心主辦，1998），頁105-135。Kuan-Hung Chen（陳寬鴻）, "Remapping Taiwanese Philosophy: Thinking from Constructing Aboriginal Philosophies." The 12th Annual North American Taiwan Studies Conference Crossing the Borders, Fostering the Future: Taiwan Studies in the Intersections.（Santa Cruz: University of California, 2006）

　　為減少可能的爭議，本文所稱的「哲學」明確定義為現代化過程中，所引進西方的系統性思辨工具。舉凡笛卡兒的演繹法、培根的歸納法、黑格爾或馬克思的辯證法、胡賽爾的現象學、羅素的邏輯分析與巴特的辯證神學等皆屬之。在此意義下，清代文人鄭用錫的《周禮解疑》並不算是本文定義之哲學，但林茂生1916年在東京大學以現代方法書寫，並比較唯心論與陽明學的〈王陽明の良知說〉則是。

　　依此，則本文對臺灣哲學家的定義可分別從「臺灣」與「哲學家」加以說明：一方面，臺灣「哲學家」是指以（上述定義之）哲學為工具從事相關論述與改革運動者。另一方面，對「臺灣」哲學家是採取屬人而非屬地認定。故並非所有居住在「臺灣」的「哲學家」都是臺灣哲學家，而是將臺灣總督府戶籍五大族別[13]中的日本人排除在臺籍之外。是故，長年在臺北帝國大學哲學科任教，戰後更一度留任臺灣大學的淡野安太郎不符此範疇，但大半輩子在外漂泊，終致客死異鄉的廖文奎卻屬之。

　　依此交集定義，則臺灣哲學家的「內涵」（intension）是指以哲學為工具從事相關論述與改革運動的臺灣人，其「外延」（extension）則至少包括了李春生、林茂生、周在賜、郭馬西、蘇薌雨、洪耀勳、林秋梧、張深切、廖文奎、陳紹馨、郭明昆、楊杏庭、曾天從、吳振坤、黃彰輝、黃金穗、鄭發育、張冬芳、蔡愛智、林素琴等人[14]。若以發展特色分期，有前啟蒙期（1896-1916）、啟蒙發展期（1916-1930）、成熟期（1930-1945）三個階段。若進一步依據思想系譜區分，則大略有歐陸—日本哲學、美國實用主義、基督宗教哲學與漢學等四大學派。

---

13 根據臺灣總督府的戶籍分類，將臺灣住民分為「內」（日本內地人）、「生」（原住民）、「福」（閩南人）、「廣」（客家人）與「熟」（平埔族）五大種族。

14 筆者在〈臺灣哲學盜火者〉一文中曾提出較狹隘的操作型定義：將哲學視為是現代學科意義下的一門學問，而將哲學家視為是接受哲學高等教育並實際從事相關學術與改革運動者。雖此定義的優點在於提供明確的判準，但缺點則是涵蓋性不足，會排除李春生、張深切等非學院派。此外，即便以學院為主，由於當時心理學與人類學尚未從哲學獨立出去，故並非所有的研究均與當今的分類相同。例如郭明昆的〈喪服〉、〈祖父稱謂考〉就涵蓋古典經學與人類學。

二、發展分期與時代精神

　　日治時期的臺灣哲學受到兩股力量交互影響。一方面，它承襲了日本內地哲學的主流理論，甚至「屬於廣義的日本哲學發展的一部分」[15]。另一方面，它卻又與當時臺灣社會的政治與文化抗日運動密切結合。在這兩股力量拉扯下形塑出臺灣哲學的獨有特徵。依其發展分期，可約略分為「前啟蒙期」（1896-1916）、「啟蒙發展期」（1916-1930）與「成熟期」（1930-1945）。

1. 前啟蒙期（1896-1916）

　　前啟蒙期始於李春生1896年在日本橫濱出版《主津新集》後的一系列宗教哲學作品[16]，而終於林茂生在1916年所出版的第一篇現代意義的學術論文。這個階段之所以稱為前啟蒙，乃是因為當時的臺灣文人多未接受現代教育與系統性的思想訓練，只有少數透過教會而接觸西方思潮，且多具鮮明的宣教立場。由於臺灣在1915年噍吧哖事件以前仍處於武裝抗日的階段，發展政治或文化的主體論述並非此時的重點。再加上第一批接受現代化教育的新興知識分子當時仍處中、小學階段（如洪耀勳和張深切）。因此，李春生、林茂生與周再賜這三位生於19世紀清帝國的第一代哲學家，便成為前啟蒙期的代表人物。此時他們的作品多以西方宗教或傳統儒學為主題，較無涉於臺灣主體之自覺。

　　舉例來說，李春生透過西洋傳教士與對洋貿易而自學通達東西思想，也是臺灣基督教長老教會的奠基者。他的作品眾多，自1896年李春生訪日回臺完成《東遊六十四日隨筆》之後，他不再過問時政而潛心基督神學研究。他的宗教哲學著作包括《主津後集》（1896）、《天演論書後》（1907）、《東西哲衡》（1908）、《宗教五德備考》（1910）、《哲衡續編》（1911）、《聖經闡要講義》（1914）等等。在哲學上，詮釋學（Hermeneutics）原指對聖經

---

15 見林從一，〈哲學101：開新局、展新頁〉，楊儒賓等編，《人文百年、化成天下：中華民國百年人文傳承大展文集》（新竹：國立清華大學，2011），頁210。

16 見陳俊宏，《臺灣教會公報》，第2435期（1998年11月1日），頁16。

文本的解釋方法，後擴展到對於其他文本的解釋上。目前雖無證據顯示李春生有意識地利用詮釋學方法來解經，然而，李春生在闡述基督教義與其他學說的不相容性（如演化論、效益主義、共產主義）或相容性（論語、孟子）時，除承襲蘇格蘭長老宗批判羅馬天主教的詮釋傳統，在調和諸如先秦儒家的「天」與基督教的「上帝」概念時，也發展出極具個人特色的詮釋方法與策略[17]。廖仁義認為，雖然李春生的論證時顯粗糙，又不乏宗教成見，但卻顯示其在面對近代思潮的反省時的洞察[18]。黃俊傑則認為他是臺灣第一位思想家[19]。

　　此外，同屬基督教長老會的林茂生受教會補助赴京都求學，自1908-1913年，也在《臺南教會報》發表7篇有關京都見聞的作品[20]。然而，林茂生真正具有哲學重要性的代表作，是他在1916年東京帝大哲學科畢業時連載於《東亞研究》第6卷第11-12號上的〈王陽明の良知說〉。這篇論文率先以康德思想詮釋儒家，黃崇修認為，當時林茂生這種方法相當前衛，不但早於1921年後參酌西方理論的新儒家熊十力、梁漱溟、馮友蘭等人，更早於戰後來臺以康德詮釋儒家道德哲學的牟宗三[21]。林茂生的〈王陽明の良知說〉不但是臺灣哲學史上第一篇具有現代學術意義的重要文獻，也標示著臺灣哲學正式從前啟蒙期邁向啟蒙發展階段。

2. 啟蒙發展期（1916-1930）

這個時期始於1916年林茂生發表〈王陽明の良知說〉，到他1930年取

17　關於李春生「合儒」、「補儒」、「益儒」等策略，請參考本書第二章。

18　見廖仁義，〈臺灣哲學的歷史構造——日據時期臺灣哲學思潮的發生與演變〉，《當代》，第28期（1988），頁25-34。

19　見黃俊傑，〈李春生對天演論的批判及其思想史的定位——以「天演論書後」為中心〉，*Proceedings of the National Science Council（Part C: Humanities and Social Sciences）*，第4卷第2期（1994年7月），頁194-205。

20　見張妙娟，〈《臺灣教會公報》：林茂生作品之介紹〉，《臺灣風物》，第54卷第2期（2004），頁45-69。

21　見本書第三章。

得美國哥倫比亞大學博士為止。這個階段之所以稱為啟蒙發展期，乃緣於兩個因素：一是1910年代後，日本哲學開始步上專業學院化之發展，此時東大、京大紛紛將哲學獨立單獨設科，著名的京都學派也開始萌芽茁壯。另則是臺灣本土新興知識分子逐漸崛起，在歐美思潮與世界局勢的衝擊下，開始各種大膽而具實驗性質的論述與衝撞。這個階段，除有林茂生從前期到後期思想的轉變外[22]，臺灣第二代哲學家也依序登上歷史舞臺。所謂的第二代哲學家是指出生於日本領臺後的二十世紀初，以臺、日語為母語的雙語世代。他們也是第一批接受完整現代化教育的新興知識分子，在臺灣哲學的啟蒙發展期和成熟期中扮演關鍵角色。

　　啟蒙發展期開始出現不少文獻，且多與各種風起雲湧的社會改革運動有關[23]。例如在杜威應胡適與蔣夢麟之邀訪問中國期間（1919-1921），林茂生也在《臺灣日報》連載〈社會之進化及學校教育〉（1924）八篇，探討現代教育的理念，展現了他投入杜威門下之前的教育哲學觀點，以及對於日本殖民教育的看法。林秋梧1927年起開始在《南瀛佛教》、《中道》發表宗教改革的文章[24]。1929年更在《臺灣民報》連載〈唯物論者所指謫的歷史上的宗教所演的主角〉十篇，將馬克思對宗教的批判應用到反思臺灣佛教之現狀。此外，廖文奎在芝加哥大學的碩士論文《唯心論及其批判》（*Modern Idealism as Challenged by Its Rivals*）（1929），則討論了實用主義（Pragmatism）與實在論（Realsim）對觀念論的挑戰，算是臺灣少數純粹西方哲學論著之先驅。

　　然而此時的臺灣哲學家不止於著書立說，更熱中於各種政治改革與運動實踐。這多少受到19世紀以來德國哲學典範轉移的影響。原本，黑格爾認為哲學的任務是在歷史事件發生後的消極省察與反思，正如同「米納瓦的夜

22　見本書第三、四章。

23　陳芳明（2011）指出1920年代臺灣文學與政治反日運動息息相關，甚至是政治運動的羽翼。這是因為當時知識分子專注於政治意識的啟蒙更勝於文學創作的形式。在這個階段的哲學文獻上也有類似情況，理念的表達往往勝過嚴謹的論證建構。

24　參考李筱峰，《臺灣革命僧》（臺北：自立晚報，1991）。

梟只有在夜幕低垂時才會展翅高飛」[25]。但是馬克思卻主張，歷史演變來自人類的自覺與努力，而哲學應扮演改變世界的積極力量。這種對於黑格爾觀念論傳統的批判，也影響了早期日本哲學的發展。1920 年代後，日本政府雖然開始打壓左翼思想與共產黨，但這種精神卻以另一種形式在日本延續，並以宮島肇 1940 年在《理想》雜誌上發表〈哲學即實踐〉達到最高峰。

這股反傳統的實踐風潮，同樣席捲臺灣。例如，林秋梧與楊杏庭在學生時代就分別參與了 1922 年北師學潮與 1928 年第二次中師學潮。其中林秋梧遭日警逮捕拘禁，後遭退學，1924 年轉往廈門大學哲學系就讀。他批判佛教團體與資本財閥的靠攏，並以馬克思「階級鬥爭」重返大乘佛學中不二與無分別的思想[26]。他的詩作「體解如來無畏法，願同弱少鬥強權！」體現出家人的入世情懷。此外，張深切在留學中國期間推動反日本殖民革命，曾與許乃昌在上海創立「上海臺灣青年會」、與謝雪紅成立「臺灣自治協會」、與李友邦在廣東成立「臺灣革命青年團」。1927 年回臺籌款時遭日警逮捕。受監兩年不忘鑽研馬克思與孔學，1930 年出獄後更組織演劇活動推廣理念。他所主張的「臺灣，是臺灣人的臺灣！」[27]則是代表了反奴役的時代精神。

除了與當權者對抗，不少哲學家也走入群眾直接對話，以喚醒自覺。1921 年「臺灣文化協會」成立後，林秋梧擔任辯士並參與演講活動、林茂生出任文協評議員並巡講哲學。林茂生的學生陳紹馨受其影響，後來也在文化協會主持 1926 年夏季學校「星宿講話」講座，使新思維漸成風氣。1931

25　出自黑格爾 1920 年出版的《法哲學原理》序言。原文是 The owl of Minerva spreads its wings only with the falling of the dusk（Die Eule der Minerva beginnt erst mit der einbrechenden Dämmerung ihren Flug）。參見 Hegel, Georg Wilhelm Fredrich. *Hegel: Elements of the Philosophy of Right.* Cambridge University Press, 1991.

26　請參考本書第六章。

27　類似於此的口號，在當時臺灣的政治民族運動中相當普遍，非張深切所首創。如陳翠蓮指出，「臺灣人」一詞的出現可追溯到 1920 年蔡培火在〈臺灣島與我們〉一文中所稱「……臺灣是帝國的臺灣，更是我們臺灣人的臺灣！」在此之前，臺灣島之住民雖覺受異族統治，但多各以漳州人、泉州人、廣東人等自稱。清國則稱之「臺民」、日本稱之「土人」。見陳翠蓮，《百年追求》，第 1 卷（臺北：衛城出版，2013 年 10 月），頁 75-78。

年，臺灣知識分子的政治改革運動隨著「臺灣民眾黨」遭解散而造成困頓，但是這種淑世理想，卻以更細膩的形式表現在「成熟期」文化主體性的哲學建構上。

3. 成熟期（1930-1945）

此階段始於臺灣第一位留美博士林茂生畢業返臺任教，結束於日本戰敗。這個階段之所以稱為成熟期，乃因1937年中日戰爭前，有關於本土文化的論述在質、量方面均達到巔峰。1937年後因皇民化運動轉而對形上學與知識論等純理論哲學研究，其學術性亦盛況空前。

1930年代，隨著臺灣從政治民族運動轉變為文化民族運動，文化主體性就成為許多臺灣知識分子的共同焦點。然而哲學家基於本身的訓練，對本土文化的後設問題或基本的存在設定更為敏銳，他們除了從描述層次（descriptive）來界定現狀，也在規範層次（normative）提出理想的解決之道。舉例來說，洪耀勳的〈風土文化觀〉（1936）不只指出在現實上臺灣「文運」的理論基礎闕如，更透過和辻哲郎的風土論與黑格爾的主客辯證，來論證臺灣文化有不可化約到日本文化與中國文化的「特殊性」，並以此建構本土哲學之本體論（第一哲學）[28]。林茂生的博士論文《日本統治下臺灣的學校教育》（*Public Education in Formosa Under the Japanese Administration*）不僅分析自1895年以來的殖民教育實況，更引用實用主義教育哲學建議當局應以「尊重相互的文化」與「教育機會平等」政策，來取代在朝鮮與臺灣強行推動的同化教育。同樣的，陳紹馨在1936年也探討黑格爾在近代國家形成之背景下的公民社會理論，並藉此研究理想中的社會典型[29]。曾天從則

---

28 見洪子偉，〈臺灣哲學盜火者──洪耀勳的本土哲學建構與戰後貢獻〉，《臺大文史哲學報》，第81期（2014年11月），頁229-264，臺灣大學文學院。另外廖仁義（1988A）認為〈風土文化觀〉是整個1930年代最具本土意識的哲學著作。廖仁義，〈臺灣哲學的歷史構造──日據時期臺灣哲學思潮的發生與演變〉，《當代》，第28期（1988），頁25-34。

29 陳紹馨，〈ヘーゲルに於ける市民社会論の成立〉，《文化》，第3卷第4號，頁377-403（上）、第6號，頁675-709（下），1936（分上下篇於兩號連載）。

是在1937年探索真理原理以作為其「哲學體系重建論」之第一步[30]。

　　此外，語言作為一種文化識別，也是當時知識分子的討論核心之一。在日本殖民同化政策下，不少臺灣人在成長過程中對於講母語而遭壓制都有深刻體認。例如張深切在草鞋墩公學校五年級時因為講臺語而遭毆打退學[31]，而黃彰輝在大學畢業回臺灣的船上巧遇多年不見的胞弟，卻因與之臺語交談使其弟遭受教師（官）嚴斥[32]。然而，臺語的弱勢固然有殖民政策因素，但其缺少普遍通行的書寫系統也影響觀念的傳達。故對於臺人「應以何語文作為思想的媒介」此問題上，許多知識分子也提出不同看法。在1920年代已有蘇薌雨發表〈二十年來的中國古文學及文學革命的略述〉並鼓吹中國白話文[33]。1930年代後，有洪耀勳發表〈創造臺人言語也算是一大使命〉[34]、林茂生連載十五期的〈新臺灣話陳列館〉[35]、郭明昆發表〈北京話〉、〈福佬話〉[36]等。其中，郭明昆反對以中國白話文作為書寫系統。他主張應以臺灣通用的福佬話為基礎，發展出適當的書寫系統方為正途。他說：「嘴講是福佬話，耳孔聽也是福佬話，不拘，手無寫福佬話文。這是不正經的。」[37]至於洪耀勳則提出更激進的主張，他認為不只是書寫系統，連口語系統也需要創造。他說：「我臺人為著受了變態的畸形的教育、言語尚未確立、日常所想的、意

30　林正義、郭博文、趙天儀主編，《曾天從教授百歲冥誕紀念集》（臺北：富春文化）。

31　張深切，《黑色的太陽》（臺北：臺灣聖工出版社，1961）。

32　張瑞雄，《臺灣人的先覺黃彰輝》（臺北：望春風文化，2004），頁174-177。

33　蘇維霖（蘇薌雨），〈二十年來的中國古文學及文學革命的略述〉，《臺灣民報》，1924。

34　洪耀勳，〈創造臺人言語也算是一大使命〉，《臺灣新民報》，第400號（1932）。

35　見張妙娟，〈《臺灣教會公報》：林茂生作品之介紹〉，《臺灣風物》，第54卷第2期（2004），頁45-69。

36　郭一舟（郭明昆），〈北京話〉，《臺灣文藝》，第2卷第5期（臺北，1935年5月），頁1-14；〈福佬話（上）〉，《臺灣文藝》，第2卷第6期（臺北，1935年6月），頁112-122；〈福佬話（中）〉，《臺灣文藝》，第2卷第10期（臺北，1935年9月），頁128-140；〈福佬話（下）〉，《臺灣文藝》，第3卷第4/5期（臺北，1936年4月），頁51-67。

37　郭一舟（郭明昆），〈北京話〉，頁14。洪耀勳這篇〈創造臺人言語也算是一大使命〉，《臺灣新民報》，第400號（1932）本身就是其所謂畸形教育下語言之產物：本篇雖以漢文寫成，卻參雜多種語法而不易閱讀。

欲的、未得十分自由來表現。」[38] 這是因為在現代化的過程中，即便當時流通的福佬話中也充斥著許多外來新語。口語用法的不一致往往使溝通難以順暢。為此，林茂生還特別在〈新臺灣話陳列館〉向大眾介紹諸如「元氣」、「美術」、「不動產」、「動員」、「團結」、「獨立」、「陳情」等新用語。正因為如此，洪耀勳才呼籲應以創造適用於臺灣人的專屬語言為使命。此外，同屬南神教會系統的吳振坤、黃彰輝則是受到巴克禮（Thomas Barclay, 1849-1935）以羅馬拼音標示漳廈臺音的影響。黃彰輝更在戰後大力推廣羅馬白話字，對教會內臺語書寫系統的一致化（又稱「欽定化」）有所貢獻[39]。

　　1937 年是本土文化運動的分水嶺，是年中日戰爭全面爆發，由於皇民化與戰時體制使得文化民族運動宣告瓦解。許多第二代哲學家投入高等教育體制內，轉而成為純學術研究。這時除了已有林茂生在臺南高等工業學校教書、郭明昆在早稻田大學擔任講師外，洪耀勳在 1937 年從臺北帝大轉往北京師範大學、北京大學任教。楊杏庭 1940 年自東京文理科大學哲學科肄業後赴南京中央大學任教[40]。黃金穗 1939 年自京都大學哲學科畢業後進入田邊元（Tanabe Hajime, 1885-1962）研究室[41]。同年，鄭發育自京都大學哲學科畢業，留在京都大學研究心理學並擔任助教。曾天從 1944 年則前往滿洲國遼寧農業大學任教[42]。此外，蘇薌雨 1937 年就讀東京大學期間，因盧溝橋事件投筆從戎，西渡中國加入陸軍第三十一師抗日，參與 1938 年的臺兒莊戰役與武漢會戰。到了 1939 年，蘇薌雨也轉往廣西大學任教[43]。至於黃彰輝雖然 1941 年在倫敦以「敵對國」日本公民身分遭英國政府限制自由，但 1943 年開始也在倫敦大學亞非學院教授東方語言（日語、福建語）[44]。

38 見洪耀勳，〈創造臺人言語也算是一大使命〉，《臺灣新民報》，第 400 號（1932）。
39 張瑞雄，《臺灣人的先覺黃彰輝》，頁 381-385。
40 張良澤，《受難者：揚逸舟（杏庭）先生遺稿》（臺北：前衛）。
41 趙天儀，〈我的學習路程〉，柯慶明編，《臺大八十：我的青春夢》（臺北：國立臺灣大學出版中心，2008），頁 110-120。
42 林正義、郭博文、趙天儀主編，《曾天從教授百歲冥誕紀念集》（臺北：富春文化）。
43 蘇建文，〈蘇薌雨〉，《教育大辭書》（2000），http://terms.naer.edu.tw/detail/1315539/。
44 張瑞雄，《臺灣人的先覺黃彰輝》，頁 386-387。

　　戰爭期間，許多學術著作出版。例如曾天從的《真理原理論》（1937）、《真理觀之諸問題》（1941）、《純粹現象學之構想》（1941）、《批判的辯證法與實在論的範疇論》（1943）。洪耀勳也在《哲學科研究年報》與《師大學刊》等學術期刊發表〈存在與真理〉（1938）、〈實存之有限性與形而上學之問題〉（1942）、〈存在論之新動向〉（1943）等文章。他將在北京師大上課講義以線裝書方式出版的《認識論》，則是最早由臺灣人撰寫的知識論教科書。

　　雖然臺灣哲學家的淑世熱情因大戰而暫時沉寂，卻在戰後一度復甦。初期有林茂生創辦《民報》、黃金穗創辦《新新》、廖文奎成立《前鋒》、洪耀勳與張深切等人在北京創辦《新臺灣》。二二八事件後，在海外有楊杏庭參與日本的臺灣共和國臨時政府、廖文奎在香港向聯合國遊說支持臺灣獨立[45]。黃彰輝也在1965年流亡異鄉，並於1972年在華府與離散歐美的同胞發起「臺灣人民自覺運動」[46]。至於島內，則有吳振坤透過臺南神學院系統維繫本土意識，而洪耀勳更是在戒嚴下默默捍衛二十多年的學術自由，直到1972年「臺大哲學系事件」前為止[47]。

三、理論系譜與四大學派

　　日治時期臺灣哲學百家爭鳴。如進一步依據思想系譜，則可大略區分成歐陸—日本哲學、美國實用主義、基督宗教哲學與漢學等四大學派（表一）[48]。

　　首先，在這四派中以歐陸—日本哲學為最大宗。這裡的歐陸哲學以德國哲學為主，除指古典哲學如黑格爾、費希特的觀念論之外、也包含了馬克思

---

45 廖文奎1950年曾將文章集結成冊Formosa Speaks作為要求國際社會支持臺灣獨立的說帖。

46 張瑞雄，《臺灣人的先覺黃彰輝》，頁327-338。

47 見洪子偉，〈臺灣哲學盜火者——洪耀勳的本土哲學建構與戰後貢獻〉，《臺大文史哲學報》，第81期，2014年11月，頁229-264，臺灣大學文學院。

48 所謂四大學派之說，是在〈臺灣哲學盜火者——洪耀勳的本土哲學建構與戰後貢獻〉一文所稱的三大學派基礎上，再加上基督宗教哲學。

和1920年代後期新興的海德格哲學。由於當時德國哲學在日本蔚為風行，重之以日本與德國哲學界間的密集對話[49]，赴日本內地求學的臺灣人除了以學習德國哲學為主流，不少也受到時興的京都學派影響。這包括了洪耀勳、陳紹馨、曾天從、吳振坤、黃彰輝、黃金穗、鄭發育等人。舉例來說，洪耀勳1936年時曾以狄爾泰（Wilhelm Dilthey, 1833-1911）觀點討論文學藝術與哲學的關聯，1938年在《哲學科研究年報》發表學術論文〈存在と真理──ヌツビッゼの真理論の一考察〉，討論努茲比查（Schalwa Nuzubidse, 1888-1969）的真理理論。陳紹馨雖然在戰後以研究人口統計聞名，但事實上在日治時期他對於黑格爾、韋伯社會哲學也有研究。陳紹馨曾於1935年與1936年在《文化》上分別討論蘇格蘭哲學家福格森、黑格爾之市民社會文章[50]。楊杏庭則是於1934年在《臺灣文藝》發表〈無限否定と創造性〉，探討伯格森、海德格及謝斯托夫的思想。曾天從原本在早稻田大學文學部主修德國文學（1931-1934），後因對哲學產生興趣改讀西洋哲學（1941-1943）。他於1937年在東京理想出版社發表《真理原理論》，由日本著名哲學家桑木嚴翼作序推薦，全書616頁，是日治時期最重要的學術作品之一。而黃彰輝則是在東京大學哲學科期間接觸德國辯證神學（dialectical theology）[51]。辯證神學又稱危機神學，主要在啟蒙運動後來自科學對聖經中神蹟、復活的挑戰下，重新詮釋教義。

至於吳振坤、黃金穗與鄭發育則是藉由京都學派汲取當代德國哲學思想。吳振坤在京都大學哲學科學習宗教哲學，在思想上受到留德的波多野精一（Hatano Seiichi, 1877-1950）影響，並於戰後翻譯其《宗教哲學》（1968）。黃金穗是田邊元的哲學學生，副修數學。田邊元原本的研究興趣在數學哲學

---

49 宮永孝，〈西洋哲学伝来小史〉，《社会志林》，第57卷第1-2期（2010年9月），頁1-110，法政大学社会学部学会。

50 廖仁義（1988A）指出，陳紹馨在戰後刻意脫離思想研究，致使一般人只記得他在社會人口學上的成就，卻忘記他曾是1930年代最重要的社會哲學家。

51 鄭仰恩，〈獻身普世運動的臺灣本土神學家──黃彰輝牧師小傳〉，《新使者雜誌》，第64期（2001年6月），頁30-33。

與自然科學，曾出版〈数理哲学研究〉、〈最近の自然科學〉。黃金穗亦以形
式邏輯與數學哲學為主要興趣，畢業後至東京岩波書店擔任岩波文庫編輯，
並在京都哲學會之刊物《哲學研究》出版其學士論文〈關於日常性——現象
學的試論〉（1939）。他在太平洋戰爭期間一度在臺北帝大圖書館供職，也
曾翻譯過笛卡兒《方法導論》（1959）。鄭發育則是西田幾多郎（Kitaro
Nishida, 1870-1945）的指導學生，在當時哲學和心理學尚未分家時，以知覺
心理學的視覺實驗作為學士論文主題。畢業時遇珍珠港事變，留在京都大學
研究心理學並擔任助教。戰後翻譯西田幾多郎《善的研究》（1984），為臺
灣實驗心理學之奠基者[52]。另外，來自新竹的林素琴在1945年自臺北帝國大
學哲學科畢業，她是目前已知唯一一位在日治時期完成哲學訓練的女性[53]。
林素琴於1946年被臺大聘為哲學系助教[54]，專長為法國哲學[55]。1953年時曾以
Charles Adams與Paul Tannery所編之法文笛卡兒全集為基礎，在《臺大文史
哲學報》出版〈笛卡特的哲學方法〉，法語能力應具一定水準。其研究領域
可歸於大陸理性論（continental rationalism）範疇。

---

52 徐嘉宏、吳英璋、余德慧，〈鄭發育教授（1916-1996）：臺灣實驗心理學的奠基者〉，《中華
心理學刊》，第41期（1999），頁113-120。

53 現有文獻關於林素琴就學資訊並不一致。例如臺大現存教職員人事資料卡記載林素琴於
1943年4月就讀臺北帝大哲學科，並於1945年8月畢業。但根據《臺北帝國大學一覽昭和
18年——大學學生生徒》，並無林素琴名字，僅有一位臺籍學生林こずえ於1945年10月以
選修生身分（無畢業文憑，但可透過資格考試同一般生取得文憑）入哲學科。然再根據呂
碧霞回憶與葉碧苓研究，均指出林素琴確實自臺北帝大畢業。若依正常年限，林素琴本應
於1946年3月畢業，惟戰時有縮短修業年限，加上張秀蓉指出醫學院教授希望在中國人接
收前讓高年級生提早畢業而發給臨時證書。若人事卡屬實，則推測林素琴應於1945年8月
15日日本宣布投降到9月2日正式簽字投降之間畢業。見呂碧霞口述，林秀美整理，〈勇於
追求，忠於自己的呂碧霞女士〉，《臺大校友季刊》，第6期，1998年4月1日。《臺北帝國
大學一覽》昭和18年——大學學生生徒》，第246頁。見葉碧苓，〈臺北帝國大學與京城帝
國大學史學科之比較（1926-1945）〉，《臺灣史研究》，第16卷第3期，頁115。張秀蓉，
《臺大醫學院1945-1950》（臺北：國立臺灣大學出版中心，2013），頁12-13。

54 李東華，《光復初期臺大校史研究（1945-1950）》（臺北：國立臺灣大學出版中心，2014），
頁72。

55 教育部科學教育委員會編，《中國科學人才研究工作調查錄》，第3輯（1955），頁7。

除了歐陸與日本哲學外，美國實用主義則是影響早期臺灣哲學第二個主要的學派。實用主義是19世紀末發展於美國本土的新興哲學浪潮，主要是針對傳統英國經驗論與大陸理論長期對立之哲學僵局而開展的第三條路。受此影響的代表人物有後期林茂生、廖文奎、蘇薌雨等人。林茂生在哥倫比亞大學期間的指導教授正是杜威。林茂生（1929/2000）的博士論文分析日本統治下臺灣的教育發展與文化困境，並批評日本的同化政策不但違反了杜威實用主義的教育理念，亦與西方民主精神扞格。

廖文奎在芝加哥大學初期，師從宗教哲學家伯特（E.A. Burtt, 1892-1989），其碩士論文討論了觀念論與實用主義、實在論之爭論[56]。廖文奎後來改投實用主義哲學家塔夫斯（James Tufts, 1862-1942）門下，並受到密德（G.H. Mead, 1863-1931）之社會心理學啟發。他的博士論文從歷史的角度來分析社會行為的動機因素，並在1933年由英國《國際心理學、哲學和科學方法叢書》出版。該叢書作者尚有羅素、維根斯坦、榮格、皮亞傑等知名學者[57]。至於1924年進入北京大學哲學系就讀的蘇薌雨則是受到實用主義色彩濃厚的胡適、陶行知、金岳霖等人影響。蘇薌雨也曾在《臺灣民報》介紹五四運動的白話文。

第三個早期哲學的主要派別則是現代化的漢學研究。一方面，相對於傳統舊文人，臺灣哲學家借用了當代西方哲學的概念或方法論來重新詮釋或理解漢學經典。另一方面，如同日本漢學、韓國漢學一樣，臺灣漢學也發展出有別於中國本土的特徵與關注焦點。其發展出初期受日本漢學家如井上哲次郎、蟹江義丸等影響（如林茂生承襲日本陽明學融合康德與基督教之特色）[58]，後來則出現自己的主題意識（如張深切探討儒學導致中國落後之因果關係）[59]。

---

56 請參考Liao, Wen Kwei. 1929. Modern Idealism as Challenged by Its Rivals. M.A. Thesis, The University of Chicago。

57 請參考本書第八章。

58 請參考本書第三章。

59 請參考本書第八章。

　　這派學人包括赴日就讀東洋哲學的郭明昆、張冬芳、林茂生（前期研究陽明思想）、張深切，而研習漢傳佛學的林秋梧亦屬之。郭明昆在早稻田大學哲學科期間（1928-1931）興趣在經學。後被日本外務省選派赴中國留學，始萌生漢民族意識。他曾深入研究漢族禮俗與稱謂，並著有〈福建話的古語研究〉。此外，前期林茂生與張冬芳則分別在1916年與1939年完成東京帝大文科東洋哲學學業。林茂生的〈王陽明の良知說〉是早期研究日本陽明學的重要文獻。他藉著比較康德與笛卡兒之差異來類比陽明與朱子學派之差異，有其開創意義[60]。張冬芳則是以詩見長，戰後曾在臺大先修班教授哲學（1945-1948）。張深切則是在坐牢期間自學鑽研孔學，戰後出版的《孔子哲學評論》由於批判孔學流弊，旋遭查禁。其《老子哲學評論》手稿，在其過世前亦未能出版。至於林秋梧則有不少佛學相關的文章流傳，他積極推動左翼佛學，主張「反對普度，破除迷信」等宗教改革，並擔任開元寺講師兼書記、臨濟宗布教講習會講師，講授佛學哲學。

　　第四個流派則是基督宗教哲學。至少包括李春生、林茂生、郭馬西、蔡愛智[61]、吳振坤、黃彰輝等人，他們的共同特色在於均具長老教會背景。長老教會乃源自蘇格蘭自由長老教會（Free Church of Scotland），屬反對天主教之新教（Protestansim，或譯抗議宗）傳統。

　　這六人中，李春生曾在《民教冤獄解》（1903）中對獨尊孔教而斥耶教的傳統進行批判、在《天演論書後》（1907）與《東西哲衡》（1908）中以基督教觀點批判赫胥黎（Thomas Henry Huxley, 1825-1895）的演化論。林茂生在《臺灣教會公報》（567-583卷）連載十四期的〈基督教文明史觀〉闡述基督教文明，並駁斥當時在日本頗為流行的基督文明即將崩壞之說。臺北士林的郭馬西受教會推薦，在1920年代前往美國奧本（Auburn）神學院與哥倫比亞大學留學。他曾在《臺灣青年》上呼籲用新的文化思想來建立新的臺灣社會，也在1929-1933年間曾前往緬甸、新加坡、中國沿海地區自費傳

60　請參考本書第三章。

61　蔡「愛智」的名字與Philo（愛）-sophy（智）無關。其兄長依序為蔡愛仁、蔡愛義、蔡愛禮。

道[62]。臺南的蔡愛智1938年自同志社大學神學部畢業後，前往美國芝加哥大學攻讀神學碩士。戰爭期間先後任職美國海軍部、任美國陸軍軍事情報局東洋研究室顧問[63]，戰後擔任聯合國善後救濟署特派員[64]。至於吳振坤則譯有《宗教哲學》（1968）。他也擔任臺南神學院教授，獻身宗教教育。最後，黃彰輝則是先在1937前往英國伯明翰的神學院（Overdale College）就讀，接著在1938-1941年間赴劍橋的西敏學院（Westminster College）學習神學三年。其思想受到齊克果（Soren Kierkegaard）、布倫納（Emil Brunner）和巴特（Karl Barth）的影響[65]。黃彰輝在戰後除了協助在1940年被日本政府關閉的臺南神學院復校之外[66]，也成功爭取美國基督教大學聯合基金會在臺灣設立東海大學。黃彰輝在1965年前往英國倫敦擔任神學教育基金會的總幹事。當時他的副手，就是後來在1984年獲得諾貝爾和平獎的南非圖圖大主教[67]。

綜合觀之，上述這四個主要學派，與當今哲學界之英美分析、歐陸哲學、東方哲學、宗教哲學之主要分類大致吻合。

表一：

（一）歐陸與日本哲學

代表人物	專長領域	啟蒙／哲學訓練	主張／思想特徵
洪耀勳 1903-1986	德國觀念論、現象學	和辻哲郎、黑格爾（G.W.F. Hegel）、海德格（M. Heidegger）	主張「創造臺人語言」並建構臺灣哲學之本體論
		東京帝國大學文學部哲學科（1928）	

62 請參考沈紡緞，〈堅持傳福音是唯一的職責——郭馬西牧師小傳〉，《新使者雜誌》，第85期（2004年12月10日），頁21-22。

63 章子惠，《臺灣時人誌》，第一集（臺北：國光出版社，1947）。

64 蔡蟳，〈同志社社會福祉界校友〉，http://mypaper.pchome.com.tw/sixsixchua/post/1239117306。

65 鄭仰恩，《新使者雜誌》，第64期（2001年6月），頁30-33。

66 陳嘉式指出在戰爭期間，臺南神學院據說因為禮拜前曲不唱日本國歌而被迫關閉。見陳嘉式，《新使者雜誌》，第61期（2000年12月）。

67 盧俊義，〈一位值得懷念的臺灣人——黃彰輝牧師〉，《自由時報》，2004年10月17日，第十五版。

陳紹馨前期 1906-1966	社會哲學	黑格爾、韋伯（M. Weber）、新明正道	以比較黑格爾與 福格森方式研究 市民社會論
		美國普林斯頓大學人口研究所研究（1959-1960）；關西大學社會學博士（1957）；東北帝國大學文學科社會學科（1932）	
楊杏庭 （楊逸舟） 1909-1987	海德格、歷史	東京高等師範學校（1930）；東京文理科大學哲學科（1939-1940肄）；臺中師範學校（1929）	發表〈無限否定與創造性：論伯格森、海德格、謝斯托夫〉
曾天從 1910-2007	黑格爾、德國觀念論	哈特曼（N. Hartmann）	提出哲學體系重建論
		早稻田大學文學部文學科德國文學專攻（1931-1934）、大學院西洋哲學專攻（1941-1943）；東京帝國大學文學部哲學研究室（1936）	
吳振坤 1913-1988	宗教哲學	波多野精一	受京都學派影響
		美國耶魯大學碩士（1954-1957）；京都帝國大學哲學科宗教哲學專攻（1936-1940）	
黃彰輝 1914-1988	宗教哲學	齊克果（S. Kierkegaard）、布倫納（E. Brunner）、巴特（K. Barth）	德國辯證神學、處境神學（contextual theology）
		英國劍橋西敏學院（1938-1941）；東京帝國大學哲學科宗教哲學專攻（1934-1937）	
黃金穗 （郭金穗） 1915-1967	邏輯與數學哲學	田邊元	透過京都學派接觸德國哲學。戰後鑽研數學邏輯
		京都帝國大學哲學科：主修哲學、副修數學（1936-1939）[68]、田邊元研究室入室	
鄭發育 1916-1996	心理學、德國哲學	西田幾多郎	實驗心理學、透過京都學派接觸德國哲學
		京都帝國大學哲學科（1939-1941）	
林素琴 1924-？	法國哲學、大陸理性論	臺北帝國大學哲學科（1943-1945） 日本東京女子大學高等學部（1941-1943） 臺灣大學哲學系助教（1946-1955）	1953年發表〈笛卡特哲學的方法〉。

---

68 郭金穗的入學1936年（與吳振坤同年），官報2805號，頁334。畢業年是1939年（較吳振坤早），官報3688號，頁1031。

（二）美國實用主義

代表人物	專長領域	啟蒙／哲學訓練	主張／思想特徵
林茂生後期 1887-1947	教育哲學	杜威（John Dewey）	反對同化教育並主張實用主義教育與民主理念
		美國哥倫比亞大學哲學博士（1930）、碩士（1928）；東京帝國大學文科／東洋哲學（1916）	
廖文奎 （廖溫奎） 1905-1952	實用主義社會哲學	伯特（E.A. Burtt）、塔夫斯（James Tufts）、密德（G.H. Mead）	戰後以四個論證證成臺灣政治獨立之理論基礎
		美國芝加哥大學哲學系博士（1931）、碩士（1929）；中國金陵大學哲學系（1928）	
蘇薌雨 （蘇維霖） 1902-1986	實用主義、心理學	杜威、胡適	主張以中國白話文作為臺人書寫系統
		東京帝國大學大學院進修心理學（1935-1937肄）；中國北京大學哲學系（1924-1928）	

（三）現代漢學（含漢傳佛學）

代表人物	專長領域	啟蒙／哲學訓練	主張／思想特徵
林茂生前期 1887-1947	陽明學說	王陽明	兼容西洋學與東方學視野
		美國哥倫比亞大學哲學博士（1930）、碩士（1928）；東京帝國大學文科／東洋哲學（1916）	
張深切 1904-1965	孔子、老子研究	馬克思、孔子	從較為批判之角度解讀孔學
		日本東京府立化學工業學校 中國廣州市中山大學法政系肄業（1927）	
郭明昆 （郭一舟） 1908-1943	漢學（禮學、閩南語研究）	早稻田大學哲學科（1928-1931）；臺南商業專門學校預科畢業（1908）	推崇福佬文
林秋梧 1903-1934	漢傳佛學	駒澤大學（1927-1930） 中國廈門大學哲學系（1924-1925肄）；臺灣總督府國語學校（1918-1922肄）	反對普渡，推動解放佛學
張冬芳 1917-1968	經學、文學	東京帝大文科東洋哲學專攻（1939）；臺北高等學校	以寫實詩聞名

（四）基督宗教哲學

代表人物	專長領域	啟蒙／哲學訓練	主張／思想特徵
李春生 1838-1943	基督教神學	長老教派基督神學	反仇教與演化論
		自學	
林茂生 1887-1947	基督教與西方文明史	長老教派基督神學（臺南神學院系統）	駁斥基督文明將崩壞之說
		美國哥倫比亞大學哲學博士（1930）、碩士（1928）；東京帝國大學文科／東洋哲學專攻（1916）	
周再賜 1888-1969	基督教神學	美國歐柏林學院神學士（1915入學）、芝加哥大學神學碩士、紐約協和神學院專修宗教哲學（1919入學）。	普世主義與國籍在天（歷經清國、日本帝國、無國籍、中華民國到歸化日籍之過程）
郭馬西 1892-1966	基督教神學	哥倫比亞大學人類學系（1926年左右）美國奧本（Auburn）神學院／協和神學院明治學院神學部（1921）	喀爾文主義、主張民族自決、通臺灣歸主耶穌
蔡愛智 1911-？[69]	基督教神學	美國芝加哥大學神學碩士（194？）日本同志社大學神學部畢業（1938）	喀爾文主義
吳振坤 1913-1988	宗教哲學	長老教派基督神學（臺南神學院系統）	受波多野精一影響
		美國耶魯大學碩士（1954-1957）；京都帝國大學哲學科宗教哲學專攻（1936-1940）[70]	
黃彰輝 1914-1988	宗教哲學	長老教派基督神學（臺南神學院系統）	德國辯證神學、本土處境神學
		英國劍橋西敏學院（1938-1941）；東京帝國大學哲學科宗教哲學專攻（1934-1937）	

69　1911年出生乃根據1947年出版之《臺灣時人誌》第一集中記載蔡愛智時年三十六歲推算。

70　吳振坤1936年入學，官報2805號，頁334。吳振坤1940年畢業，官報4001號，頁540。

四、結論

　　臺灣本土哲學的誕生迄今已歷百年。它不但始於日本統治下的現代化浪潮，其啟蒙過程更是豐富多元而具生命力。然而今日研究早期哲學除了思想史上的價值外，究竟又有何哲學重要性（Philosophical significance）？事實上，日治臺灣哲學的重要性可從「提供哲學發展之借鏡」與「回應臺灣當代挑戰」兩方面說明。

　　一方面，在日治時期，學院哲學家以西方理論回應當時社會問題為出發，以運動實踐為核心。然而在臺灣現有制度下，哲學研究品質雖漸與國際接軌，卻也造成年輕學者專注於累積論文點數以升等，或是非得用英語發表等自我殖民的學術現實。這種與在地社會脫節的情形，近年已漸有學者注意。例如鄧育仁就指出人選擇自由的「實踐觀點」與揭露因果秩序的「理論觀點」無法各自獨立，是彼此相連的[71]。他更嘗試將儒學的「外王」連結到立憲民主與公民論述的位置[72]，為推動公民哲學暖身。再者，目前臺灣哲學教育雖已走向專業分工的精緻優點，但在過早分科與壁壘分明的學術生態下，以分析哲學研究儒學卻可能被認為是「侵門踏戶」。反觀早期以研究美國實用主義教育哲學聞名的林茂生，除了首創以西方哲學研究陽明學，他在訪德時也能以流利德文向柏林市長、柏林大學校長介紹東西文明之異同[73]。這些對照，都足以作為日後哲學養成教育之反思。

　　另一方面，臺灣當代所面臨的挑戰與20世紀初多所雷同，仿若時空錯置般令人詫異。近百年前，林秋梧透過馬克思理論批判當時佛教向資本階級靠攏，對照今日臺灣佛教團體財閥化，依舊適用；林茂生從杜威觀點抨擊同化教育將統治者的信仰價值強加諸學子，在近日教育部課綱爭議上，更顯諷

71　見鄧育仁，〈隱喻與自由：立命在民主與科學聯合脈絡中的新意涵〉，《臺灣東亞文明研究學刊》，第8卷第1期（2011年6月1日），頁173-208。

72　見鄧育仁，〈隱喻與公民論述：從王者之治到立憲民主〉，《清華學報》，第41卷第3期（2011年9月1日），頁523-550。

73　請見本書第三章。

刺；此外，洪耀勳借用黑格爾的主客辯證來證成臺灣在文化上的獨立性，或是廖文奎以四個論證來證成臺灣在政治上的獨立性，依然未獲普遍重視。對於這些積習已久的當代困境，我們更希望從過去哲學家的論述中，尋找未來的可能出路。故而對早期臺灣哲學之探究，確有其跨時空的哲學重要性。另外，如同1920年代臺灣知識分子透過文化協會向普羅大眾介紹新思潮，在2014年太陽花學運前後，諸如「哲學星期五」公共沙龍、「哲思臺灣」網路廣播、「哲學新媒體」網路平臺與「沃草公民學院烙哲學」等民間組織亦踵繼前賢。它們紛紛以哲普知識推廣，公共議題辯論為號召，使哲學再度回歸「民間尋找反支配思想的需求」。未來這種獨立思考與批判態度要如何深耕，使臺灣逐步邁向成熟的公民社會。或許過去的經驗，亦值得提供日後發展的借鏡。

　　總而言之，本文的目的在替臺灣早期本土哲學發展勾勒出大致輪廓。第一節闡述其誕生的時代背景，並定義何謂「臺灣哲學家」，以釐清研究的對象與範圍。第二節則提出早期哲學發展的「前啟蒙」、「啟蒙發展」與「成熟期」三階段觀點，並探討第一代與第二代哲學家的角色。同時也刻畫出當時哲學家重視存有與運動實踐的兩大特徵。在第三節中，則是根據早期臺灣哲學家的理論師承與哲學系譜，將早期哲學區分為「歐陸—日本哲學」、「美國實用主義」、「基督宗教哲學」與「漢學」等四大學派，並簡述其發展特色與時代精神。最後，本文簡述研究早期哲學有何思想史之外的哲學重要性。盼以此文拋磚引玉，使早期臺灣本土哲學之研究能獲得重視。

參考文獻

Hegel, Georg Wilhelm Fredrich, *Hegel: Elements of the Philosophy of Right*, UK: Cambridge University Press, 1991.

何乏筆，〈跨文化動態中的當代漢語哲學〉，《思想》，第9期（2008），頁175-187。

沈紡緞，〈堅持傳福音是唯一的職責——郭馬西牧師小傳〉，《新使者雜誌》，第85期（2004），頁21-22。

吳叡人，〈福爾摩沙意識型態——試論日本殖民統治下臺灣民族運動「民族文化」論述的形成（1919-1937）〉，《新史學》，第17卷第2期（2014），頁127-218。

李東華，《光復初期臺大校史研究（1945-1950）》，臺北：國立臺灣大學出版中心，2014。

李明輝編，《李春生的思想與時代》，臺北：正中書局，1995。

李明輝，〈省思中國哲學研究的危機——從中國哲學的「正當性問題」談起〉，《思想》，第9期（2008），頁165-173。

李筱峰，《臺灣革命僧》，臺北：自立晚報，1991。

李筱峰，《林茂生、陳炘和他們的時代》，臺北：玉山社，1996。

林茂生，《日本統治下臺灣的學校教育：其發展及有關文化之歷史分析與探討》（林詠梅譯），臺北：新自然主義，2000。

林秋梧，〈階級鬥爭與佛教〉，《南瀛佛教》，第7卷第2期（1929），頁52-58。

和辻哲郎，陳力衛譯，《風土》，北京：商務印書館，2006。

林從一，〈哲學101：開新局、展新頁〉，楊儒賓等編，《人文百年、化成天下：中華民國百年人文傳承大展文集》，新竹：國立清華大學，2011。

林正義、郭博文、趙天儀主編，《曾天從教授百歲冥誕紀念集》，臺北：富春文化。

呂碧霞口述，林秀美整理，〈勇於追求，忠於自己的呂碧霞女士〉，《臺大校友季刊》，第6期（1998）。

洪子偉，〈臺灣哲學盜火者——洪耀勳的本土哲學建構與戰後貢獻〉，《臺大文史哲學報》，第81期（2014），頁229-264。

洪耀勳，〈創造臺人言語也算是一大使命〉，《臺灣新民報》，400號（1932年1月30日）。

洪耀勳，〈風土文化觀——臺灣風土との聯關に於て——〉，《臺灣時報》，6月號（1936），頁20-27（上）、7月號（1936），頁16-23（下）（分上下篇兩期連載）。

洪耀勳，〈藝術と哲學〉，《臺灣文藝》，第3卷第3號（1936），頁19-27。

徐嘉宏、吳英璋、余德慧，〈鄭發育教授（1916-1996）：臺灣實驗心理學的奠基者〉，

《中華心理學刊》，第41期（1999），頁113-120。

宮永孝，〈西洋哲学伝来小史〉，《社会志林》，第57卷第1-2號（2010），頁1-110。

章子惠，《臺灣時人誌》，第一集，臺北：國光出版社，1947。

許雪姬，〈臺灣史研究三部曲：由鮮學經顯學到險學〉，《思想》，第16期（2010），頁71-100。

浦忠成，〈臺灣原住民神話中的一些原始哲學〉，《第二屆臺灣本土文化國際學術研討會論文集》，臺北：國立臺灣師範大學文學院國文系、人文教育研究中心，1997，頁33-40。

黃俊傑，〈李春生對天演論的批判及其思想史的定位——以「天演論書後」為中心〉，*Proceedings of the National Science Council（Part C: Humanities and Social Sciences）*，第4卷第2期（1994），頁194-205。

張良澤，《受難者：揚逸舟（杏庭）先生遺稿》，臺北：前衛，1990。

張妙娟，〈《臺灣教會公報》：林茂生作品之介紹〉，《臺灣風物》，第54卷第2期（2004），頁45-69。

張佳賓，〈從神話傳說論卑南族的倫理、教育及美學思想〉，《第三屆臺灣本土文化國際學術研討會論文集》，臺北：國立臺灣師範大學人文教育研究中心，1998，頁105-135。

張秀蓉，《臺大醫學院1945-1950》，臺北：國立臺灣大學出版中心，2013。

張深切，《黑色的太陽》，臺北：臺灣聖工出版社，1961。

張瑞雄，《臺灣人的先覺黃彰輝》，臺北：望春風文化，2004。

教育部科學教育委員會，《中國科學人才研究工作調查錄》，第3輯，臺北：教育部科學教育委員會，1955，頁7。

郭明昆（郭一舟），〈北京話〉，《臺灣文藝》，第2卷第5期（1935），頁1-14。

郭明昆（郭一舟），〈福佬話（上）〉，《臺灣文藝》，第2卷第6期（1935），頁112-122。

郭明昆（郭一舟），〈福佬話（中）〉，《臺灣文藝》，第2卷第10期（1935），頁128-140。

郭明昆（郭一舟），《中国の家族制及び言語の研究》（李獻璋編），臺北：南天書局，1935。

郭明昆（郭一舟），〈福佬話（下）〉，《臺灣文藝》，第3卷第4/5期（1936），頁51-67。

陳芳明，《臺灣新文學史》，臺北：聯經出版公司，2011。

陳俊宏，《臺灣教會公報》，第2435期（1998），頁16。

陳俊宏，〈李春生與禮密臣的一段軼事——一八九五年日軍和平占領臺北城事件的發微〉，李明輝編，《近代東亞變局中的李春生》，臺北：國立臺灣大學出版中心，2010，頁213-236。

陳翠蓮，《百年追求》，第1卷，臺北：衛城出版，2013年10月。

陳紹馨，〈アダムフアグスソの市民社会論〉，《文化》，第2卷第8期（1935），頁931-960。

陳紹馨，〈ヘーグルに於ける市民社会論の成立〉，《文化》，第3卷第4號（1936），頁377-403（上）、第6號（1936），頁675-709（下），（分上下篇於兩號連載）。

陳嘉式，〈時候到了——記聯合神學院二三事〉，《新使者雜誌》，第61期（2000），頁5-7。

陳寬鴻（Chen, Kuan-Hung）, "Remapping Taiwanese Philosophy: Thinking from Constructing Aboriginal Philosophies." The 12th Annual North American Taiwan Studies Conference Crossing the Borders, Fostering the Future: Taiwan Studies in the Intersections. Santa Cruz: University of California, 2006.

葉碧苓，〈臺北帝國大學與京城帝國大學史學科之比較（1926-1945）〉，《臺灣史研究》，第16卷第3期（2009），頁115。

楊杏庭，〈無限否定と創造性〉，《臺灣文藝》，第2卷第6號（1934）。

趙天儀，〈我的學習路程〉，柯慶明編，《臺大八十：我的青春夢》，臺北：國立臺灣大學出版中心，2008，頁110-120。

廖文奎（Liao, Wen Kwei/Liao, Joshua）, *Modern Idealism as Challenged by Its Rivals*. M.A. Thesis, The University of Chicago, 1929.

廖文奎（Liao, Wen Kwei/Liao, Joshua）, *Morality versus Legality: Historical Analyses of the Motivating Factors of Social Conduct*. Ph.D. diss., The University of Chicago, 1931.

廖文奎（Liao, Wen Kwei/Liao, Joshua）, *The Individual and the Community: A Historical Analysis of the Motivating Factors of Social Conduct*. London: Kegan Paul, Trench, Trubner, 1933.

廖文奎（Liao, Wen Kwei/Liao, Joshua）, *Formosa Speaks*. Hong Kong: Formosan League for Reemancipation, 1950.

廖仁義，〈僵斃的叛逆符號——「五四崇拜」及其霸權意識的批判〉，《自立早報副刊》，1988年5月4日、5日。

廖仁義，〈臺灣哲學的歷史構造——日據時期臺灣哲學思潮的發生與演變〉，《當代》，第28期（1988），頁25-34。

鄭仰恩，〈獻身普世運動的臺灣本土神學家——黃彰輝牧師小傳〉，《新使者雜誌》，第64期（2011），頁30-33。

鄧育仁，〈隱喻與自由：立命在民主與科學聯合脈絡中的新意涵〉，《臺灣東亞文明研究學刊》，第8卷第1期（2011），頁173-208。

鄧育仁，〈隱喻與公民論述：從王者之治到立憲民主〉，《清華學報》，第41卷第3期，
　　頁523-550。

盧俊義，〈一位值得懷念的臺灣人——黃彰輝牧師〉，《自由時報》，2004年10月17日，
　　第十五版。

蘇維霖（蘇薌雨），〈二十年來的中國古文學及文學革命的略述〉，《臺灣民報》，1924
　　年2月11日。

蘇建文，〈蘇薌雨（1901-1986）〉，《教育大辭書》（2000），http://terms.naer.edu.tw/
　　detail/1679503/?index=1，2015-04-29。

臺北帝國大學，〈大學學生生徒〉，《臺北帝國大學一覽》，昭和十八年（1943），頁
　　246。

第二章

李春生論儒家與基督教

李明輝*

李春生是臺灣早期的長老會基督徒，但他獨尊基督教（新教），而對於同屬亞伯拉罕宗教的天主教、東正教與伊斯蘭教持完全否定的態度。在傳統中國的儒、釋、道三教當中，他排斥釋、道二教，而對儒家則有所肯定。他對儒家的態度可歸納為三種策略：(1)「合儒」，即聯合儒家，反對釋、道二家；(2)「補儒」，即附會先儒（先秦儒學），反對後儒（宋明儒學）；(3)「益儒」、「超儒」，即以基督教神學補充或修改儒家學說。他認為孔子保存了中國古代的天道信仰，借用拉納（Karl Rahner）的說法，孔子是「匿名基督徒」。借用希克（John Hick）的說法，李春生對於佛、道兩教，以及天主教、東正教與伊斯蘭教，採取「排他論」的立場。唯獨對於儒家，他特別採取「兼容論」的立場，以便在面對中國民眾及知識分子對基督教的排斥與反感時自我辯解。

* 中央研究院中國文哲研究所研究員／國立臺灣大學國家發展研究所合聘教授／國立中央大學哲學研究所合聘教授。

一、李春生獨尊基督教

在臺灣的近代史中，李春生（1838-1924）是個傳奇性的人物。他原籍福建省泉州府同安縣。少時上過私塾，但未幾即因家貧而輟學。十五歲時，他隨父親領洗入籍基督教[1]，並開始學習英文。自二十歲起，他先後在廈門及淡水擔任英商買辦，其後在臺北自營茶業，因而致富，與林本源並列為臺灣首富。中年以後，他開始從事撰述，輯印成書的著作共有十二種。筆者曾透過李春生的曾孫李超然先生取得其中的八種，並透過當時就讀於日本東京大學、目前任職於中央研究院臺灣史研究所的鍾淑敏女士，購得《主津新集》一書的微捲。隨後，筆者與黃俊傑、黎漢基合作，花了十年的時間，將這九種著作重新點校，編成《李春生著作集》五冊，於2004年由臺北南天書局出版。

李春生著作涉及的面向甚廣。筆者曾編輯《李春生的思想與時代》（臺北：正中書局，1995）與《近代東亞變局中的李春生》（臺北：臺大出版中心，2010）二書，廣泛涉及李春生思想的各個面向。本文將集中於李春生對儒家與基督教的看法。關於這個問題，筆者在〈轉化抑或對話？——李春生所理解的中國經典〉與〈李春生與儒家思想〉二文[2]中已有所討論，本文將在此一基礎上更完整地闡述李春生對儒家與基督教的看法。

李春生是虔誠的基督徒。曾天從在《臺灣省通志稿》卷六〈學藝志・哲學篇〉中論及他的思想特色時寫道：「〔……〕至於其根本論旨，則似有一貫精神透徹於其間者。基督教之宗教道德精神是也。」[3]可謂一語中的。因此，我們必須從這個角度來理解李春生對儒家與基督教的看法。

首先要說明：在整個耶教傳統中，李春生獨尊新教（基督教）。他一再

1　李春生屬於新教長老教會。本文所稱「基督教」，概指新教（李春生通常稱為「耶穌教」或「耶穌教」），與舊教（天主教）和東正教有別。至於涵蓋三者的Christianity，則以「耶教」稱之。

2　均收入《近代東亞變局中的李春生》一書中。

3　黃純青監修，《臺灣省通志稿》，第34冊（臺北：成文出版社，1983），頁28。

強調，基督教虔信上帝，故能獨得上帝之庇佑，使國勢日盛。例如，他曾於
1875年（乙亥）陰曆11月21日在《萬國公報》發表了〈天命臆說〉一文。
他在文中評論1870年的普法戰爭時設問道：

> 或謂：「然則普宗耶穌，法尚天主，異教同宗，無非均奉天道也，何乃
> 天使其互相攻擊乎？」曰：「斯役也，豈天未嘗以勝敗證其獨有專寵
> 乎？載曰：『矯誣上帝，用爽厥師。』誠是言也。」[4]

「矯誣上帝〔天〕，用爽厥師」語出《尚書・商書・仲虺之誥》，意謂：夏桀
欺騙上天，故喪失其庶眾。眾所周知，1870年的普法戰爭之結果是：普勝
法敗，法國割讓亞爾薩斯與洛林。依李春生的解讀，信仰基督教的普魯士戰
勝信仰天主教的法國，證明前者得到上帝的專寵。
　　又如在〈偉哉天言〉一文中，李春生論及基督教信仰的力量時寫道：

> 不觀夫服從其教之愈敬虔真誠，若英、德、美者，國勢亦因之愈勃興；
> 服從其教之愈虛偽殘酷，若俄、西、葡者，國運亦因之愈削弱。況夫誓
> 與其教為敵者，不亡亦稀矣！（3: 124）

對李春生而言，英國、德國、美國為基督教國家，俄國為東正教國家，西班
牙、葡萄牙為天主教國家，基督教之優越性顯而易見。
　　李春生在〈讀基督教歷史者須知〉一文中對羅馬天主教提出嚴厲的批
評，其文如下：

> 溯自教之流傳，歷茲已近二千年，除在猶太歷過之事，不必俱論，乃一
> 經輸入歐洲，教會雖屬盛行，無奈教權竟為羅馬天主教皇獨攬。是則所

4　李春生，《主津新集》，收入《李春生著作集》，第2冊，頁30。以下引用李春生著作時，直
　　接在引文後註明《李春生著作集》的冊數與頁碼，而不另加腳註。

謂教皇者，又別號為法王，謂其勢之赫奕，擅將耶穌真經隱秘，別造種種詭邪之法，若者曰拜馬利亞與十二使徒偶像，禁牧師神傅男女之嫁娶，妄參國政，干預賞罰。種種妄為，甚於異端邪教。最殘忍者，陷數百十萬十字軍死於非命。如是者，歷千四百餘年，天愁人怨，教會因之蒙汙蔽垢，靡一不為東西羅馬、天主教皇時代教會歷過之慘劫。（1: 130）

無怪乎他將「東西羅馬及天主、回回諸舊教者」同視為基督教之敵（1: 130）。

俄國雖然屬於東正教國家，但至少還在耶教傳統之內，何以在1904年的日俄戰爭中敗於非耶教的日本呢？對此，李春生也有一套說辭。他一再強調：《聖經》中早已有經文預示日俄戰爭之結局。例如，他在《聖經闡要講義》中設想有人可能質疑說：「曩者日俄之役，何彼奉教國之俄羅斯，反遭異邦人之日本箠楚鞭笞，是豈非讖語之倒置乎？」（3: 238）李春生的回答是：「俄羅斯所以戰敗於日本，是其偽奉教，被譴責，不能不敗，以驗《聖經》讖語之神聖。」（3: 238-239；參閱3: 65, 3: 308）反之，「日本雖非全國奉教，究其國中操大權者，幾無一不是耶穌教徒。噫！亦可謂知國運與教勢相維繫者，其惟日本人乎？」（3: 239）他進而言之：

> 歐、美諸國得稱文明者，因其全受耶穌不懼之教，故其民多剛毅，少畏葸。日本後起，雖甫得耶穌之學，而亦崛稱文明，是其民之剛毅者，比歐、美更多，畏葸者則尤差少。（3: 34）

其實，李春生的說法頗為牽強。因為1867年明治政府成立之後，為鞏固政權，立神道為國教。對於耶教信仰，則沿用幕府時代的禁教令，四處逮捕耶教徒。直到1873年，在西方政府的壓力下，明治政府始宣布解除禁教令，讓耶教徒自由傳教。但日本耶教徒（包括新舊教在內）的人數始終不多，即使到了今天，仍未超過總人口的1%。因此，李春生將日本之所以戰勝俄國歸因於基督教信仰，並無太大的說服力。但由此也可見他堅信基督教相對於

天主教與東正教的優越性。

　　對於同屬亞伯拉罕宗教的伊斯蘭教，李春生亦採取否定的態度。例如，他在《宗教五德備考》中引述《新約・馬太福音》第24章第23-26節的經文：

> 有告爾者曰：「基督在此，基督在彼。」則勿信。蓋將有偽基督、偽先知者起，大施異蹟奇事，使得以惑選民，則惑之矣。我與爾先言之，有人告爾：「基督在曠野。」勿出。「基督在密室。」勿信。[5]

對此，李春生評論道：

> 合此數段詞意考之，竊疑其必指彼以非基督之道，冒等為基督之教，若維昔東西羅馬教皇者是也。否則苟有宗教資格，能致人迷信，則其來也，可自立門戶，若穆罕墨之於回教者，又何必有冒名之謂也？蓋「冒名」二字，隱有竊取等替之偽。且觀其設譬曰：有多人，又曰：在此，在彼，在曠野，在密室，是默識隱有不肖之徒，畫蛇添足，冒其名以行偽教。（3: 318）

可見他將伊斯蘭教與天主教、東正教一概歸諸「偽教」之列。

二、李春生對儒、釋、道三教的不同態度

　　至於中國傳統的儒、佛、道三教，李春生對佛、道二教持完全否定的態度，對儒家則有保留地肯定。在其〈靈魂繫於教門〉一文中，他擬設了一段問答：

> 或曰：「儒教一門，詎不足以冠諸流者乎？何必區區以耶穌為說？」

5　李春生所引用的是文言本《文理串珠新舊約聖書》。

曰：「儒非不美也，惜乎神道未詳，且言不及造化之始，識不至幽冥之終。雖有鬼神之說，不過臆度懸揣，究無所本然。又謂宇宙萬物，本自五行二氣所結，人死歸土已矣！職是，雖以道德仁義、禮樂綱常為教，奈無天堂、地獄為善惡賞罰結局。復以顏回、盜跖引為前鑑，雖任痛哭疾呼，勸人朝聞夕死，殺身成仁，人將哂之以鼻。自是，雖亦喃喃讀書，將是逐逐剽利，謂今朝不爾，明日已矣！」（2: 68-69）

在李春生看來，儒家不足之處在於無天堂、地獄之說，故無法藉身後的賞罰來鎮懾人心。對話繼續進行：

或曰：「此言誠不謬也，所以必兼佛、道為教，豈亦不足懾服人心乎？」曰：「佛能懾人乎？夫佛不雕於木，便塑於泥，雖有耳目口鼻手足，孰不知人為之者？今世之生而鞠而者，一旦逆倫，甚遭弒父殺母，而況以不能言語行動偶像，欲人懾之，得乎？若曰懾於其神，斯言更謬矣！上帝以日照夫義不義，以雨濡夫善不善，以雷喻聲，以電喻魄，是真確實活潑無妄之神也。彼剛愎不義之輩，尚毀其講堂，焚其禱室，又不之懾。而況佛也者，非有雕之不能偶，非有塑之不成像。既偶既像，不有移之者，雖足不能行；不有扶之者，雖倒不能復；且擊之不覺痛，問之不能答，水火不能避，蛀害不能逃，詆之不知羞，辱之不知怒，謂此為神，馨天下，亦惟天竺、西藏、緬甸、錫金、安南、暹羅等國，信而奉之。此所以破國亡家，受人鞭笞驅策，又夢夢然不知其為奉假佛，干天實怒。中國為聲名文物之邦，當不可縱民效逆，自取災殃禍害，方不失謂禮義王化。」（2: 69）

此段批評雖然主要針對佛教，但亦適用於道教。因為在李春生看來，佛、道二教均屬偶像崇拜，違背了十誡中「不可信仰他神」與「不可拜偶像」之誡，故為異端。再者，由信奉佛教之國均受到他國的奴役，顯示其信仰之不足恃。

至於李春生對儒家的肯定，可歸因於其特殊的時代背景。在他所處的時代，儘管儒家的權威已江河日下，但畢竟仍深植於中國傳統文化之中。相形之下，基督教隨著西方的船堅炮利傳到中國，與中國傳統文化扞格不相入，故不時發生教案。李春生的《民教冤獄解》（1903）、《民教冤獄解續篇》（1903）與《民教冤獄解續篇補遺》（1906）反映的便是基督教與中國傳統文化的衝突，以及他在面對中國民眾與知識分子對基督教的反感與敵意時之尷尬處境。當時中國基督徒不時要面對「洋奴」的指摘。例如，有人在報刊上作一聯語：「耶教功臣孔教賊，華人浪子洋人奴」，以嘲諷耶教徒。李春生為此特別撰寫〈誡口過〉一文（1: 251-253），以為回應，可見其處境之尷尬。在這種背景之下，李春生對儒家傳統的肯定其實隱含自我辯解的策略。

筆者在〈李春生與儒家思想〉一文中曾比較李春生與明末清初耶穌會傳教士利瑪竇（Matteo Ricci, 1552-1610）的傳教策略，發現儘管兩人所處的時代背景完全不同，但其傳教策略卻有驚人的類似性。侯外廬曾將利瑪竇對於儒家傳統的態度歸納為三點：(1)「合儒」，即聯合儒家，反對佛、道二家；(2)「補儒」，即附會先儒（先秦儒學），反對後儒（宋明儒學）；(3)「益儒」、「超儒」，即以耶教神學補充或修改儒家學說[6]。這三種態度同樣見於李春生的相關論述之中。由於筆者在〈李春生與儒家思想〉一文中已詳細討論李春生對儒家傳統的這三種態度，以下僅概論其要旨，以避免過多的重複。

三、「合儒」的策略

關於「合儒」的策略，李春生對佛、道二教的堅決排斥在上文已提過。至於儒家與基督教相合的部分，李春生像利瑪竇一樣，訴諸先秦儒家經典（特別是《詩經》與《尚書》）中所包含的原始宗教信仰，即上帝信仰。例

---

6 侯外廬編，《中國思想通史》，第4卷（北京：人民出版社，1957），頁1207-1226；亦參閱湯一介，〈論利瑪竇匯合東西文化的嘗試〉，見其《儒釋道與內在超越問題》（南昌：江西人民出版社，1991），頁249-257。

如，李春生在〈物各有主〉一文中寫道：

> 或曰：「何以知其確有上帝乎？」曰：「善哉言也！《詩》、《書》典籍
> 可證也，物命遺跡可據也。《詩》曰：『皇矣上帝！上帝皇矣！蕩蕩上
> 帝，疾威上帝。明明在下，赫赫在上。在帝左右。帝謂上帝。昊天不
> 忒。昊天罔極。上帝〔當作「天」〕之載，無聲無臭。神之格思，不可
> 度思，矧可射思。』詎非確有上帝之可憑乎？《詩》又曰：『天生蒸
> 民，有物有則。』此非天地萬物綱紀，惟上帝是主乎？又曰：『天生蒸
> 民，其命匪諶；靡不有初，鮮克有終。上帝耆之。』詎非人性之遷，帝
> 恩寬假，使其老而知悔者乎？又曰：『天不湎爾〔當補一「以」字〕
> 酒。天不我將。』詎非誡命嚴申，弗克由人者乎？又曰：『天鑒在下。
> 逢天僤怒。上帝板板，下民卒癉。旱其〔當作「既」〕太甚，則不可
> 推；兢兢業業，如霆如雷；周遺黎民，靡有孑遺；昊天上帝，則不我
> 遺；胡不相畏，先祖于摧。』且『天降喪亂。天降慆德。天之方難。天
> 之方蹶。天之方虐。』詎非禍害災殃，廢興存亡，惟上帝是主者乎？又
> 曰：『昭事上帝，聿懷多福。天位殷適。有虞恩〔當作「殷」〕自天。
> 受祿于天，保命佑之，自天申之。既受帝祉。畏天之威。上帝是依，無
> 災無害。敬之敬之，天維顯思。上帝臨汝，無二爾心。』詎非明言順天
> 者存，逆天者亡，示人虔誠誡謹，欽尊天道，宗天為主，上帝是祇者
> 乎？〔……〕」（2: 82-83）

在此，李春生引述《詩經》與《尚書》中的文字來證明中國古代確有上帝信
仰。

此外，他在〈原神〉一文中寫道：

> 夫所謂神道設教者，古人行之，其詳且審矣！如天理陰陽，化生萬物，
> 天鑒在茲，天聽自我，天不緬酒，天難諶斯，天作之合，天實為之，順
> 天存，逆天亡，獲罪於天，無所禱。用是以觀，可知天者為一大上帝，

故云皇天上帝，疾威上帝，齋戒沐浴事上帝。諸如此稱，莫非宇宙間，有一浩浩蕩蕩、赫赫巍巍、至尊莫匹之主宰，亦為化工造物、無始無終、萬國萬王之上帝？是古人所謂神道者，仕君子欲以設教，非宗此正途神道不能為功也。（2: 114-115）

在這段文字中，李春生不僅引述《詩經》與《尚書》的記載，還引述《論語》與《中庸》所載孔子之言。在他看來，在這些文獻中出現的「天」或「上帝」都可被理解為基督教信仰中的人格神，故是中國古代神道設教的證據。

因此，李春生認為：孔子本人也繼承了這種原始信仰。例如，他在〈釋癡道人之辯〉一文中寫道：

聖人云：「齋誠沐浴，則可以祀上帝。」「郊社之禮，所以祀上帝。」「天之將喪斯文；天之未喪斯文。」「天實為之，為〔當作「謂」〕之何哉？」此不亦明明有一主宰宇宙之上帝乎？何子獨知其必無也？不亦謬乎？既謂不必確有天堂、地獄，是明言將無善惡報應之休咎也。其如是，自可縱我所欲，肆我所行，何必又言善惡是非之理，及循乎生前所行之說？既無天堂、地獄，何必有是非善惡之理？不亦自相矛盾乎？孔子曰：「我誰欺？欺天乎？」「獲罪於天，無所禱也。」「順天者存，逆天者亡。」「過則勿憚改。」且「加我數年，五十以學《易》，可以無大過矣。」試問何謂欺天與獲罪？既無天堂、地獄，以施賞罰，何以孔子勉人遷善，而又誡毋欺天、獲罪之說？（2: 77）

此文之作，係為了反駁《萬國公報》所刊一位署名「癡道人」者的〈致辨勸慰子〉一文，該文中寫道：「西教中苟能舉忠孝節義之大綱，以勉人為善，謂人能自盡其本分，則死後所受，或悉循乎生前之所行，**不必確有天堂、地獄**，而人自樂聞其道矣！」（2: 76-77）李春生所引孔子之言分別出自《論語》與《中庸》。他除了藉此證明孔子對上帝（或天）的信仰之外，還反駁

癡道人之說，推斷孔子當會相信天堂、地獄的存在。這點涉及「益儒」、「超儒」的策略，下文還會談到。《論語·公冶長》第13章載子貢之言曰：「夫子之言性與天道，不可得而聞也。」基於「合儒」的策略，李春生一再強調：「吾教實為仲尼弟子當日欲求而不可得聞之天道。」（2: 85；參閱2: 81, 2: 87, 2: 91, 2: 108-109, 2: 109-110, 2: 116, 2: 187）

四、「補儒」的策略

　　關於「補儒」的策略，李春生像利瑪竇一樣，肯定孔子及其所繼承的古代原始宗教，而否定宋明理學。例如，李春生在〈釋楊象濟謫洋教與格致不符辯〉一文中寫道：

> 〔……〕上古之行昭事者，無分王侯仕庶，朝乾夕惕，齋浴請禱，莫非天也，神也，上帝也。降至中古，則於此等名號，擯為虛無，職是而郊社之禮、報本反始之義，讓君獨行。（2: 105）

又如他在〈理性〉一文中設想他與海外逸人的一段對話，抨擊理學家的「理性」之說。此處所謂「理性」，並非reason之義，而是指「理」與「性」。這段對話甚長，此處無法俱引。其要旨如下：

> 道學家言理性者，祖於先哲，然而究其所謂理性者，無非茶香酒熱，借恣〔資？〕談助，其實藐其憑虛忖惻〔當作「測」〕、無關緊要也者；所以政教吏治，總以禮樂賞罰作為法度，一有越其範圍者，勢必入於刑戮，又何暇顧及理性之為義哉？（2: 250）

李春生主要強調：理學家所謂的「理」與「性」是憑虛無形的，不能發揮實際作用，實際發揮作用的反而是禮法刑政。

　　最值得注意的是：由於宋明理學家大都服膺孟子的「性善」說，李春生

甚至否定「性善」說。他寫道：

> 先哲論性，莫詳於蒙課，其書略曰：人初性善，相近習遠，不教乃遷。
> 是言性之本善，因誘而乃變；則此一言，可證性之本惡也。何則？諺有
> 之曰：「移山不可改性。」是性如本善，不能誘使之惡；性如本惡，不
> 能誘使之善。今言不教乃遷，是性有待動之形，情無鎮定之勢，一遇外
> 誘，則隨機而動，是性惡也，所以見鳥思飛，臨魚慕潛。由斯觀之，舉
> 凡不安於所命者，其皆性惡之一流也。況古今來，無人不欲智，又胡得
> 謂性善者手？大抵言性善者，初不知性有自主之權，可以善，可以惡。
> 所謂善者，是稟賦天良之善。所以稟賦雖欲使性之善，奈情欲藉性自
> 主，偏欲之惡。觀襁褓之嬰，可知人初之性，不應確準為善。藉使長而
> 為善，未始不由稟賦天良感召而成，其實非性之本善。此余所謂人有三
> 良：良知、良能、天良，三者缺一，不得稱謂純人。若並天良亦缺，則
> 靈魂亦從而淪陷矣！世之談性理，言道學，而不從事耶穌天道為圭臬
> 者，是真聲者之察言，瞽者之辨色也。悲夫！（2: 252-253）

他明白主張「性可以善，可以惡」之說，這相當於孟子所反對的「性可以為
善，可以為不善」之說（《孟子‧告子上》第6章）。此外，他在孟子的「良
知」、「良能」二概念之外，再加上「天良」的概念。他雖未詳細解釋「天
良」之義，但從這段引文的上下文及李春生的用語習慣可以推知：所謂「天
良」當是指上帝透過恩寵而賦予人的稟賦。就李春生的基督教背景而言，這
倒不會令人感到意外。總之，對李春生而言，宋明理學家之最大失誤在於遺
忘了孔子所繼承的古代天道信仰。他甚至判定說：「若宋儒者，察其所學，
無非名利；究其所務，不外朋黨。」（2: 179）李春生不止一次批評朱子對先
秦儒家經典的詮釋。筆者在他處曾討論過李春生對朱子的批評[7]，此處不贅
述。

7　參閱李明輝編，《近代東亞變局中的李春生》，頁14-17、47-52。

　　但比利瑪竇更進一步的是，李春生不僅否定宋明理學，還質疑《中庸》的若干思想。在他看來，《中庸》的作者子思未能善紹孔子的天道思想，而使之變質了。他在〈天地人說〉一文中寫道：

> 且也，地有配天之形，人無配地之質，而又自詡，謂能贊天地化育，能與天地參，不亦謬乎？豈大塊之間，未嘗埋沒許多參天配地者哉？若謂贊天地化育，是言教民稼穡，使民以時，與天地參，是言造舟為梁，築室製器，說禮演樂，使民得相生養，峻極於天者，乃儒者失言。所以荀卿十二子之非，子思、孟軻不免罪在其中。（2: 144）

他在〈儒書悮解〉一文亦寫道：

> 或謂：聖人至誠實德，明動變化，可以贊天地化育，可與天地參，豈亦謬乎？曰：此皆《中庸》以下十二章，子思所述之言，非親出孔子也。其謂「贊天地化育」者，或指謂使民以時，俾得間以治田，播種而化，作炊而育。其謂「與天地參」者，或指謂上帝有好生之德，君子有惻隱之心，以克配上帝，與天地參，非若朱子解謂「與天地並立為三」之說。豈聖人能化生萬物，察理陰陽乎？聖人且自知「莫之為而為之者天也，莫之致而致之者命也」，豈敢復以贊參之義，據為分事？辯者謂：果爾聖人不足與天地並立為三，何則傳云：「大哉聖人之道！洋洋乎發育萬物，峻極於天。」豈亦謬乎？曰：此蓋作者失慎，而述者欠通。無怪今之學者，每自私吾師庶幾左右帝天也。竊謂此段文理，在能物色「之道」兩字，庶乎瞭然全意。夫所謂道者，乃出於天而不可易，事物當然之理，義足令人殉之，惟有所稟賦君子，能明而守之，則為其道。其謂「發育萬物」者，亦不外教民稼穡，樹藝五穀。其謂「峻極於天」者，乃指聖人知所由踐之道，深遠高大，非謂聖人有道，足以駕天。不然，彼為門人者，雖欲張揚夫子之道，將不免自認天之不可階而升。《詩》云：「天生蒸民。」傳亦云：「聖人於民，類也。」由是觀之，聖

人宜乎不敢峻極於天。（2: 242）

筆者在他處詳細討論過《中庸》詮釋的相關問題，此處亦不擬贅述[8]。概括言之，李春生對《中庸》特別不能接受的是「贊天地之化育」、「與天地參」、「峻極於天」等說法，因為這些說法不但肯定人在宇宙中的特殊地位，甚至將人提高到與天、地並列為三才的地位。對李春生的基督教信仰而言，這無異於否定上帝的超越性，是對上帝的嚴重褻瀆。這不免讓我們想起理雅各（James Legge）對《中庸》的類似批評：

> 它〔按：指《中庸》〕的開頭極好，但是作者才剛道出序文中的箴言，就導入一種晦澀中，使我們幾乎無法摸索出道路；而當我們擺脫這種晦澀時，又會被作者對於聖人的圓滿性之華而不實的圖像所困惑。作者顯然有助於助長其同胞的驕傲。他將他們的聖人提升到一切名為神或是被崇拜的東西之上，而且教導人民大眾說：有了聖人，他們就不假外求了。在這當中，《中庸》與耶教是敵對的。不久之後，當耶教在中國廣泛流行時，人們將會提及《中庸》，作為「他們的祖先憑其智慧，既不知上帝，亦不自知」之明證。[9]

李春生將中國古代天道信仰之失落，一則歸諸孔子之刪《詩》、《書》、秦始皇之焚書與後儒之誤讀，如他在〈讀書要訣〉一文中所言：

> 且當日之賢者，雖立言設教，初不敢必其道之將行，其書之將傳，職是於著述，將不免疎防檢點，瞻前失後。況一經孔子之刪，續遭秦火之劫，加之後儒臆度傍註，又不知差之毫釐，失之千里。茲若因讀而必尚之，能無以訛傳訛之患哉？故後學於研究經義之間，不免群興聚訟。

8　參閱李明輝編，《近代東亞變局中的李春生》，頁38-47。

9　James Legge, *The Life and Teachings of Confucius* (London: N. Trübner, 1872), p. 54.

（2：243；參閱2：106）

再則他將之歸諸孔子為了防範異端而造成的意外結果，如他在〈致惑有由〉一文中所言：

> 明教祖自上古，而上古則本於神道以設教；崇斯學者，儒焉稱之。道統起自五帝，周公沒而道衰，孔子繼之，致道大行。此所謂草之有根，亦猶蛇之有頭者。當斯之日，慮異端將惑於後世，乃誡諸徒曰：「索隱行怪，後世有術〔當作「述」〕焉，我弗為之矣！」自是，學者相勉曰：「子不語者，怪力亂神也。」昌黎復不以神道諫佛，愓謂可以善繼人志，善術〔當作「述」〕人事者。嗚呼！防之愈深，黜之彌堅，畢竟而並本來神道之根頭亦棄之，所以儒教行之日促，異端蔓延日熾。〔……〕余竊謂：人夫背儒而兼異端者，其故皆為教之使然，致老、佛得間以入。但使仲尼當日直三代之學，闡天道之奧，使民共沾昭事之益，雖老、佛具有移花接木妙手，將無以肆其怪誕之術。何則？知人之將惑也，而復啟其疑端，無怪乎欲知神道者，皆從而他師矣！（2：91）

換言之，孔子為了防範異端而諱言怪力亂神，導致天道信仰之失落，以致日後釋、道二教趁虛而入。

五、「益儒」、「超儒」的策略

　　在討論李春生「益儒」、「超儒」的策略之前，我們有必要先了解他對「宗教」的界定。對他而言，基督教是最完備的宗教。他著有《宗教五德備考》一書，闡明宗教的本質。該書〈例言〉便表明：「是書名稱『宗教五德備考』，實則獨標耶穌一門。蓋他教不但不能五德具備，且求其一德完全，亦非易事，故不得不捨其他，而獨從事耶穌教，理勢然也。」（3：249）對他而言，完備的宗教必須具備五項要素，即始終、道理、經權、異蹟、讖語。

「始終」是指對人類與宇宙的起源和終結之說明（如基督教的創世說與末日說）。「道理」是指人生處世所依賴的道德綱常。「經權」是指報施賞罰（如天堂、地獄之說）。「異蹟」則是如耶穌所行的神蹟。「讖語」則是指預言。由於「耶穌教」（基督教）具備這五項要素，故為完備的宗教。

相較於基督教，李春生認為儒家明確具有「道理」一項，並且以此見長，但欠缺「始終」、「異蹟」與「讖語」。他在〈宗教憑五德〉一文中寫道：

> 所謂信仰者，乃專指宗教而設。若孔子者，乃中華一大政治家，兼精哲理者。所以稱其為聖人，亦因其說未及於始終，而亦未曾行過一異蹟，且自云：「未知生，焉知死？」所以顯證其非宗教家。（1: 266）

這等於明言儒家欠缺「始終」、「異蹟」、「讖語」三者。

至於「經權」一項，雖無文獻證據，但如上文所引〈釋癡道人之辯〉所言，李春生推斷孔子當會相信天堂、地獄之存在。司馬遷在《史記·伯夷列傳》中有一段議論，對天道提出強烈的質疑：

> 或曰：「天道無親，常與善人。」若伯夷、叔齊，可謂善人者，非邪？積仁絜行如此而餓死！且七十子之徒，仲尼獨薦顏淵為好學。然回也屢空，糟糠不厭，而卒蚤夭。天之報施善人，其何如哉？盜跖日殺不辜，肝人之肉，暴戾恣睢，聚黨數千人，橫行天下，竟以壽終。是遵何德哉？此其尤大彰明較著者也。至若近世，操行不軌，專犯忌諱，而終身逸樂，富厚累世不絕。或擇地而蹈之，時然後出言，行不由徑，非公正不發憤，而遇禍災者，不可勝數也。余甚惑焉，儻所謂天道，是邪？非邪？

李春生在〈變通首務教化〉一文中針對司馬遷的這段議論寫道：

> 惟天道一說，究恐吾儒猝難與兼，蓋天道不經，為太史公所不信者。獨

余則謂：其欲奮發有為於人世，舍天道則無以為功，況欲致富臻強，而不周旋乎天命，得乎？孔子曰：「君子三畏。」聖言、王法，君子然尚畏之，豈皇皇帝天，赫赫大道，不足以畏哉？太史公生非今日，未能物色天道之為道，因顏回、盜跖二事，有感而發，致後世卒惑斯言。此所以儒者諲諲道德仁義，欲人斯道以崇，學者初莫不願聞盛教，祇有是道之善，奈無果善之門，使其依歸，致索隱行怪之徒，得間以入。既不知其生也奚自，其死也奚歸，且以顏回為前車，盜跖為後軫，而人自然藐天道為虛無。因是而詭譎居心，諂諛循世，樹黨羽以相殘，乘威權以搏噬，持猛力以篡弒，負險隅以劫掠，放辟邪侈，欺名盜世，但求生前威福，罔知逝後鞠罰。此皆輕天道之不經，藐報應之謊誕所由致也。（2: 39）

將這段文字與李春生在〈釋癡道人之辯〉一文中所言相參，他顯然願意相信孔子亦肯定天堂、地獄之存在，否則孔子的天道信仰不足以取信於人。

在李春生看來，儒家涉及道德，而基督教是宗教，故儒家與基督教的關係是道德與宗教的關係。至於道德與宗教的關係，李春生以宗教為道德的基礎，如他在〈道德微言〉一文中所言：

我甚慚，今世之侈談道德，誇張仁義者，而亦未嘗不毀謗宗教，褻瀆神道。所以然者，蓋莫知道德是由宗教而生，宗教乃由神道而出。鄙諺曰：「草無根不生。」今欲擴充道德，兼圖毀滅宗教，是服砒霜，欲求不死，烏可得哉？（1: 126）

據此，他將儒家與基督教的關係理解如下：

孔子之教，是為治國，耶穌之教，是為救世，二者有相輔，無相悖。蓋有孔子之教，益彰上帝之靈；有耶穌之教，愈顯孔子之靈。唯當知治國是人道，所關一國，他國不與；救世是神道，所關天下，毋容或異。（附冊：194）

孔子者，乃因治而設教；耶穌者，乃為神而傳道。一者專注用禮以服，一者專注用神以化。名雖殊，義則不同，其實有相輔，無相悖。觀其專誠傳道，不外誨人上帝是祇，無災有害，亦所以申七日來復，報本反始之正理。種種箴言妙諦，幾若同門一派。（3：42）

但李春生並非將儒家與基督教置於同一個層次上，而是以後者作為前者的基礎。這就是其「益儒」、「超儒」的策略。

六、結論

英國著名的宗教哲學家希克（John Hick）曾提出「宗教多元論」（religious pluralism），以對比於過去流行的「排他論」（exclusivism）與「兼容論」（inclusivism）。所謂「排他論」，希克解釋說：

它將拯救／解脫僅關聯到一個特殊的傳統，以致「拯救局限於這一個群體」成了一個信條，人類的其餘部分或者不被考慮，或者明確地被排除出拯救的範圍。對這種信仰最有力、最有影響的表達見諸天主教教條：教會之外無拯救，以及十九世紀新教傳教運動的相應假設：耶教之外無拯救。[10]

所謂「兼容論」，希克解釋說：

它是這樣一種觀點，即上帝對人類的寬恕和接納由於基督之死而已成為可能，但這種獻祭所造福的並不局限於那些以一種明確的信仰行為來回應它的人。基督的贖罪所達成之律法上的和解涵蓋所有人類的罪，以致現在全人類均蒙受上帝的憐憫──即使他們可能從未聽說過耶穌基督，

---

10 John Hick, *Problems of Religious Pluralism* (London: Macmillan, 1985), p. 31.

以及他為何死於骷髏地的十字架上。[11]

他借用神學家拉納（Karl Rahner）的說法，將這種被包容進來的「教徒」稱為「匿名基督徒」[12]。

至於所謂的「多元論」，是「這樣一種觀點，即人類的存在從『自我中心』向『實在中心』之轉化正以不同的方式在各大宗教傳統的脈絡中發生。拯救或解脫並非只有一種方式，而是有多種方式」[13]。

從本文的討論可知，李春生顯然不具有「宗教多元論」的視野，但我們也不宜因其時代限制而苛求他。對於佛、道兩教，以及同屬亞伯拉罕宗教的天主教、東正教及伊斯蘭教，李春生採取「排他論」的立場。唯獨對於儒家，他特別採取「兼容論」的立場，亦即將孔子及中國古代的聖人視為「匿名基督徒」。他對儒家傳統的這種詮釋策略一方面有其客觀方面的必要性，即是在面對中國民眾及知識分子對耶教的排斥與反感時的自我辯解。在主觀方面，李春生面對西方文化大舉東來，以及清廷將臺灣割讓給日本所帶來的時代變局時，這種詮釋策略亦有助於他在文化認同問題上的自我克服[14]。

---

11 李明輝編，《近代東亞變局中的李春生》，頁32-33。

12 同上書，頁33。

13 同上書，頁34。這三種觀點的畫分可上溯到 Alan Race, *Christian and Religious Pluralism: Patterns in the Christian Theology of Religions*（Maryknoll/N.Y.: Orbis Books, 1983）.

14 參閱李明輝編，《近代東亞變局中的李春生》，頁23-24。

參考文獻

一、中文書目

李明輝編，《李春生的思想與時代》，臺北：正中書局，1995。

李明輝編，《近代東亞變局中的李春生》，臺北：臺大出版中心，2010。

李春生著，李明輝、黃俊傑、黎漢基編，《李春生著作集》，臺北：南天書局，2004。

侯外廬編，《中國思想通史》，第4卷，北京：人民出版社，1957。

曾天從，〈學藝志·哲學篇〉，黃純青監修，《臺灣省通志稿》，第34冊，卷6，臺北：成文出版社，1983。

湯一介，〈論利瑪竇匯合東西文化的嘗試〉，湯一介，《儒釋道與內在超越問題》，南昌：江西人民出版社，1991，頁249-257。

二、西文書目

Alan Race, *Christian and Religious Pluralism: Patterns in the Christian Theology of Religions*, Maryknoll/N.Y.: Orbis Books, 1983.

James Legge, *The Life and Teachings of Confucius*, London: N. Trübner, 1872.

John Hick, *Problems of Religious Pluralism*, London: Macmillan, 1985.

第三章

日本陽明學發展氛圍下的
臺灣思想家林茂生

黃崇修[*]

　　林茂生（1887-1947）先生出身書香世家而從小飽讀四書五經，求學期間因受到英國教士會的影響及支援，成就了其日後第一位留學日本東京帝國大學及獲得美國哥倫比亞大學哲學博士的學術殊榮。學成歸國期間，林茂生曾參加臺灣文協所舉辦之諸項文化活動，比如林獻堂所舉辦的夏季學校，林茂生皆積極參與授課，因此對於當時臺灣日治社會之人文化成活動而言，林茂生的努力可說是起著帶頭之作用。尤其晚年期間，林茂生更是以文化界長老之姿態，透過《民報》等相關媒體，鼓吹民族大義及針砭時弊，當然也就是因為其對當時陳儀政策的諸多批評，最後在種種複雜的歷史錯誤中成為二二八事件的犧牲者之一。

　　就林茂生的人生經歷而言，其學術背景雖然含括了中、西方哲學、基督教文化及日本儒學三大範疇，不過由於所處年代正值日本政府統治臺灣的思想控制時期，所以林茂生之學術思想本質並未獲得充分表達的機會。因此，

*　東吳大學哲學系助理教授。

目前除了東京大學的兩篇學士論文〈王陽明の良知説〉及哥倫比亞博士論文《日本統治下臺灣的學校教育》較有明顯論述架構之外，其他的思想言論則隨興或隨機地散見於一些詩文或演講稿，因此這對於研究林茂生先生教育思想以外的其他思想領域而言，無疑地是一個難度較高的工作。

尤其作為日據時代臺灣最具代表性的知識分子之一，林茂生先生的特殊學術經歷，如何涵養出其本人的時代眼光及處事態度，這種精神性思維的學術探討對於研究者而言更是深富挑戰而有意義。鑑此，本文將聚焦於林茂生於臺灣與日本、中國這幾個文化體的存在交涉情境，試圖形塑出林茂生在此拉扯張力之間的思維輪廓及文化選擇。

而就林茂生本人之哲學思想研究上，由於林茂生所處的日本社會氛圍正是以陽明學為主導的武士道文化，因此本文將以當時兼治基督教文化、陽明學、康德哲學為主之井上哲次郎、內村鑑三、新渡戶稻造之理論為核心，期能映照出在此學術氛圍下林茂生的真正思維全貌，從而在當今的臺灣早期思想家的歷史研究之外，找到一種哲學思想上的人文定位。

一、林茂生之死

民國三十六年二二八事件後不久，林茂生受到事件之牽連，於是於3月10日晚上被警備總部警察帶走而從此失去蹤影。根據陳儀向上呈報而與林茂生有關的罪名為：

一、陰謀叛亂，鼓動該校（按指臺大）學生暴亂。
二、強力接收臺灣大學。
三、接近美國領事館，企圖由國際干涉，妄想臺灣獨立。

在此之後，蔣經國於3月17日來臺了解狀況並於隔日給蔣介石的電報內容也說：

親美派──林茂生、廖文毅與副領事Kerr，請美供給槍枝及Money，美允Money。

從此兩份官方文件的內容得知，林茂生在當時極可能是因為被上層認定為親美反中、圖謀造反之罪名而被拘捕殺害。關於這個推測，李筱峰引述行政院《二二八事件報告》的報告內容而提出疑義：

關於林茂生接近美國領事館，企圖尋求臺灣獨立一事，至今亦找不到具體證據。據當時美國駐臺副領事柯爾（George H. Kerr）之說，3月三日上午十時，「處委會」派了五人請願小組到領事館，請求將「二二八事件」真相向華盛頓傳達，但領事館拒絕。……此五人即林宗賢、林詩黨、呂伯雄、駱水源、李萬居，其中並無林茂生。[1]

調查報告既然證明了林茂生並無參與此次向美方請願之事實，那麼在陳儀的報告之中為何會有如此之罪名產生，繼而將此錯誤訊息傳達給蔣經國，可見此中必經有心人士之操弄以至於此。至於其中主謀是誰？究竟是吳濁流、戴國輝等人所研究懷疑的，林茂生被捕原因可能是與其他臺大教授爭奪校長席位而被有關競爭者借刀殺人所致；還是因為林茂生擔任民報社長期間，常於社論中批評及質疑當時陳儀所主導的相關政策而引來的殺機。此間種種因素錯綜複雜，就目前學術界掌握到的資料來看，還不能推定是誰殺了臺灣這位最具代表性的知識分子林茂生。

不過就當時國共對立嚴重的情況下，林茂生的各種特殊經歷，的確都有可能成為造成其本人身陷危境的因素。比如林茂生的父親林燕臣（1859-1944）自遇到巴克禮（1849-1935）之後便改信基督教而日後成為牧師，而林茂生在此機緣下很早就接觸到西方文化並且學好一口英文，之後又受到教會的資助而能夠到日本同志社中學乃至東京帝國大學留學（成為東京帝國大

1　賴澤涵等，《二二八事件研究報告》（臺北：時報文化，1994），頁276。

學首位臺灣留學生），同時因著其過人之語言能力及才華，1929年又獲得美國哥倫比亞大學的學位而成為臺灣首位留美博士。而在1924-1927年年間，其除了從事教學工作之外，亦參加臺灣文化協會而在林獻堂所舉辦的夏季學校中主講西洋哲學等相關課程。因此，就林茂生的經歷來看，其可說是最早直接接觸西方文化的臺灣知識分子之一，而根據筆者訪談其家屬林詠梅女士得知，林茂生是個喜歡閱讀的讀書人，其除了深黯中國古文經典文章之外，對於當時日本、歐美之重要思想理論都廣泛涉獵（甚至可能包括馬克思主義）。因此與外國重要人士的溝通交流對林茂生而言是相當得心應手的（旅德期間曾以德文演講李白與莎士比亞的文學比較）。

除此之外，由於臺灣總督府為了要推行同化之統治政策，所以曾找有留日經驗且受到地方人士推崇的林茂生等人作中間潤滑[2]，以期達到政策推行順遂及減少不必要之衝突及紛爭。面對此時代之兩難，林茂生或許是做出了體制內柔性改革的抉擇，因而應景地接受相關的形式請求。不過對此結果，年輕的吳三連於1920年對林茂生參加皇民奉公會並且在慶祝大正天皇生日當天發表「國民性涵養論」的作為大表不滿，而於《臺灣青年》發表〈呈文學士林茂生君書〉以抨擊林茂生為討好日方而忘了民族大義之情操[3]。而此評論也造成當時社會一陣譁然，所以在此情況下，林茂生多少被貼上了親日派的標籤[4]。

不過林茂生除了具有親美、親日的嫌疑之外，還有一項被質疑的事，那就是其於擔任民報社長時，《民報》時常批評時政的作風以及其同事們的特

2　參見吳濁流，《臺灣連翹》（臺北：前衛出版社，1988），頁172。「（民報）社長林茂生，只掛名，很少露臉。林氏為人稍稍大而化之，日本時代當過皇民奉公會的動員部長。他出身東京帝大，留學過美國，是臺灣人中官階最高的官吏。光復後，成為本省人的種種代表。」

3　吳三連，〈呈文學士林茂生君書〉，收錄於《臺灣青年》，2卷3號（1921）。

4　根據陳翠蓮及李筱峰的研究，當時林茂生並非只為自己利益而出賣國家的親日分子，而是在日本殖民體制下，作為「中間偏右派及保守的民族主義派士紳」選擇「有所為，有所不為」似反抗，又妥協的態度面對時局。李筱峰，《林茂生×陳炘和他們的時代》（臺北：玉山社，1996），頁118-121。

殊背景。根據李筱峰的調查：

> 總編輯許乃昌，總主筆是陳旺成（黃旺成），發行人由吳春霖掛名。許
> 乃昌、陳旺成都是二〇年代臺灣的民族運動、社會運動的活躍分子。前
> 者係日本大學畢業，二〇年代的左翼青年，後來曾任《興南新聞》各地
> 的支局長；後者曾是前臺灣文化協會的會員、臺灣民眾黨的中常委。[5]

其中曾留學日本的總編輯許乃昌曾是左翼分子，而陳旺成又是臺灣民眾黨的
中常委，因此身為這些共產思想或臺獨思想信奉者的上司，林茂生的政治立
場是否也會被解讀為與共產主義有關，這是極有可能的，因為在當時留日的
學生中也不乏出現信奉共產思想者，如當時的臺灣文協會員中就有一部分是
親日本共產黨的成員，因此作為文協的重要幹部（甚至蔣渭水晚年也有左傾
之傾向）及民報社長，林茂生的存在在國民黨眼中，自然可能被視為共產主
義思想信奉者而欲除之而後快。

　　因此，林茂生身上被塗上諸如親美、親日、親共之多種色彩下，一時之
間自然成為陳儀（或者是柯遠芬）眼中的極其危險之激進分子，而亟欲早日
拔除以絕後患。不過根據林茂生的友人描述，林茂生本人的性格與風範與上
述被懷疑之激進姿態截然不同。如丘念臺《嶺海微飆》中說道：

> 林氏於光復後出任臺大文學院長（按係代理性質），原很清高超然，但
> 他每喜放言高論，諷刺省政；事變發生後，也可能被邀參加不利於長官
> 公署的集會，以至於引起當局的注意。……以這麼一個年近耳順的書
> 生，尚不至於做出怎樣狂悖叛逆的事。[6]

　　此種秉持良心針砭時政，是傳統中國知識分子自孔孟以來的基本姿態，

5　李筱峰，《林茂生×陳炘和他們的時代》，頁162。

6　丘念臺，《嶺海微飆》（臺北：中華日報社，1962），頁285。

因此即便清高超然的林茂生也不得不放言高論以糾正當時的不良風氣。而林茂生這種憂國憂民之不得已情懷，在巫永福的回憶錄中也可以窺見。

> 光復當時林博士與一般臺灣人一樣歡迎中國政府，回歸祖國，但發見陳儀一班人的殖民心態，惡劣落伍不民主的作風後，與一般臺灣人一樣，提出強烈的反應。批評指責是民主國家的常態，作為高級知識分子而言應是良知與責任所在，並無不安的地方。且林博士在日治時代如此，光復後如此，一貫地表現他的良知與責任，應該特書稱讚，顯然非賣祖媚日的順民。[7]

而這種以人民福祉為核心考量的態度，也可表現在其〈在日臺胞救濟辦法〉的電臺廣播演講中具體表現出來。

> 過去日本人壓迫我們，剝削我們，侮辱我們，這是很明顯的事實，但是我們的態度，**應當抱著憎其罪不憎其人的風度**，（中略）須取著「**勿使母親哭**」的態度才好。總之，我們要慎重說話，要慎重做事，這是我對同胞的一個希望。[8]

面對戰後的臺灣留日同胞救濟問題，林茂生計畫運用各著社會資源及力量，能夠對當時面臨失去家宅或家人的在日臺人提供具體的協助，同時在此救援行動的演說中，其也呼籲國人勿以小人以牙還牙的方式對待在臺日本人，因為日本人也是人，也是有父母的期待，所以我們應該以推己及人的君子風度，去處理戰後社會秩序回歸的問題而不是增加仇恨。這是儒家仁民愛物的精神表現，我們在林茂生的身上看到這些，而在當時戰亂時期，這種固有的漢民族精神已經蕩然無存，所以這使得林茂生在精神上變得很孤單，而他的

7　巫永福，〈林茂生非媚日順民〉，《自立早報副刊》，1988 年 3 月 14 日。

8　林茂生，〈在日臺胞救濟辦法／今晚九時林茂生廣播〉，《民報》一版，1945 年 11 月 18 日。

做法當然也就無法被那錯誤的年代理解，以至於在當今學術界對林茂生作歷史評價時，一直沒辦法做出最客觀的評述論斷。

　　所以說林茂生之死，雖然在政治現實上是死於陳儀或柯遠芬的嫉妒，但更本質上來說，其內在的原因是死於他的天真以及錯誤的年代。

二、詩歌中的輕與重

　　至於林茂生先生為何會有如此濃厚的士人風範呢？其主要原因要歸功於祖父及父親的家學。林茂生先生在參加正氣學社的一段演講中提到其祖父小時候常教他背誦正氣歌，而其父林燕臣也是清末的進士，在此家學下，林茂生自是從小對於儒家四書五經的背誦已成家常便飯。不過除此之外，在書法的創作上林茂生有更傑出的表現。2003 年由臺北市文化局所主辦的林茂生詩墨展，從中我們可以看出其本人的人生歷程及思想。首先就目前筆者手上可以掌握到作品作一簡單分析。

　　　築室南郊遠市塵
　　　朝親花木暮林泉
　　　英雄且莫悲時遇
　　　回首漁樵即地仙[9]

這是一首由林茂生於丁丑夏日（1925）因新居有感而送給岳廷容的書法。由此詩中可以知道林茂生自 1916 年東京帝大畢業後，因為不配合日本政府政令所以有不被重用而英雄悲時之情，不過林茂生此時仍以士人引退待時之心以漁橋山水遙寄情懷。而這種士人懷才不遇悲時隱居的心境可在其愛用陶淵明詩句以明志的形式窺見一斑。比如四句聯中之二聯有：

9　林淑芬編著，〈桃源在何許──林茂生詩墨展導覽手冊〉（臺北：臺北市文化局，2003）。
　　以下林茂生詩墨皆以本書所載為本。

秋菊有佳色，裛露掇其英。汎此忘憂物，遠我遺世情。
一觴雖獨進，杯盡壺自傾。日入群動息，歸鳥趨林鳴。
嘯傲東軒下，聊復得此生。

結廬在人境，而無車馬喧。問君何能爾，心遠地自偏。
採菊東籬下，悠然見南山。山氣日夕佳，飛鳥相與還。
此中有真意，欲辨已忘言。

這是林茂生於1926年所寫，而詩墨後所落款之號「耕南」就是表明其效法
陶淵明隱居耕讀終南山之意。所以可以說這個時期，林茂生頗有對世局無奈
而隱居山林之意。此在林茂生寫給張立卿的書法中，再度借用陶淵明的〈飲
酒詩〉以表心跡的做法可為佐證。

青松在東園　眾草沒奇姿
凝霜殄異類　卓然見高枝
連林人不覺　獨樹眾乃奇
提壺挂寒柯　遠望時復為
吾生夢幻間　何事紲塵羈

王昭文也認為，上引陶淵明的詩墨內容，很能表達林茂生當時的心境，

觀其文脈，林茂生可能是以卓然挺立的青松自況，也可能是以青松來象
徵張立卿先生。兩位先生都是當時受高等教育的俊秀，但是身為殖民地
人民，發展受到重重限制。林茂生雖是哥倫比亞大學的哲學博士，也只
能屈就於商業專門學校、高等工業學校的教授之職，不管在教育理想、
學術研究或政治關懷上，都未能獲得和他的學歷能力相應的機會。[10]

---

10 林淑芬編著，〈桃源在何許──林茂生詩墨展導覽手冊〉（臺北：臺北市文化局，2003），
　頁64。

另外有一首由六幅當時的信紙所裱成的陶淵明〈歸去來兮〉練習作，也是這種心境的寫照。

　　不過到了1927年，林茂生留學美國前幾個月，其贈送陳紹裘詩墨所引用陶淵明的詩作，則又開始顯得英氣風發：

　　會得個中趣
　　五湖之煙月盡入寸裡
　　識得眼前機
　　千古之英雄盡歸掌握〈菜根譚〉

甚至去美國前一天寫應戴輝煌先生之請所寫的隨興之詩。

　　當雪夜月天　心境便爾澄澈
　　遇春風和氣　意界亦自沖融
　　造化人心混合無間

詩文內容說明了林茂生不管在順境或逆境中皆能有其與天地精神相往來而不違之心意。而歸國後，1933年夏遊嚴島之際所寫之詩

　　拾級來登海上天
　　青山斷處碧空連
　　塵心淨盡禪心寂
　　我是蓬萊一散仙

以及1934年所寫之句：

　　雪凍冰寒鑄妙顏
　　幽情逸韻落人間

樹枝描上蒲葵扇
一種清孤不等閒

似乎還是可以看到林茂生清高不羈的性格，而這種性格除了來自陶淵明，也多少與宋明理學者的思想有關。下面這首節錄程顥〈偶成〉送給東弘襟弟的作品：

閒來無事不從容　　睡覺東窗日已紅
萬物靜觀皆自得　　四時佳興與人同
道通天地有形外　　思入風雲變態中
富貴不淫貧賤樂　　男兒到此是豪雄　　宋×程顥

以及送給夢麟先生詩墨所節錄邵雍的詩，在在說明了林茂生對中國哲學思想中清高隱士的一種崇慕之心。

月到天心處
風來水面時
一般清意味
料得少人知

不過1937年七七事變發生。友人潘貫難奈內心的鬱悶而寫了一首〈偶感〉的七絕，送給林茂生：

運河秋水碎銀瀾，唱曉孤舟韻帶酸。
氣節未隨時節變，天心空對道心寒。

林茂生對此有感而發，回應了一首七絕詩：

> 可無隻手挽狂瀾，歌哭終難慰鼻酸。
>
> 歲序易過人易老，空留一劍匣中寒。

可見林茂生對於個人的懷才不遇即便能夠透過詩文義理以自解，但是看到國家危難卻是無力可施，可以想見其心情更是百感交加。而在這種情境下，不問政事，隱退山林的模式已經不能安撫林茂生對環境巨變的擔憂，所以在這個階段，林茂生開始捨棄陶淵明隱退式的處世模式，而是改以王陽明的積極實踐作為突破現實困境的一種指導方針。其在1939年送給次子林宗義的作品中，留下了下面這一句重要的思想表態。

> 桃源在何許　西峰最深處
>
> 不用問漁人　沿溪踏花去〈王陽明，山中示諸生，五首之三〉

經由這首詩的引用，我們知道林茂生先生的思想已經有了變化而進入了較純熟明確的階段。也就是說林茂生不再以陶淵明虛幻式的桃花源作為其處世的方針，而是以一種在美國留學所體會到的實證精神（杜威的影響），去銜接上王陽明以良心之即知即行的實踐之路，而這樣強調歐美實證精神（包括基督教思想）以及陽明實踐之學的學術風氣正是明治維新以後日本社會的主軸。而林茂生從1908年由英國教士會資助留學日本至1916年拿到東京帝大文學士學位歸國為止的九年期間，其在這樣的學術氛圍下將會受到怎樣的思想薰陶，這是我們必須進一步闡明的。

三、日本陽明學的轉向

日本的儒學發展，早期還是以朱子學作為治國之主軸。根據日本學者高橋亨的研究，日本的儒學發展在某部分受到朝鮮朱子學影響而有了江戶朱子學的形成。其中林羅山、山崎闇斎等人是朱子學發展的主要推手，而在此同時，因為清兵入主中原，明末陽明學者朱舜水，遠渡日本請求援助，也因著

這個因素，陽明學經由朱舜水的東渡而使得中江藤樹、熊沢蕃山等人為代表的日本陽明學有了推展的契機。不過朱舜水最後受到林羅山的嫉妒及迫害，一時之間陽明學受到朱子學者的排擠所以未能很快地順利傳布。而這種情況直至伊藤仁齋、荻生徂徠等反宋學的古學派出現，無預期地使得論述格局相近的陽明學與朱子學（水戶學）在學術情感上產生了某種程度的親和性。而在這轉換點上，賴山陽（1776-1843）與大塩中斎（1793-1837）著實扮演著重要的角色。

民主制度建立之後，對日本人而言大塩中斎是他們心目中的人民英雄，不過就歷史記載來看，因為天保年間（1837）日本發生了大饑荒，糧商的投機性囤糧及官商勾結導致大阪地區人民因而生計產生問題及大量餓死，於是累積下來的鬱憤在大塩中斎的揭竿起義下，一時暴發而成官民間的嚴重衝突，而這就是日本史上所謂的「大塩平八郎之亂」。

由於當時的朱子學者，甚至陽明學學者之中，在面對人民苦難之際，不是為了保住位子而不敢得罪當局，不然就是不敢公開承認自己是陽明學者所以沒有所謂道德良心自覺問題，而大塩中斎就在不被當時社會接受的情況下，被捕前最終選擇自殺而身亡。

對於大塩中斎的行為，東大教授小島毅帶著同情理解卻又批判的角度來看待。他在《近代日本の陽明学》[11]一書中提到，即便大塩中斎本人並未定位自己為陽明學者，不過大塩中斎的行為在某個角度也可以說是陽明學說的具體表現。因為陽明學強調人人本具的良知是一種自主自律的道德根源（心即理），依據此良知而行就是一種義行（知行合一），因此即便表面上，這是一種叛亂，但是大塩中斎因為基於良知之發動（對飢民的同情而無個人的私心）而有的舉動，所以對民主化之後的日本人而言，這是一種合乎陽明良知教法的實踐，因此大塩中斎便被某些學者視為實踐陽明學的先導[12]。

---

11 小島毅，《近代日本の陽明学》（東京：講談社，2006）。本文關於日本陽明學的發展現況之介紹及評斷，基本上皆轉借於小島教授此書之觀點。

12 當然小島先生對於中齋風潮所引起的危險性亦提出警語。小島毅，《近代日本の陽明学》，頁16-30。

另外有一位影響日後幕府維新志士興起的人物，那就是賴山陽。賴山陽是大塩中斎唯一認同的儒者，雖然他的父親賴春水是當時有名的正統朱子學者，不過山陽並未繼承父志而專攻擅長的詩文及史學，其所編《日本外史》成為日後幕末志士必讀之書，而其所寫之詩文亦成為鼓動維新的強力號角。所以根據小島毅的說法，近代日本陽明學的突破發展是由賴山陽與大塩中斎的登場而揭開序幕。

這種強調精神上的契合而不重學術傳承的詮釋方式，使得賴山陽與大塩中斎以降，諸如吉田松陰、西鄉隆盛、河井繼之助等人物也被編入了陽明學者之行列。也就是說，上述人物的出現及影響使得明治維新以後，一般學者皆以朱子學代表體制派；而陽明學則象徵反抗體制之改革派來看待這兩種學問的差異。

　　　　體制派＝朱子學
　　　　改革派＝陽明學

而且此種判斷觀點，終而促使了明治時期頗具日本特色的陽明學得以展開。其中較具代表性的人物有一、將陽明學帶入宮中的三島中洲（1830-1919）；二、將陽明學普及的三宅雪嶺（1860-1945）；以及三、將陽明學與基督教匯通的內村鑑三（1861-1930）。

其中三島中洲在東京開辦的二松學舍就是以陽明學作為教學之核心。中州在東京大學擔任教授期間也同時擔任東宮侍講，並且為大正天皇講授陽明學，日後大正天皇將陽明四句教作為座右銘之舉也是三島中洲成功地將陽明學導入宮中的最佳佐證。

相對於三島中洲，三宅雪嶺雖為大藩之出身，但是他對官場並無興趣，所以畢生以新聞評論工作終其一生。三宅雪嶺的重要著作除了《真善美日本人》之外，《王陽明》這本評論式的作品，也對日本社會注入陽明思想扮演著重要角色。尤其書中認為王陽明為人類共通之師而且更是日本人莫屬之師的看法，使得陽明學獲得了甚高之評價。

至於內村鑑三的貢獻則在於將日本陽明學介紹給西洋人。內村說道：

数あるシナの哲学者の中でも、王陽明は、良心に関する高遠な学説と、やさしい中にもきびしい天の法則を説いた点で、同じくアジアに起こつた、かの尊きわまりない信仰であるキリスト教に最も近づいた者である。（在有數的中國哲學家之中，王陽明所提倡深遠之良心學說與在此柔性之中所具有的天理法則之論，同樣地在亞洲諸國之中興起，其與極嚴謹的基督教信仰最為相近。）[13]

在內村的心中，西鄉隆盛是作為日本人的精神象徵，而西鄉隆盛之所以能夠帶領日本走向現代，其原因就是在於西鄉隆盛體現了陽明學的精神核心。因此內村認為作為日本精神代表而兼具仁愛之慈與天理之尊的陽明學，可以說其與基督教信仰具有異曲同工之妙。

日本陽明學就在上述三位人物的推波助瀾之下，以革新及無限可能的姿態，滲入了日本人心及國際舞臺。因此，相較於朝鮮，日本人之所以會認為他們自己承繼了陽明學的正統，由此角度來看也是可以理解的。

另外值得一提的是，當時日本社會的人文發展，對於英國的經驗主義、功利主義或法國的啟蒙主義、革命思想等學說皆廣泛學習而無獨尊，不過由於首相伊藤博文於憲法中明文規定效法德國以作為國家方針之後，德國社會剛流行過的康德觀念論也在此時成為日本哲學學者努力學習的目標，而在這些學者中扮演著推手角色的重要人物就是著作《日本陽明學派之哲學》的井上哲次郎（1855-1944）。

井上哲次郎比起三宅、內村、新渡戶三位學者還要年長。井上哲次郎1884年以東大助理教授身分受命至德國留學，1886年歸國後更於1897年擔任東京帝國大學文科大學的校長。擔任行政事務期間開始著手進行組織文、史、哲三大領域之建制以推行高等教育之預設目標。而就小島毅的考察這種

13　小島毅，《近代日本の陽明学》，頁78。

仿效德國制度的分類方式，在當今東京大學的分制中亦大致保持了當初井上哲次郎的構想。

　　第一の広義の哲学科のなかには、狭義の哲学（当時「純正哲学」と俗
　　称された）のほか、倫理学×宗教学×美学を部門として立て、他に
　　西洋以外の哲学を研究する部門として支那哲学と印度哲学を設けたの
　　である。驚くべきことに、わたしが奉職する東京大学では、百年以上
　　経った今でもまだ基本的にこの枠組みがが守られている。純正哲学
　　×倫理学×宗教学.美学を並列させる方法は、井上をはじめ当時の講
　　壇哲学を支配していたドィツ派の流儀であった。その全分野で教祖と
　　崇められていたのが、カントなのである。（第一廣義的哲學科之中，
　　狹義哲學之外，倫理學、宗教學、美學以獨立形式成立，此外，為了研
　　究西洋以外的哲學，又開設了中國哲學與印度哲學。令人感到訝異的
　　是，目前本人任職的東京大學，即便經過百年以上的歲月，基本上還是
　　遵守這個架構。將基礎哲學、倫理學、宗教學、美學並列的方法，就是
　　以井上等人為代表而主導當時哲學界的康德學派之手法。**在此全領域之**
　　中被遵奉為教祖的人物就是康德）。[14]

而在井上對康德的推崇下，康德成為當時頂尖大學共同崇拜學習的祖師。因此身為井上的門下而繼承師志的蟹江義丸，在其編寫的《西洋哲學史》（1899）[15]之中，就是以康德哲學最為本書的重點核心。由此可知，在二戰結束之前，東京大學以康德哲學作為主軸思想的風氣一直被保留下來。同時也因著井上個人的學術成就，使得日本思想界將陽明學與康德哲學擺在同一個重要的位置。

　　縱觀上述內容，日本陽明學的特色除了繼承中國陽明學的基本學說之外

14　小島毅，《近代日本の陽明学》，頁100-101。

15　蟹江義丸，《西洋哲學史》（東京：博文館藏版，1899）。

（心即理、良知說、知行合一），在明治維新之後，由於日本急於脫亞入歐，所以其在陽明學作為日本的核心思想之後，大膽地將陽明學與西方思想，諸如基督教精神、康德哲學甚至社會主義思想相結合，因而在這樣活潑而多元的學術論述之下，由日本陽明學發展而來的武士道精神從而躍上國際舞臺而成為日本人的文化象徵。

　　林茂生1908-1916年留學日本期間，就是在這樣的背景下，有意無意地受到這種文化氛圍的影響，我們要了解林茂生基本的哲學思想，此階段思想脈絡的掌握是不可忽略的。

四、日本陽明學發展氛圍下的林茂生

（一）陽明學師承與康德研究風氣：

　　根據李筱峰的考察，林茂生於1912-1916年左右就學於日本最高學府東京帝國大學中國漢學科，研讀期間「主修東方哲學，尤其對陽明學說更有興趣」[16]。而當時作為林茂生的指導老師，就是日本有名的元曲研究專家——塩谷溫。無獨有偶，塩谷溫雖然以研究詩文為主，不過自井上哲次郎的東大建制以來，東大校風已然與陽明學及帝國思想脫離不了關係，所以在塩谷溫的諸多著作中，也出現了諸如《山陽與日本精神》[17]這類與日本陽明學相關的書。前已述及，因為賴山陽是大塩中斎唯一認同的友人，且山陽的詩文對於幕末強調改革的志士發揮了鼓舞之作用，所以塩谷溫以山陽作為日本精神的新源頭，這也昭示了其對日本陽明學發展的某種肯認，而這種說法可以在其對倒幕英雄坂本龍馬的詩文中看到這種內心的傾慕之情。

---

16 李筱峰，《林茂生×陳炘和他們的時代》，頁28。
17 塩谷溫，《山陽と日本精神》，收錄於《日本精神叢書》（東京：日本文化協会，1936）。

南海男子意氣豪。

尊王討幕節操高。

堂堂巨像灣頭立。

嘯傲鯨洋萬里濤。　桂浜坂本龍馬像　節山

與塩谷溫同樣喜好書法的林茂生，作為其學生而長年在東京生活，其在思想上能不被影響幾乎是不可能的。尤其陽明學會於1908年在東京成立之際，就有諸如井上哲次郎、三宅雪嶺、新渡戶稻造等重要人物的大力支持[18]，以至於當時陽明學會所舉辦的演講都造成轟動。因此我們即便無法確認林茂生在1911年左右到東京就學時，是否直接參與了陽明學會的活動[19]，但就其發表於《東亞研究》的二篇[20]討論王陽明的哲學論文來看，林茂生受到當時的日本陽明學的研究風氣影響而對陽明學有所關注是不爭的事實。

　　除此之外，在研究方法上我們也可以看到林茂生受到當時日本學界盛行的中西比較法之影響。比如林茂生在〈王陽明の良知說〉一文中多處引用西方哲學的概念藉以分析陽明的良知概念之所在，這種論述方式便可以看出其受東大學風影響的軌跡。

18　當時井上哲次郎發表「陽明学に就きて所感を述ぶ」、三宅雪嶺「大塩平八郎に就きて」、新渡戶稻造「陽明学の素人観」等相關文章。

19　但就林茂生於1915年成為首任東京臺灣留學生會「高砂青年會」的會長的事蹟看來，當會所揭櫫「涵養愛鄉心情，發揮自覺精神，促進臺灣文化的開發」之相關理念，也可以說是當時日本陽明學氛圍影響下的縮影。

20　林茂生於大正五年（1916）有〈王陽明の良知說〉一文之發表，由於篇幅因素，文章分別連載於《東亞研究》，第6卷第8號，以及第6卷第11×12號。至於《東亞研究》主要由「東大支那哲文科出身」的學者（東亞學術研究會）所主導，這個單位應該與林茂生有較深的學術關係。

今吾人は試みに彼が心即理哲学を上述の三方面に見たると同じく、彼
の良知説をも以上の三方面かに分ちて考ふるを得ん。

（一）形而上的實在としての良知（中略）。

（二）先驗的認識主體としての良知（中略）。

（三）道德的主體としての良知（中略）。[21]

當然在目前的哲學論文中，此種借用西方的方法以說明中國哲學命題的形式
或許不足為奇，不過就當時（1916）的時代背景來看，林茂生的研究方式在
中國學者之中可說是相當前衛的，因為即便當代新儒家的代表人物，諸如熊
十力、梁漱溟、馬一浮、張君勱、馮友蘭等人的學術成果也要等到1921年
之後，甚至在臺灣以康德作為詮釋儒家道德哲學的哲學大家牟宗三的重要論
述，更是在此之後。因此當我們以更寬廣的眼光來看待林茂生的文章：

陽明はかかる形而上的の理、絕對的實在としての理は、客観的のもの
にあらずして、畢竟吾人の性、吾人の心外ならざるものとす。此の見
地は固より陽明の独創にあらざるも、象山の説を更に詳しく説きたる
ものなるが、其の朱子学派の主知二元説との差違は恰も Descarte が物
心二元を唱へたるに反して、Kantは心即現象、心の造出だせる現象の
外に別に本件ありとは考へ得られずと主張したるに、稍や類似せる所
ありと考へらる。（陽明所指涉作為形而上之絕對實在之理並非客觀的
實物，其終究只是不外於吾人之性、吾人之心的存在。固然此說非陽明
的獨創，不過其比象山講得更詳細。其與朱子學派之主知二元說之差
異，恰如與笛卡兒所提倡的心物二元相反的康德所主張的心即現象，由
心所投射出的現象之外另有本體存在之觀點稍有類似之處。）[22]

---

21 林茂生，〈王陽明の良知説〉，《東亞研究》，第6卷第8號（1916），頁50-55。
22 林茂生，〈王陽明の良知説〉，上揭書，第6卷第8號，頁47。

我們可以明確知道，林茂生這種藉由分析笛卡兒與康德之理論不同以呈現陽明與朱子學派觀點差異的比較方式，在當時的中國哲學研究而言實在有其特殊獨特之處，而且其觀點之精到，也是令人不得不感到佩服的。比如其在上引文之後，注釋說明道：

> 然れども、その主張に於いては相似するも、その説きる方法に至りては Kant の純認識論的証明とは異なりて、陽明は寧ろ直観的方法を用ひたれば、その立論 Kant の如く論理的ならずして、やや独断的傾向に流るは惜しむべし。併し此は陽明の哲学に限らず、支な哲学全般の傾向なりと思はる。されど陽明はかかる新見地にたって、在来の形而上的客観即実在説を否定して、一元的主観唯心論を唱へたるは彼の学の光輝ある所以也。（不過，雖說其主張有所相似，在論述方法上，與康德的純認識論不同，陽明偏重於使用直觀的方法，所以其立論無法如康德一般有邏輯性，以至於稍有流於獨斷之傾向。當然不僅止於陽明的哲學，對整體中國哲學而言皆有此傾向。不過陽明挺立此新觀點而否定形上的客觀即實在之說法，從而提倡一元的主觀唯心論，這也是其學術之光輝所在。）

由於林茂生很早接觸到西方文化，所以當時的西方思潮對於林茂生而言都是熟悉又新鮮的。這可從其回臺後參加林獻堂的夏季學校，並且擔任講授「西洋哲學史」之史實來看，當時林茂生在西方哲學思想的掌握上已經到了相當純熟的地步，或許我們可以推測，在當時日據時代臺灣還不容易購買到英文原文書之際，日本學者所撰寫的西洋哲學史，諸如上述提及的蟹江義丸的《西洋哲學史》就極可能成為林茂生了解西洋哲學思想的來源之一，而井上哲次郎所提倡的陽明學與康德的道德自律思想也經由這本書，滲透到了林茂生的思維之中。所以引文中我們可以感覺到，林茂生對於西方哲人諸如笛卡兒（Descarte）、康德（Kant）的思想已經具有相當程度的認識及理解，而且基於這些概念之理解，林茂生有自信地說明陽明與康德思想間的同與異，最

後再藉此歸結出陽明具有主觀唯心論的學術特色。因此我們可以大致了解到林茂生的哲學思想所深具的西方哲學內涵[23]，正是其本人留學東大時受到日本研究康德風氣之影響所致。

（二）日本陽明學的神格天與基督教：

至於林茂生為何會選擇專攻陽明學的另一種可能因素就是日本陽明學與基督教教義的相似性。在中國清末時期並未明顯發展出陽明學與基督教教義匯通的議題，而在日本明治維新時期卻因著國內強烈脫亞入歐的思潮，而使得導入基督教文化的利弊課題成為當時文化界必須直接面對的問題。

當然此時身為基督徒而致力於將基督文化介紹到日本的內村鑑三，其必然要面對陽明學與基督教文化的關係而有所論述，而這樣的學術命運剛好也是林茂生所可能面對的，因為其從小就在基督教的家庭中長大（父親由儒入耶）而且中學時就是就讀於具有濃厚基督教色彩的長榮中學，而且其受到長榮中學校長巴克禮牧師的賞識而保送到日本同志社中學留學，當然眾所周知，日本同志社中學又是基督教系統的教會學校，所以林茂生這些成長過程的經驗，在面對基督文化與陽明學兩大文化體如何融合的問題上，其不可能對於當時日本陽明學的西學化論述無感。

至於在明治時期為何會產生如此特殊之發展，其背景便要溯回到日本陽明學者中江藤樹這個源頭上。首先根據林羅山〈草賊前記〉記載：

> 熊沢なるものは、備前羽林の小臣也。妖術を持って聾盲を誣ふ。聞く者迷いて悟らず、多く約結して、ようやく党与為すにいたる。志を同うせざる者は、晤語するを肯んぜず、大底耶蘇の変法也。（熊沢者備前羽林之小臣也，持妖術以誣聾盲，聞者迷惘不悟，多約結，終而為黨

---

23 所以在林茂生留美歸國之旅程中，特別繞道歐洲旅遊考察。期間其之所以能夠應邀於德國柏林大學向該市市長、柏林大學校長講演東西文化之異同，除了其流利的德文之外，其對東西文化的深入了解也是其能夠在德國發光發熱的主要原因。

羽。志不同者，不肯晤語，大底耶穌之變法也。）[24]

另外林羅山於〈草賊後記〉又提到：

> 彼（蕃山）の説の勧善多種なる、耶蘇の教ふる所と、以って異なるなきか。（其勧善之說多與耶穌教法無異。）[25]

且不管林羅山認定熊沢蕃山為異端之言是否客觀，就其記載內容來看，早在江戶時期日本陽明學者熊沢蕃山便與耶基督教之間結下了深厚的關係應非空穴來風，而中江藤樹身為熊沢蕃山的老師自然在此傳承中脫不了關係，所以在櫻美林學園創辦者清水安三（1891-1988）的著作《中江藤樹》中亦曾斷言，中江藤樹本人可能就是基督徒[26]。因此在此背景下由於中江藤樹的天帝觀跨越了陽明「天」的概念而具有了人格神的意涵，所以這樣的思維成為明治時期日本陽明學的發展過程中與基督教協銜接的重要基礎。

　　由上述中江藤樹、熊沢蕃山、內村鑑三、清水安三等人對基督教傳播的推波助瀾，明治以來的重要學者中不乏對基督教抱持著包容理解的態度[27]，所以在日本此種陽明學與基督教融合的特殊論述下，自然令林茂生在思維上有一種如魚得水之感而怡然自得。1928年林茂生於哥倫比亞大學攻讀哲學時，在河邊教堂玻璃書寫「上帝是愛」的書法字，其意涵不僅可從基督教角度來解讀，若從上述其受日本陽明學思潮影響的視野來看，其也可視為一種將「基督教的上帝觀念與日本陽明學仁愛思想」等同的解釋系統。而這種思維便是當時日本社會影響下的產物（舉例來說，陽明學者內村鑑三所推舉的

---

24 林羅山，〈草賊前記〉（東京：國會圖書館藏，1651）。

25 林羅山，〈草賊後記〉，上揭書。

26 清水安三，〈中江藤樹〉（東京：東出版，1967）。

27 在林茂生留學日本期間，東京帝國大學的教授中就有不少是基督教徒，比如其博論中大量引用《殖民と殖民政策》、《殖民政策の新主題》、《帝国主義下の台湾》等書的作者矢內原忠雄，其除了與當時臺灣知識分子交往甚密之外，同時當時也是一位忠誠的基督教徒。

日本象徵人物西鄉隆盛，其「敬天愛人」的觀念除了有中國思維在裡面之外，也可說是日本陽明學與基督文化融合後的代表性思維之一）。因此我們在此視點下仔細來解讀林茂生這段論述，便可看出其中論述之隱含意理所在。

> 故に良知は創造的絶対なり。彼は良知を造化の精霊と身、「先生曰。良知是造化的精霊」。（傳 III31）「這精靈生天，生地，成鬼，成帝，皆從此出，是當物無對。」（傳 III31）また良知を神と見、氣と見、精と見たり。「夫良知一也。以其妙用而言之謂之神。以其流行言之謂之氣。以其凝聚而言之謂之精。」（傳 II47）良知は即ち絶対的の天なりとす。（傳 III43）[28]

林茂生發現到陽明良知的概念具有多重性，且因指涉角度不同而有不同的名相，所以就林茂生而言，陽明的良知是一種創造而絕對的存在，更武斷地說，「良知就是絕對的天」。針對這樣的理解，我們可以嗅出林茂生的天概念已經具有人格神的意涵在裡面，所以林茂生針對這樣的說法進一步指出：

> 以上彼の道徳説より出発したる良知も形而上的に説かれたる時には、終に神秘的色彩を帯ぶるに至る。然れども、彼の致良知に於いて多く用ひられたる良知概念は、この形而上的実在としてのものよりか、寧ろ次ぎに述べんとする認識作用（主體）としての良知、及び道徳的作用（主體）としての良知にあるなり。（由上述道德論出發甚至形而上論述之際的良知，始終帶有神秘的色彩。不過其於致良知所使用之良知概念，與其說是形而上的實存，毋寧是下述所述作為認識作用〔主體〕及道德的作用〔主體〕的良知。）[29]

---

28 林茂生，〈王陽明の良知説〉，上揭書，第6卷第8號，頁52。
29 林茂生，〈王陽明の良知説〉，上揭書，第6卷第8號，頁50。

雖然林茂生明白意識到陽明的良知說，主要表現在認識及道德作用（或主體）上而被理解，但其本人也並不否認陽明的良知概念中帶有神秘色彩的形上實存意義之天存在，因此我們可以由此看到，林茂生所認知的陽明良知說，與其說是根源於中國學者的原本觀點，不如說這種論述是在日本陽明學自中江藤樹以降接受良知之神格創生意義之發展情境下的自然展開。

（三）日本陽明學的親民化與社會主義：

最後，本文要從日本的「大逆事件」來看林茂生的社會主義傾向。所謂「大逆事件」就是1910年在日本發生的暗殺明治天皇事件。由於這個事件的發生，幸德秋水等人被視為與事件有關的社會主義者而被處死。事件之後，井上哲次郎在一次演講場所中提到，幸德秋水為中江兆民的門生，而與其同時被處死的奧宮健之的父親就是陽明學者。因此井上哲次郎指出陽明學與社會主義有所關聯，因而造成了當時社會很大之騷動。

當然此次發言使得當時陽明學會的學者繃緊神經而努力地撇清關係，但是就當時日本以挑戰體制為改革派的觀點來看，這種反動行為的確極可能被解讀為陽明學的影響。因為日本陽明學的特色表現在對民間疾苦的悲憫救贖精神，因此在日本此種親民的陽明學思想提供了日本社會主義滋長的發展空間[30]。比如1900年左右因反帝制而被捕（發行宣傳無政府主義《青年的福音》雜誌）的山川均（1880-1958），當其服刑完畢後仍然鍥而不捨地宣傳社會主義思想，並於1922年成立日本共產黨以實踐其社會主義的理想政策。這種精神在日本學者來看正是日本陽明學者的特色之一[31]。

至於山川均這種反帝制的思想對於身處日本統治下的林茂生而言，是否提供了一種思想精神上的某種微妙鼓舞不得而知。不過就當時日本臺灣總督府在臺灣推行皇民化政策時，會刻意以研究員名義補助林茂生到美國攻讀博

30　當然，在日本的陽明學派中又有紅色陽明學與白色陽明學之分，此處所講的陽明學當然是不同於井上哲次郎的白色陽明學，而是帶有革命情操的紅色陽明學。

31　關於山川均與浮田和民、三宅雪嶺的關係，請參閱小島毅，《近代日本の陽明学》，頁128-131。

士學位的做法來看，可以嗅出日本政府多少警覺到林茂生不合作態度下的反帝國傾向，因此寧願以補助出國的方式避免林茂生受韓國反帝制活動的影響而有所反動。當然，當時林茂生終究沒有具體的反帝國行動，不過如果我們仔細翻閱其《日本統治下臺灣的學校教育》的博論中有限的參考書目中，赫然可以發現其引用了山川均這位具強烈社會主義思想的爭議性人物的著作──《殖民政策下の台湾》[32]。簡單而言，林茂生本人雖因冷靜謹慎態度及文人氣質抑制了其內在的革命衝動，但是其在書中引用山川均這號爭議性人物的文章，便正也是其反帝制思維的某種表態。

　　因此，我們是否可以這麼懷疑，在當時的時空及政治背景下，林茂生是否因為受日本陽明學的整體發展氛圍影響，而可能與當時的大陸知識青年一樣（諸如陳獨秀等人），對共產社會主義產生一種憧憬，因而在日本敗戰後，其擔任民報社長期間，願意接納具有強烈左傾思想的總編輯許乃昌而共論時政（筆者認為在這種思想連結下不無可能，甚至說民報之所以找林茂生擔任社長也是因為其具有這方面的思維）。不過就實際行為上，由於林茂生早期參加文化協會期間並沒有與文協內部左傾成員有深入之交往，因此在理論上只能說，林茂生是以知識分子的天真理想，而對共產社會主義中與陽明思想中親民的部分給予了同情性之理解而已[33]。這可以從其《民報》的發言中看到一些蛛絲馬跡：

　　　　他們口中的三民主義，與我林茂生所了解的三民主義，完全不一樣。他
　　　　們中國人不但沒有建設臺灣的計畫，也沒有能力管理臺灣。製糖會社的
　　　　總經理，竟然不知甘蔗為何物，只知把糖包一船一船運往福州、上海
　　　　去。就是這樣，他們蜂擁來到臺灣，利用職權，轉賣公物，侍候自己的
　　　　肚皮，裝滿家裡的行囊。到處都是，到處都是這種人，這種情況。[34]

---

32 林茂生著、林詠梅譯，《日本統治下臺灣的學校教育》（臺北：新自然主義公司，2001），頁258。

33 不過這種思想上的包容卻也可能是導致其受害的致命原因之一。

34 李筱峰，《林茂生 × 陳炘和他們的時代》，頁226。

陽明學的特徵就是「親民」或「重視民生」，因此在情感上認同社會主義的理想的林茂生，其對於孫文三民主義：「民生主義就是社會主義，又名共產主義，即是大同主義。」[35]之相關說法自然是能夠銜接上而抱著樂觀其成的態度，不過理想的實踐需要時間，中國國內面對抗日戰爭之後又有國共鬥爭，因此當權者受到現實因素的阻撓一直未能確實落實孫文的學說甚至陽奉陰違，因此原本處於高度期待的林茂生，看到陳儀部隊對臺灣人民的剝削及侮辱，其內心漸漸地失去信賴而大感不滿。

> 過去我們在日本殖民統治之下，縱有千般苦處，總是人民守法，軍人守紀，秩序井然。現在的中國軍隊，好像戰勝國君臨戰敗國，想做什麼，就做什麼，搶東西、搶房屋，搶女人，……無所不用其極。他們的上司不但無意制止，反而縱容屬下胡作非為。[36]

林茂生從原本對國民政府的期待以至於漸感失望，最後在此體制不健全的情況下，積極地期待藉由《民報》等媒體的呼籲以喚起有識之士的覺醒。

> 提高創造文化。模仿文化不是文化之本質，須要創造三民主義之文化，文化建設之鍵於青年之手，我們盡出力量，發揮文化，以創造文化建設新臺灣。[37]

對於林茂生而言，三民主義除了具有社會主義的親民思想之外，其更是具有深遠的傳統文化作為基礎，因此其期待臺灣能夠創新文化並實踐成為三民主義的模範區域以杜絕強權暴力的瀰漫。關於這樣的呼籲，我們也可以從當時大陸天津的《大公報》社論〈愛護臺灣這片乾淨土〉一文中看到其述說的時

---

35 孫文，《孫中山全集》，第9卷，頁355。

36 李筱峰，《林茂生×陳炘和他們的時代》，頁227。

37 林茂生，〈臺灣文化之革命〉，《民報》二版，1945年11月19日。

代背景：

> 直到現在，臺灣比較還是一片乾淨上。我們應該珍貴它，愛護它。……
> 臺灣人民智識高，習慣好。知道愛國，也知道與貪污鬥爭。人人有生活
> 技能，又不求奢侈享受。這樣純樸而有朝氣的善良國民，正是中華民族
> 的新血液與新希望。我們應該珍貴與愛護臺灣人民的純真潔白。一切老
> 大與污穢的毛病，不要傳染過去。[38]

不過這樣的呼籲在當時混亂複雜的政治因素之下並未立刻得到回應，而此文
發表不久之後便發生二二八事件，林茂生也因受這個事件的牽連而被無辜犧
牲。從此之後，當初《民報》始終大力疾呼：

> 中山先生忙於奔走革命時，為鼓勵革命精神，與其同志等在東京所辦的
> 宣傳機關，即稱《民報》。那麼民報精神可以簡直說是革命精神，亦即
> 是中國精神。現時全國政治、經濟、社會各方面所以糟糕不得上軌道
> 者，是即喪失了革命精神所致的。同人等雖不敢敢以民報繼承者自任。
> 願與同胞們來昂揚光大此民報精神。掃除一切奸邪促使臺灣明朗化，進
> 而為民族正氣的原動力，協力建設新憲法下的民主國家。

這種提倡回歸孫文於東京興辦《民報》的革命精神，而為人民福祉而奮鬥的
節操，隨著林茂生這位臺灣陽明學者的隕落，終而化為歷史上留存的一頁以
喚醒後人不能泯滅的良心。

五、結語：林茂生之生

在一個錯誤的年代最容易展現出知識分子的無奈與堅持。林茂生的一生

---

38 李筱峰，《林茂生×陳炘和他們的時代》，頁281。

如同其名字的隱含暗示，永遠脫離不了鬱（林木茂盛生長）與欲（強國安民）之間的精神糾纏。其心境誠如晚年詩作「半生功過費疑猜，蘭兮艾兮我宜栽，寄語故人如動問，劫餘心事等寒灰」一般，欲有所作為卻又步步艱難，這種進退維谷時不我予的無奈與傷感，可說是時代交替時知識分子的悲歌。林茂生以其過人的才華與清高風範，努力將臺灣的思想格局從臺灣擴充到國際，然而因時勢的變化，一位謹慎卻又瀟灑的文人雅士，就在花甲之年以其體現陽明良心學的革新態度，如大塩中斎般用其鮮紅的生命交代了自己詩中所留下的疑句。

　　如果臺灣人無法忘記二二八的政治仇恨，林茂生之死，永遠只能冰冷地被刻記在碑文而作為歷史之片面存在；但當我們緬懷哲人寬容愛民之胸襟，那麼他的熱情及良心正可作為臺灣哲人承傳失落的中國文明之表徵。從精神面來看，這是林茂生的永生，也是臺灣陽明學的重生。

參考文獻

林茂生著、林詠梅譯，《日本統治下臺灣的學校教育》，臺北：新自然主義公司，2001。

林茂生，〈王陽明の良知説〉，《東亞研究》，第6卷第8號，1916，頁45-55。

林茂生，〈王陽明の良知説〉，《東亞研究》，第6卷第11×12號，1916，頁56-72。

林茂生，〈臺灣文化之革命〉，《民報》二版，1945年11月19日。

林淑芬編，〈桃源在何許──林茂生詩墨展導覽手冊〉，臺北：臺北市文化局，2003。

林茂生，〈在日臺胞救濟辦法／今晚九時林茂生廣播〉，《民報》一版，1945年11月18日。

吳濁流，《臺灣連翹》，臺北：前衛出版社，1988。

吳三連，〈呈文學士林茂生君書〉，《臺灣青年》，2卷3號，1921。

李筱峰，《林茂生×陳炘和他們的時代》，臺北：玉山社，1996。

丘念臺，《嶺海微飆》，臺北：中華日報社，1962。

巫永福，〈林茂生非媚日順民〉，《自立早報副刊》，1988年3月14日。

賴澤涵等，《二二八事件研究報告》，臺北：時報文化，1994。

〔日〕清水安三，〈中江藤樹〉，東京：東出版，1967。

〔日〕大橋健二，《良心と至誠の精神史日本陽明学の近現代》，東京：勉誠出版社，1999。

〔日〕小島毅，《近代日本の陽明学》，東京：講談社，2006。

〔日〕蟹江義丸，《西洋哲學史》，東京：博文館藏版，1899。

〔日〕塩谷溫，《山陽と日本精神》，收錄於《日本精神叢書》，東京：日本文化協会，1936。

〔日〕林羅山，〈草賊前記〉，東京：國會圖書館藏，1651。

第四章

臺灣哲學之軌跡
——林茂生的西方近代教育思想之探究

祝若穎[*]

對於知識人而言，只有那種直觀令人戰慄的現實，耐受現實，在充分的
否定性意識中不喪失對於更好世界可能性的探求的冷徹與清醒的目光，
才能給我們帶來美與慰藉。（德國法蘭克福學派——阿多諾[1]）

一、前言

　　觀看臺灣教育史接受西方近代教育思想的歷史過程，1920年代是劃時
代的時期，當時日本國內所盛行的大正民主思潮，促使歐美近代思想，如民

* 國立清華大學學習評鑑中心博士後研究員。
　本研究為作者在日本擔任京都大學教育學研究科博士後研究員期間所寫，特此感謝在日指
　導教授駒込武教授的資料提供與悉心指導，與在中研院歐美所開辦的「歐美思潮與臺灣早
　期歐美哲學研究」工作坊中，得到與會人員及歐美所的先進們不吝指教及精闢斧正，僅此
　一併致謝。
1　Adorno, T.W.，三光長治譯，《ミニマ・モラリア》（東京：法政大學出版局，1979），頁1。

主主義、自由主義在日本蓬勃發展。臺灣於1919年頒布「臺灣教育令」後，社會開放的氣氛下，對於外來思想採取開放積極的態度，許多歐美教育思想被引進，包括兒童中心學說與杜威（J. Dewey, 1859-1952）的進步主義，與德國的文化教育學說等[2]。此時臺灣留學生在國外也深受西洋思想的觀念所影響，回國後嶄露頭角，成為臺灣新社會領導階層[3]。在臺灣的知識分子代表人物即為林茂生。

林茂生（1887-1947），字維屏，號耕南。生於臺南市清水町，從小深受漢學與西學薰陶，深受父親林燕臣的影響，成為基督徒。1916年畢業於東京帝國大學哲學科，主修東方哲學，為本島人最初的文學士。回臺後，出任為臺南長老教中學之教務主任，1918年應聘於臺南師範學校兼任[4]。1927年林茂生接受臺灣總督府遴選，成為「在外研究員」，公費赴美留學，進入哥倫比亞大學的教育學院（Teacher's College），投入杜威與孟祿（P. Monroe, 1869-1947）門下，1928年4月先獲得該校的文學碩士，繼而攻讀博士學位，是臺灣人首位在美國榮獲哲學博士[5]。1930年1月歸國，1931年擔任府立臺南高等工業學校教授，出任英語德語科主任，並兼圖書課長[6]。1945年日本戰敗投降，林茂生受聘為臺灣大學教授，兼校務主任與接收委員，同年10月，創辦《民報》，擔任社長。1947年2月發生二二八事件，同年3月11日清晨，兩位武裝人員將林茂生帶走，從此音訊全無，一去不回[7]。

林茂生可謂是臺灣當代哲學很重要的推手，其為臺灣首位東京帝國大學哲學科畢業的文學士，東大期間對陽明學說有所專攻。1921年蔣渭水與林獻堂成立「臺灣文化協會」，其目的為啟導民眾，謀臺灣文化之向上，該協

2　拙著，〈日治後期杜威教育思想在臺灣之引進與實踐〉，《當代教育研究》，第19卷第1期（2011年3月），頁145-193。拙著，〈德國文化教育學在日治時期臺灣的傳播與發展（1920-1940）〉，《教育研究集刊》，第58輯第1期（2012年3月），頁105-143。

3　吳文星，《日據時期臺灣社會領導階層之研究》（臺北：正中，2008），頁135。

4　興南新聞社，《臺灣人士鑑》，頁464。

5　李筱峰，《林茂生、陳炘和他們的時代》（臺北：玉山社，1996），頁37。

6　興南新聞社，《臺灣人士鑑》，頁464。

7　李筱峰，《林茂生、陳炘和他們的時代》，頁160、279。

會舉辦「夏季學校」，自1924年起連續三年在霧峰林家的萊園舉辦為期兩週的夏季學校講習會，林茂生也是講師之一，第一次主講「哲學」，第二、三次講授「西洋文明史」[8]。隨後1927年留學美國哥倫比亞大學教育學院（Teacher's College）攻讀博士，也成為臺灣第一位哲學博士，從他身上看來無疑是臺灣接收西方近代教育理論的「西洋通」。

雖然林茂生在臺灣哲學上的重要性是無庸置疑的，但事實上，研究林茂生之學術程度仍有所落差，究其原因，有大部分原因是林氏本人所留傳足以充分表達其思想言行的直接史料太少有關係[9]。回顧近年來有關林氏的著作一開始是以生平傳略[10]為開端，爾後又出現一些學術性的研究論著[11]。或是透過現存臺灣長老教育機關報《臺灣教會公報》、《臺南教會報》、《臺灣教會報》以羅馬拼音白話字撰寫作品[12]。日本京都大學駒込武教授是研究林茂生最為詳細與透徹，其發表的研討會與期刊論文有數篇，對林茂生與臺南長老教中學（現長榮中學）的關聯，探討日本殖民統治下，臺灣人是如何創造屬於臺灣人的學校，並從林茂生的博士論文之內容分析，探究其所追求的「近代教育」之內涵[13]。

8 張妙娟，〈臺灣民主主義教育的倡導和實踐者——林茂生〉，國立教育資料館（編），《教育愛：臺灣教育人物誌》（臺北：教育資料館，2006），頁1-4。

9 李筱峰，《林茂生、陳炘和他們的時代》，頁13。

10 可參考李筱峰，《林茂生、陳炘和他們的時代》。

11 可參考張妙娟，〈《臺灣教會公報》中林茂生作品介紹〉，《臺灣風物》，第54卷第2期（200406），頁45-69。張妙娟，〈臺灣民主主義教育的倡導和實踐者——林茂生〉，國立教育資料館（編），《教育愛：臺灣教育人物誌》（臺北：教育資料館，2006），頁1-16。楊正堂，《林茂生文化理念與教育實踐》（臺東：東華大學教育研究所碩士論文，2004，未出版）。陳美玲，《林茂生文教活動之研究（1887-1947）》（臺北：臺灣師範大學碩士論文，2006，未出版）。

12 張妙娟整理其作品，始自1908年9月，終於1935年3月，先後刊載共51篇，分別為京都見聞、時勢和人物感懷、劇本編寫、語文教育、基督教文明史觀五大主題，來了解林氏的基督信仰、學術素養與文學才華也極為豐富。張妙娟，〈《臺灣教會公報》中林茂生作品介紹〉，《臺灣風物》，第54卷第2期（2004年6月），頁45-46。

13 駒込武，〈林茂生與臺南長老教中學〉，中研院臺灣史研究所等主辦，「殖民地教育、日本

　　若要探究林茂生的教育思想，就必須由其博士論文作為分析對象。1929
年在哥倫比亞大學教育學院所提出《日本統治下臺灣的學校教育：其發展及
有關文化之歷史分析與探討》（*Public Education in Formosa under the
Japanese Administration—A Historical and Analytical Study of the Development
and the Cultural Problems*）。筆者曾以「近代教育」之定義切入，透過善與
民主的核心概念，整理出林茂生有兩大教育思想，首先，由進步主義檢視殖
民教育，以「善」之觀點，重視兒童的個性尊重，教育應貼近兒童生活之所
需，反對傳統教條強壓式教育。其次，由民主主義批判同化教育，以民主與
對等之觀點，主張日臺間相互尊重與講求教育機會平等[14]。除了視論文為一
個「文本」外，更應該將其放置在其思想脈絡中進行分析。因為思想在每一
階段，因時代背景之轉變而為之推移，但不會倏地興起，也不會戛然而止，
而是一個持續不變的嘗試、修正、創新的歷程。如駒込武認為，該論文不只
是因為林茂生擁有高學歷的威信外，更重要的是在近代的學術上，我們看到
林氏所展現的「獨立的知性」（independent intelligence）[15]。換言之，林茂生
的「獨立的知性」如何得來？他如何邁向學習民主主義的理論本質，來打破
號稱「近代化」的日本統治？若要回答上述問題，就必須要思考林茂生在其
博士論文中理論的展現，在他的思想脈絡或環境中是如何形成，由這樣的研
究角度切入會賦予林茂生思想更多的豐富性與延伸性。

留學與臺灣社會紀念林茂生先生國際學術研討會」論文集（2002年9月），頁74-84。駒込
武，〈林茂生與「殖民地式的近代」──殖民地教育與近代教育之間〉，中研院臺灣史研究
所等主辦「殖民主義與現代性的再檢討」國際學術研討會（2002年12月）。駒込武，〈植民
地支配と近代教育──ある台湾人知識人の足跡〉，教育思想史学会編，《*Forum on modern
education*》12（2003年11月），頁83-96。駒込武，〈臺灣的「殖民地近代性」〉，若林正丈、
吳密察（主編），《跨界的臺灣史研究──與東亞史的交錯論文集》（臺北：播種者文化，
2004），頁161-170。

14 拙著，〈日治後期杜威教育思想在臺灣之引進與實踐〉，《當代教育研究》，第19卷第1期
（2011年3月），頁145-193。

15 駒込武，〈植民地支配と近代教育──ある台湾人知識人の足跡〉，教育思想史学会編，
《*Forum on modern education*》12（2003），頁92。

本研究以林茂生的西方近代教育理論為研究焦點，首先，針對林茂生赴美前，在東京帝大時期與在臺南師範學校擔任囑託時期，所受的西方哲學理論進行探究，並探討是否已接觸哥大主流的民主主義或實用主義等理論，若有，不僅可了解林茂生的思想脈絡之發展足跡外，並可比較分析與博論之間的思想發展。其次，是以其在哥大的博士論文為主，並針對其引用日本與歐美學者的學術著作進行分析，在博論與引用著作中更深入去探討林茂生的思想。最後，試著從林茂生的思想脈絡來比較分析，以期能對林茂生的西方近代教育理論建構出更完整的圖像。

二、林茂生赴美前的近代教育理論

林茂生之子林宗義曾在〈林茂生的教育思想〉中提及「家父林茂生的教育背景，是臺灣政治命運導致的社會變遷所引起的三種文化──漢學、日本文化和西洋文化」[16]。林茂生自幼承父親林燕臣深厚的儒學教誨，1916年東京帝國大學時，專攻陽明學說。回國後，1918年9月兼任臺南師範學校囑託。1927年林茂生接受臺灣總督府遴選，成為「在外研究員」，以「英語學、英語教授法」為目的，公費赴美留學[17]。林茂生進入哥倫比亞大學的教育學院，1928年4月先獲得該校的文學碩士，繼而攻讀博士學位，是臺灣人首位在美國榮獲哲學博士。回臺後至臺南高等工業學校教授，1942-1943年在臺南師範學校擔任囑託[18]。由林茂生的經歷來看，有兩項歸納，一是1920-1930年無疑是他吸收或產出西方近代教育理論最為巔峰的時期。另一是林茂生在臺南師範學校曾擔任囑託，教導「教育科」，在任期間為1918-1922年、1942-1943年。

在此我們可以試著提出兩個問題：首先，林茂生在赴美前，在東京帝國

---

16 林宗義，〈林茂生的教育思想〉，《愛鄉》，16期，頁27。

17 〈林茂生任臺南高等工業學校教授、俸給〉，臺灣總督府公文類纂，冊號10064，文號18，1931-04-01。

18 李筱峰，《林茂生、陳炘和他們的時代》，頁37。

大學所學習的理論，是否對林氏在哥大的學習有所影響？其次，林茂生在赴
美前，在臺南師範學校擔任囑託時，是否就已經接觸過哥大主流的民主主義
或實用主義等理論？

（一）在東京帝大時期所受的西方哲學理論

　　林茂生在1916年的東京帝大以漢學者為主的期刊《東亞研究》發表
〈王陽明の良知說〉（王陽明的良知說），其內容林氏舉出王陽明主張「心即
是理」與康德「心即現象」為類似論點，然而兩人在認識論的方法上卻大不
相同。林茂生在文中提及：「王陽明與康德的主張雖相似，但在學說的方法
上卻不同，康德是以純認識論的證明，而陽明則是透過直觀的方法，其立論
來看康德並非有邏輯性，易流於獨斷的傾向。我認為不限於陽明的哲學，中
國哲學也都是如此。然而關於陽明思想的新見地，否定了原來的形而上的客
觀即實在說，倡導一元的主觀唯心論，這是他的思想之光輝。」由該文來
看，林氏以王陽明的立論來批評「康德的理論過於獨斷的傾向」，並精準的
分析康德理論與陽明學派的思想差異，已展現出他對東洋哲學與西方哲學之
間的學術素養[19]。

（二）赴美前所受的西方哲學理論

　　林宗義提及：「1927年，（臺灣總督府）乃派他（林茂生）到美國進修
一年⋯⋯家父一向傾慕杜威的哲學思想，因此決定到紐約哥倫比亞大學登門
求教。」[20]該句表示林茂生於赴美前就已接觸杜威思想。

　　林茂生在1924年發表八篇〈社會之進化及學校教育〉連載於《臺灣日
日新報》之文章[21]，當時也是林氏在臺南師範學校擔任教育科的囑託時與擔

19　林茂生，〈王陽明の良知說〉，《東亞研究》，第6卷第8號（1916年8月），頁47。

20　林宗義，〈林茂生的教育思想〉，《愛鄉》，16期（2001），頁27。

21　林茂生，〈社會之進化及學校教育（其一）至（其八）〉，《臺灣日日新報》1924.08.14、
　　1924.08.16、1924.08.17、1924.08.19、1924.08.21、1924.08.24、1924.08.25、1924.08.27。

任臺灣總督府商業專門學校教授所寫[22]。首先以進化之概念來說明，帶出人類社會之進化即進步之概念，這可能受到達爾文的進化論的影響。再者人類的進化（進步），必須倚靠意識的淘汰，將好的文化留下，不好的文化淘汰，其分為兩種，一是「依經驗集積授受之意識的淘汰」，而此淘汰作用直接機關，與教育有關；二是「依人間性發達之意識的淘汰」，文中提及「今日社會生活有許多缺憾者，非因人類性質之中，善良之性質缺乏。由天賦之善性，尚未使之十分發達」，可知林茂生相信人性本善，是受到王陽明的良知說，且「是故欲助長社會之進步，非在於根本的變造人性，寧設法除去種種阻礙善性發達之物，而使之十分得以發揮」，這也說明了林茂生亦是受王陽明的致良知之說，人性之善性發揮必先將惡性消除，也就是陽明學說的格物以致其良知，「格者，正也，正其不正，以歸其正也」。

　　從〈社會之進化及學校教育（其四）〉一文，林茂生引用柔悉教授曰「學校者乃社會之進步改良原動的機關」，並肯定學校教育乃國家、社會進化（進步）之改良原動的機關，且近代教育運動之意義為學校教育，林茂生也主張近代學校教育之任務，包括經驗集積、授受、取捨、精選的機能，以及知識淘汰作用。因此學校所教的教材應精選，以歷史教授為例，有幾項原則需注意，包括(1)不能盡教過去的歷史事實（與兒童無關）；(2)應重視歷史的因果關係；(3)應教導自然進化、社會進步之歷史現象；(4)進而了解自己在國家、社會、個人之關係；(5)學校應對兒童自由生出對自然之興味及研究心。這樣看來林茂生不僅肯定學校教育的積極作用，並也主張學校任務對社會文化具「去蕪存菁」的功能。從上述文章來看，林茂生的進化論是受到達

22　1918年任教於臺南師範學校的助教授藤谷芳太郎，教授國語科，曾說：「我擔任國語學校（當時臺南師範學校是國語學校分校）助教授赴任時，確切日期忘記了，是大正七年（1918）9月下旬。當時赴任時我記得⋯⋯有東京帝大畢業的本島人林茂生先生、漢文的胡丙申、書道的陳堯皆先生等人。」因此可以知道林茂生在1918年之後在臺南師範學校任職，本文討論的〈社會之進化及學校教育〉也是在當時候所發表。臺南師範同窓会校史編集委員会編，《ああわが母校台南師範——台湾總督府台南師範学校史》（東京：臺南師範学校同窓会，1980），頁336、529。

爾文（C.R. Darwin, 1809-1882）的說法，且學校教育能帶給社會進步，學校課程所選的教材必須與兒童有關聯，目的是讓兒童能有興趣與研究心，這與杜威重視兒童的生活經驗之理論有所關聯，而杜威的實用主義有一部分來自於達爾文的進化論，因此從該篇可看出林茂生當時已經有受到杜威的影響。

　　實際上，1920 年代初期，隨後也有其他臺灣人發表有關杜威理論的文章[23]。如 1922 年林垂拱在《臺灣》發表〈就杜威博士之新人生觀〉中即提出：「新人生觀之第一問題，為人類何以須有新人生觀。此答案可謂起於時勢之變遷」，且「今將新人生觀分拆之有三要素。一曰勢力之慣例、二曰進化之慣例、三曰互助之慣例」。因此林垂拱提出杜威的新人生觀為，人是自動的、而非被動者，這樣才能產生進化的力量，最後是培養互助與共同合作之精神。文末寫到：「顧新人生觀者，乃以德謨克拉西為精神，此精神即在發揮個人盡量之能力，同時社會之進化，當使個人屈於社會，是為全部之進化，而非一部分之進化。」[24]在此林垂拱是引用杜威在《民主與教育》的第七章「教育上的民主主義觀念」的概念，且在「進化」的概念與林茂生的論點接近。

　　1924 年慈志生在《臺灣民報》發表的〈教育進化論〉，首先也對「進化」提出說明：「所謂的教育的進化者，不過是從他的變遷和教育上的改革變成有系統的歷史……總言之，人類愈文明教育愈進步於光明的路上，這就是進化。」在論述教育與人生的關係時，先提出教育有三個條件：「A.幫助兒童的生長 B.成熟者指導未成熟者 C.把有具體案而有斷續的影響施與兒童（學校教育）。」並引用杜威所說「教育即生活」與「教育即是改造人生的經驗」，強調學校與家庭、社會應緊密連結。接著，又說：「杜威對於這個學

---

23 除了文中所提之外，同時期臺灣知識分子發表的民主主義的文章，還有軼名，〈德克模拉西的實現——歐洲十九世紀的中心思潮〉，《臺灣民報》，第 7 號（1923 年 1 月），頁 2-3。芳園譯、羅素著，〈自由主義與公開宣傳〉，《臺灣民報》，第 104 號（1926 年 5 月），頁 10。鍾聰敏，〈民主主義（一）（二）（三）〉，《臺灣新民報》，第 329、330、331 號（1930 年 9 月、10 月、11 月）。

24 林垂拱，〈就杜威博士之新人生觀〉，《臺灣》，第 3 卷第 6 號（1922 年 9 月），頁 32-33。

說總括起來有四項1.假使教育在於生活經驗不能收效那麼教育就不中用了、2.人生經驗不外在對周圍的環境、3.要對付環境全靠於思想的堅固、4.思想的堅固，總要訓練，這個訓練在於學堂就是學校教育的目的。」上述的前兩點強調生活經驗的教育意義與環境的重要，符合杜威的思想，然而後兩點比如思想的堅固或訓練，都違反了杜威的教育變動性與自發性的概念[25]。由慈志生的文章來看，我們可以發現引用杜威或民主的思想都有些錯誤，會造成這樣的錯誤或許可以從慈志生的這段話看出端倪，「（杜威的實用主義）他的長處有三項，A.對於含糊思想和偏重文字的人很有裨益，故如今日的中國很有主張這個思想的價值。B.整體思想很精確。C.重試驗態度，故有很多的發明發見。」為何慈志生講了今日中國主張這思想的價值，表示他知道杜威在中國很受歡迎，故有可能當時慈志生（或陳垂拱），甚至是林茂生都有可能透過中國而得知其理論。

　　回到正題，回顧這三篇文章可以發現有些論點相似，首先是進化的觀念，三篇均有提到進化，該觀念是因為杜威受達爾文進化論所影響，延伸至社會或世界的進步是一種受環境歷程改變的進化觀念。其次是教育即生活的觀念，慈志生提出杜威的教育即生活，並且生活經驗對教育之重要。而林茂生則是以歷史教授為例，主張不能教授與兒童無關的歷史事實，且應注意教導時要對兒童產生出興趣與研究心。綜上所述，林茂生在赴美前在臺灣就已經受到杜威的理論影響，然而上述在臺灣出現的民主主義或實用主義都是間接透過日本或中國所學習到的，因此林茂生赴美前在臺灣所接觸的杜威思想與在哥大有何不同？並可去比較分析兩者之間所謂的殖民地教育與近代教育的思想差異。這一部分稍後再做說明。

三、林茂生博士論文的近代教育理論

　　林茂生在哥大教育學院的博士論文被後世公認最為展現其教育思想著

---

25 慈志生，〈教育進化論〉，《臺灣民報》，第2卷第8號（1924年5月），頁5。

作，並且從臺灣接收西方近代理論的歷史過程來看，其博論占有非常重要的位置。博論序言中指出「本論文對於孟祿、康德爾（I.L. Kandel, 1881-1965）、威爾遜（L.M. Wilson）在論文撰寫過程提出有益的指導與友好的關心給予深深的感謝，另外也從孔次（G.S. Counts）與克伯屈（W.H. Kilpatrick）的指導中得到研究助益與激勵。」這些曾教導過林茂生的學者均是美國當時有名的教育學者，這也代表，林氏是臺灣第一位承襲哥大學者，直接學習西方近代理論之人。

　　林茂生的博論分為三部分，第一部分介紹臺灣的自然位置與人文景觀，以及過去臺灣在荷蘭、鄭氏與清領時期的教育背景。第二部分是1895-1929年前，日本統治下臺灣的教育制度的發展過程。第三部分則透過近代教育理論來做分析，分別以〈理論上的問題〉、〈實際問題〉兩部分作為結尾。林茂生的博論的重要性，不僅在他個人的論述，而是他引用當時學術巨擘的學說理論，評日本統治下的臺灣的學校教育，然而林茂生的博論中引用的資料為何？又為什麼選擇這些書目？這些問題卻是鮮少受到關注，但了解這些卻能觀察出林氏的學術深度與廣度，更凸顯他在臺灣教育史的地位。林茂生博論引用的書目資料中，最顯著的是，撰寫近代理論或批評同化政策時，多會引用日文與英文的學術著作。本文試圖上述學術著作看起，並以林氏論文的英文版（林茂生愛鄉文化基金會在2000年刊行英文版）上得到不同的解讀[26]，進而從英文版引用的參考書目，來完整詮釋林茂生對西方近代理論的引用與呈現。

（一）對民主概念之引用

　　林茂生對於民主概念共引用三位美國學者，在博論開宗民義是以民主為精神為主軸，並引用Croly Herbert在1914年出版的 *The Promise of American*

---

26 本文之所以說是不同的解讀，是因為過去雖對林氏的論文已多有研究，然而使用的資料以林茂生之女林詠梅所譯的中譯本為主，書名為《日本統治下臺灣的學校教育：其發展及有關文化之歷史分析與探討》（臺北：新自然主義，2000）。該書所翻譯內容雖已盡量忠於原味，但在理論的部分，因受限於專業知識部分可能無法忠實傳達。

Life，對民主精神的意涵是「民主的原則要求競賽中有平等的起點，而同時期待結果不相一致的終點。」（The democratic principle requires an equal start in the race, while expecting at the same time an unequal finish.）[27]

其次博論第八章林茂生引用 Henry Adams 的話：「強制與一切民主相違背，並將外在意志強加於個體上。」（Coercion is the antithesis of everything democratic. It **imposes** an external will upon the subject.）[28] 在這裡林茂生以反例的方式，說明強制是與民主相違背。

第三，也同樣在第八章中，林茂生引用杜威將民主概念與近代教育尊重學習者的個性及天賦相結合，林茂生說：「近代教育尊重學習者的個性與天賦能力，這可追溯至民主精神（This may be traced to the democratic spirit）。」承接上述，林茂生補充杜威在〈民主在教育〉（"Democracy in education"）所說：「近代生活意味民主，而民主表示解放才智以達到獨立的效果。」（Modern life means democracy, democracy means freeing intelligence for independent effectiveness.）[29]

綜上來看，林茂生引用兩位 Croly Herbert 與 Henry Adams 美國學者對民主的概念，再透過杜威理論將民主與教育結合。一方面我們可得知，林茂生在哥大期間對當時美國的學術著作亦有涉獵；另一方面，林茂生對民主概念有分層次說明，從民主概念到教育，從 Herbert 的民主起點至 Adams 的強制與民主對立，再到杜威所說民主意味著解放個人智能達到獨立的效果，是一種對民主的內涵展現出有深度的詮釋。

27　Mosei, Lin. *Public Education in Formosa under the Japanese Administration—A Historical and Analytical Study of the Development and the Cultural Problems.* 臺北：林茂生愛鄉文化基金會，2000. p. 4（Original work published 1929）

28　同揭，Mosei, Lin. *Public Education in Formosa under the Japanese Administration—A Historical and Analytical Study of the Development and the Cultural Problems.* p. 125.

29　同揭，Mosei, Lin. *Public Education in Formosa under the Japanese Administration—A Historical and Analytical Study of the Development and the Cultural Problems.* p. 125.

（二）引用日本學者對殖民地人民應有自治與平等之觀點

　　在林茂生的博論中引用矢內原忠雄《帝國主義下之臺灣》、《殖民政策的新基調》、《殖民與殖民政策》，以及山川均《殖民政策下的臺灣：弱少民族の悲哀》。矢內原忠雄是一位無教會派信仰的殖民政策學者，山川均則是一位勞農派的馬克思主義信奉者，雖兩人立場截然不同，但對殖民地統治立場都抱持著批判態度並主張自治政策。矢內原忠雄[30]與林茂生兩人認識的可能性很高，林氏留學東京帝大時，矢內原就是東京帝大的教授。且在林氏博論中引用矢內原的資料時寫到：「矢內原教授是殖民政策的權威」（Professor Yanaibara, an authority on colonial policy.）冠上「教授」之名，這是其他學者所沒有的，由上述線索可推論兩人認識機會極高[31]。

　　林茂生博論中針對臺灣教育令時許多臺灣知識階級要求與日本人達到三項平等訴求，包括政治平等運動與文化上的平等，引用矢內原忠雄《日本帝國主義下之臺灣》第五章[32]，而第三種平等則是經濟上的平等，與日本人享有平等的權利，則是引用山川均的《殖民政策下的臺灣》[33]。另外林茂生也引用矢內原忠雄在《殖民政策的新基調》關於〈朝鮮統治的方針〉，說明殖民

---

30 矢內原忠雄以實證的研究方法，在臺灣作實地調查研究，發表了《帝國主義下の臺灣》（帝國主義下の臺灣）一書，剖析日本帝國主義擴張之根源與衍生的問題。學界評價甚高，認為是殖民地臺灣經濟發展歷程分析的經典名著。書中同時也表達他對殖民地受到極權壓迫的處境深切的同情，臺灣總督府並以其違反「臺灣出版規則」查禁此書。

31 駒込武發現在琉球大學附屬圖書館「矢內原忠雄文庫」，藏有林茂生的名片，駒込認為矢內原於1929年春天訪臺時得到林茂生的名片，間接推論兩人認識的可能性。駒込武，《世界史のなかの台湾植民地支配——臺南長老教中学校からの視座》（東京：岩波書店，2015），頁363。

32 同揭，Mosei, Lin. *Public Education in Formosa under the Japanese Administration—A Historical and Analytical Study of the Development and the Cultural Problems.* pp. 74-75。矢內原忠雄，《帝国主義下の台湾》（東京：岩波書店，1929；東京：岩波書店，1988，複印），頁183-200。

33 同揭，Mosei, Lin. *Public Education in Formosa under the Japanese Administration—A Historical and Analytical Study of the Development and the Cultural Problems.* pp. 74-75。山川均，《殖民政策下の臺灣：弱少民族の悲哀》（東京：プレブス出版社，1926）。

地作為殖民母國經濟壓榨的對象，例如法國殖民地即是。但林茂生卻未引用下述矢內原在同一章所說：「法國於20世紀以來卻有許多對同化政策批判的聲浪產生，在殖民地土著叛亂頻發的原因其一，就是對法語教育的強制，而同化的強制即是一種壓迫，並不會讓殖民地人民心悅誠服。」[34]上述彰顯出矢內原從法國同化主義批評論之依據，主張沒有所謂的人種的優劣，更反對隔離制度[35]。林茂生引用的動機，一方面是因為這兩人，與臺灣總督府授意的著書，或是美國教育研究者的立場截然不同，另一方面他們代表是殖民母國具有知識領導階級的學者，卻打破殖民地統治利益的框架，以自治與平等的觀點來評論。

（三）對國語的教育問題

林茂生在是否使用母語的問題，引用了矢內原忠雄與哥大教授康德爾與孟祿。1923年哥大教育學院附設國際研究所，孟祿擔任所長，康德爾則是研究員，專門調查關於美國殖民地菲律賓與波多黎各的教育[36]。林茂生的論文即是以他們針對菲律賓的殖民教育作為範本進行比較，康德爾將菲律賓使用英語代替當地八種方言的整合視為正當化，而孟祿則主張「教育盡可能利用方言來教導兒童的禮儀與品德」。林茂生認為康德爾所說的菲律賓狀態並不適合臺灣，因為臺灣並未缺乏共同語言，而較為贊成孟祿利用方言來教育兒童。

另外，林茂生也引用矢內原忠雄的話，「語言只是社會生活的外貌，此外貌的改變並不表示心靈的改變。殖民地語言如果受壓抑會引起反感，國語的普及必須順其自然發展。」[37]因此，林茂生以孟祿與矢內原主張支持當地語

---

34 矢內原忠雄，《植民政策の新基調》（東京：弘文堂書房，1927），頁339-341。

35 小熊英二，《「日本人」の境界——沖繩・アイヌ・台湾・朝鮮植民地支配から復帰運動まで》（東京：新曜社，1998），頁191。

36 駒込武，〈植民地支配と近代教育——ある台湾人知識人の足跡〉，教育思想史学会編，《*Forum on modern education*》12（2003），頁90。

37 同揭，Mosei, Lin. *Public Education in Formosa under the Japanese Administration—A Historical*

言的教導，並站在學習者的立場上，當然有部分是受到杜威進步主義
（progressive education）的影響，如他主張「雖然新語言在很多方面很有
用，但實際上孩童在家裡不需要用到，個人通訊也不需要，反而教授當地語
言是有需要的，使當地語言精緻化將具有社會價值」[38]。然而這也帶出在哥大
中，杜威、孟祿與康德爾對殖民地立場的迥異，如果杜威的主張是挪用可能
的原來理論的話，康德爾則是代表美國實際對殖民地政策的主張者[39]。

（四）對近代教育理論之論述

林茂生博論在第八章〈理論上的問題〉一章中，標題為「近代教育原則
考驗下的同化政策」（Assimilative policy tested by modern educational
principles）。提出一個基本卻抽象的問題：「在這同化政策控制下的任何教
育制度，禁得起近代教育原則的尺度考驗嗎？」於此林茂生已經將「同化政
策」作為預設前提下，帶出與此相對的近代教育原則。當我們解構、分析與
還原林茂生在理論部分時，以期能進而去了解其思想與精神。

1. 近代教育的目的是啟發個人內在的發展

林氏在此回答的基本框架是先提出近代教育理論，再來批判同化教育的
缺失。因此每一點的頭一句皆是林氏的核心概念。本文在引述時也會將英語
附在其後。「近代教育之目尺度的在於從個人內在去發展，而非強加於外部
的發展，因為擔心這可能會損害兒童的創造能力。」（Modern education aims
to develop the individual from within, not **impose** a development from without for

---

and Analytical Study of the Development and the Cultural Problems. p. 117。矢內原忠雄，《植民
及植民政策》（東京：有斐閣，1926），頁404。

38 同揭，Mosei, Lin. Public Education in Formosa under the Japanese Administration—A Historical
and Analytical Study of the Development and the Cultural Problems. pp. 116-117, 125.

39 駒込武，〈林茂生與「殖民地式的近代」——殖民地教育與近代教育之間〉，中研院臺灣史
研究所等主辦之「殖民主義與現代性的再檢討」國際學術研討會（2002年12月）。駒込
武，〈植民地支配と近代教育——ある台湾人知識人の足跡〉，載於教育思想史学会編，
《Forum on modern education》12（2003），頁92。

fear that it would spoil the creative power on the part of the child.）[40]

2. 教育即目的、教育即成長、學校教育的目的是能組織促進成長的種種才能，以確保教育之延續

第二點的近代教育原則為：「近代教育應把教育本身當作目的（education itself should be treated as an end），而非達到另外目的之手段。」[41] 在此林茂生雖未標註引用出處，但很明顯是以杜威的理論為依歸，如杜威在《民主與教育》所說：「教育的目的是要使個人能繼續他的教育，發展其個體稟賦的圓滿意義。」[42]

林茂生根據杜威所說：「教育即成長。事實上，成長的意義只相應於更多的成長，所以，能使受教育退居次要的也只有再受更多教育。」（According to John Dewey, "Education means growing.[43] Since in reality there is nothing to which growth is relative save more growth, there is nothing to which education is subordinate save more education."）[44] 這一段不僅是林茂生第一次標明引用杜威出處，事實上杜威在原著作中的同一段還有兩句話未被引用。

杜威在《民主與教育》中〈教育即成長〉（"Education as Growth"）中所說：「俗話說，出了校門並不停止受教育，意思是指，學校教育的目的是能

---

40 同揭，Mosei, Lin. *Public Education in Formosa under the Japanese Administration—A Historical and Analytical Study of the Development and the Cultural Problems.* p. 124.

41 同上述，頁125。

42 Dewey, J. *Democracy and education.* NY: The Free Press, 1997, p. 114.（Original work published 1916）

43 上述所說的「教育即目的」（education as end）與「教育即成長」（education means growth），原文以 as 或 mean 作為「聯言」（connective），而非 is「是」，其兩者具有語意上的差別。如「教育即生長」為例，Dewey 是借用生物學來解釋「教育」一詞，將教育比喻為生長歷程，其生長根源於過去，也支配於未來的生長。然而以生物學來看，停止生長會導致枯萎或死亡，但教育停止並不會死亡，而是造成進步的停止。林玉体，《西洋教育史》（臺北：文景，2008），頁437。

44 同揭，Mosei, Lin. *Public Education in Formosa under the Japanese Administration—A Historical and Analytical Study of the Development and the Cultural Problems.* p. 125.

組織促進成長的種種才能，以確保教育之延續。」（The point of this common place is that the purpose of school education is to insure the continuance of education by organizing the powers that insure growth.）[45]使受教育者願意從生活中學習，願意把生活環境安排成能讓人人在生活過程中學習，就是學校教育的最佳成果。」透過該出處後，更了解到教育即成長在學校教育的意義，並知道學校教育的目的是能組織促進成長的種種才能，以確保教育之延續。

3. 教育應尊重學習者的個性與能力

第三點的近代教育原則：「近代教育尊重學習者的個性與天賦能力，這可追溯至民主精神。」（Modern education insists upon respecting the personality and natural power of the learner. This may be traced to the democratic spirit.）[46]因為杜威認為「民主」核心精神是「自由」與「平等」，但傳統教育未能激勵學生的智識能力之主因，在於未能正確了解孩童的天性。因此尊重孩童的個性，是建基在人人平等的狀態下，老師願意去傾聽與了解孩子的聲音，這才是真正的「民主的教室」。

4. 教育即生活，近代教育重視兒童生活直接且立即知識的傳授

最後一點的近代教育原則為：「近代教育注重孩童生活中直接而又立即需要的知識。」（Modern education lays stress on the imparting of knowledge which is direct and immediately necessary to the life of the child.）

過去研究林茂生的人總是賦予他一個民主主義的評價，很明顯地，是因為他提出一個以民主主義的理念來批判日本同化教育，然而這並不能完整說明林茂生所構築的「近代教育原則」究竟為何，然而透過上述四項，可以了解到這些思想代表林茂生是一個完完全全承繼杜威實用主義的教育家。在教育實務的理念上，林茂生亦是一個杜威學說的倡導者，林宗義在〈林茂生的教育思想〉中提及林茂生的思想來源可看出，文中提及：「他（林茂生）特

---

45 同揭，Dewey, J. *Democracy and education*. NY: The Free Press, 1997, p. 56.

46 同揭，Mosei, Lin. *Public Education in Formosa under the Japanese Administration—A Historical and Analytical Study of the Development and the Cultural Problems*. p. 125.

別推薦杜威在芝加哥所辦的Society of school，那是以實踐與實驗為主的。」
並在林茂生的教育抱負中講到：「從幼稚園到大學，實行一貫的教育制度，
實施杜威實驗教學的理論，奠定大眾教育之基礎。」[47]由此可知，林茂生不論
在教育理論或教育實踐上都是遵循杜威，若說林茂生是杜威思想在臺灣的繼
承者一點也不為過。

（五）對同化教育的批判

林茂生在近代教育理論的尺度下考驗著對同化教育的批判，本文整理三
項。

1. 批判同化的出發點，是以自己的標準強加於人

再來是對同化教育進行批判，文中所說：「同化的出發點是以自身的標
準，從外部強加於人，那是不為人所要的，因為那不需要也不用被認可。」
（Assimilation sets out to **impose** standards of its own from without, standards
which are not desired, for the need is neither imperative nor recognized.）值得注
意的是林茂生共用了三次的「強加」（impose）[48]，不僅強調不符合民主的價
值，且認為近代教育之目的應有民主精神，訴諸於個人的內在發展，也對於
外部的強制教育（如灌輸）會破壞心智運作的歷程，有意地傷害學生的自由
意志。且「強制總是限制選擇的可能性，並使責任感沒有發展的餘地，而責
任感卻是道德生活的必要條件」。

---

47 林宗義，〈林茂生的教育思想〉，《愛鄉》，16期（2001），頁28。杜威於1896年在芝加哥大
   學創立實驗學校（the Laboratory School），一般稱為「杜威學校」（Dewey School），強調實
   驗的精神，編制課程與教學，杜威學校強調問題源自於生活實際，要成為學生有用的知
   識，必須仰賴學生思維的發展以及行動的檢驗。因此，課程內容的安排，必須藉由兒童的
   生活與興趣，將社會生活融入學校生活。黃嘉莉，〈美國進步主義教育時期的課程與教學革
   新〉，載於周愚文主編，《進步主義與教育》（臺北：師大書苑，2010），頁130-131。
48 林茂生認為：近代教育的目的是啟發個人內在發展而非「強加（impose）」於外部發展，及
   引用Henry Adams所說：「強制與一切民主相違背，並將外在意志強加（impose）於個體
   上，其強加（impose）在論文同一段共出現三次。」

2. 批判同化使學習者受限於只有模仿習慣

林茂生批判同化精神忽視人的個性與天性，而一成不變地控制學習者。因此，行為的自由與獨立才智的效力將屈就於只有仿效的習慣。（freedom of action and effectiveness of independent intelligence will subordinate to the mere imitating habit）[49]

3. 批判同化原則下學校課程並非傳授兒童所需要，被迫與真實生活經驗 中分離

林茂生主張近代教育應重視兒童生活經驗，以此對同化教育進行批判，文中所說：「同化方針並未遵照此趨勢，影響所及，卻是讓教育背離正途，教學課程並非是孩童所需要的，在這樣的教育指引下，孩童的生活被迫從他真實又經驗的社會生活中分離。」（The assimilative principle fails to follow this trend and so influences education as to lead it off on a tangent, teaching subjects wholly unnecessary to the needs of the child. Guided by such an education, the life of a child becomes detached from that which is real to him and which he is hourly experiencing in his communal life.）[50]

如同駒込武所說：「林茂生在殖民地時代批判同化政策的文脈下，比起重新擺放了杜威的思想，不如說是超越了杜威本身理論的意圖——在當時帝國主義下的世界秩序中，可看出杜威的思想。」[51]事實上杜威原本是對傳統教育進行批判，講求是以兒童為中心的教育方式，而林茂生超越了杜威的論述，在近代教育理論的基準下，視同化教育與傳統教育均是其批判對象。而這也代表著林茂生不僅只是將杜威理論當作自己的憑藉，批判來自外部的同化教育，更是轉化了杜威對近代教育理論中的另一種詮釋與說法，提出一套

---

49 同揭，Mosei, Lin. *Public Education in Formosa under the Japanese Administration—A Historical and Analytical Study of the Development and the Cultural Problems.* p. 125.

50 同揭，Mosei, Lin. *Public Education in Formosa under the Japanese Administration—A Historical and Analytical Study of the Development and the Cultural Problems.* p. 126.

51 駒込武，〈植民地支配と近代教育——ある台湾人知識人の足跡〉，教育思想史学会編，《*Forum on modern education*》12（2003），頁89。

「林式殖民地教育中的近代教育理論」，若以當時的時空背景來看，身為殖民地人民的林茂生能提出這樣富有深厚理論基礎可說是除了他，絕無二人！

（六）博論省略處之說明

本文在林茂生博論第八章〈理論上的問題〉一章中，與原書對照下發現了有兩處原著省略之處。

1. 學校對心智解放的有限認知之省略

林茂生引用杜威在〈民主在教育〉一文所說：「我發現今天學校的基本需求，取決於對心智解放原則的有限認知。」（**limited recognition** of the principle of freedom of intelligence）[52] 何謂「有限的認知」？林茂生未做任何說明，且從內容來看，似乎無法解讀意思。原來林氏省略杜威下述的句子，以下試圖還原之。

何謂「有限的認知」，杜威如是說：「這有限性對教師與學生產生影響，對師生而言，學校比當時社會運動還更遲緩，更令人不滿，且充滿了衝突與缺陷，此衝突來自於非民主的學校組織所帶來的差異，這也影響到師生的心智，以及學校大門之外的生活中，民主原則的成長及延伸。」[53]

林茂生省略處是杜威說明學校對學童的心智解放是「有限認知」，這有限性來自於師生與學校制度之間的衝突與缺陷，從中點出學校制度的結構控制對師生的衝突。然而當我們還原了句子後，並不清楚為何林茂生未引用這段原文，但是我們可以推測林茂生是對學校教育有所不滿，但仍充滿樂觀的想法，對於學校制度是否對師生產生衝突，他曾任教於臺灣的長老教會中學與臺南師範學校，擔任老師的經驗讓他仍對教育抱持信心，這一份信心讓他相信學校對學生仍有正面影響，而不至於如杜威所說充滿衝突與缺陷，因此才未引用出來。

---

52 同揭，Mosei, Lin. *Public Education in Formosa under the Japanese Administration—A Historical and Analytical Study of the Development and the Cultural Problems*. p. 126.

53 Dewey, Democracy in education. in *The elementary school teacher December*, 1903, p. 193.

2.人類受社會習俗所規範，即使最強壯的人必須承受社會與個人力量的
接合處之省略

　　林茂生在博論〈理論上的問題〉的最後一段引用霍布豪斯（L.
Hobhouse）在《社會進化與政治理論》（*Social Evolution and political
theory*）[54]一書所說：「透過傳統，社會運用持續不斷的控制加諸於個人，但
公然且明顯的強制並非最重要的因素（obvious **coercion** is the least important
element）。重要的因素是，一個人從嬰孩開始，他出身的社會環境會貫穿他
的思想與意志，而將其個人轉變為他所生存的時代與空間的產物。」[55]在此我
們看到強制（coercion）共出現兩次[56]，這與強加（impose）相同，均對外部
強壓力量進行批判。上述這一段話為林茂生最重要的章節的最後一段收尾，
前一句所說是代表日本施行同化教育企圖控制臺灣人民的心智，但這並非能
影響到他們，因為最後一句所說，徹底影響人的因素是他出身的社會環境，
也就是臺灣本土社會而非日本的同化教育。

　　事實上，霍布豪斯在同一段又說了下述，而林氏卻未引用出來。霍布豪
斯繼續說：

　　　即使是最強壯的人也無法抵抗嚴屬的言語與過程，他們抗拒會比其他人
　　　更有力，其結果只是證明他與一般人不一樣的特徵，而這些特異性也代
　　　表他具有強有力的當代典型人物。然而強者有些程度是獨創的、特殊
　　　的、也許是獨特的，但他也必須承接社會與個人力量的接合處。[57]

54　Hobhouse是英國倫敦大學社會學教授，該書是他在1911年4月在哥大政治學科的上課講
　　義。引自Hobhouse, L.T.著，土生秀穗譯，《社會進化と政治理論》（東京：社会学研究会，
　　1923），譯者序。

55　同揭，Mosei, Lin. *Public Education in Formosa under the Japanese Administration—A Historical
　　and Analytical Study of the Development and the Cultural Problems.* p. 126.

56　Hobhouse, L.T. *Social Evolution and political theory.* Columbia University Press, 1911, p. 94.

57　林茂生引用Henry Adams的話：「強制與一切民主相違背（Coercion is the antithesis of
　　everything democratic）。」

這段話的意思是即便是最強壯的人也無法抵抗受社會習俗所規範，必須承受社會與個人力量的接合處，強調個人受限於社會的無奈。然而林茂生卻未引用，推論他可能不認同個人會被制度所操控，相反地，他或許更積極相信個人在社會的自主性與能動性。

讓我們來思考林茂生引用與不引用之想法來看，本文還原林茂生在引用原點時，發現有兩點值得注意，首先是認為學校對於學生的心智解放上是有其有限性，但未引用該局限來自於學校的非民主制度，批判學校制度與師生之間產生許多的衝突與缺陷，換言之，林氏是肯定學校教育制度，這也與〈社會之進化及學校教育〉肯定學校的教育功能有相同含意。

其次，林茂生再次批判日本以外在強加的方式同化臺灣人民，但不會有效果，因為能貫穿其思想與意志，是個人的生活環境於有形無形的情況下所塑造出來的。林茂生卻未引用同一段話中強調即使最強壯的人也無法抵抗受社會習俗所規範。換言之，林氏並未認同個人會受制於社會制度，可能更加相信個人的內在作為。關於林茂生博論這兩點省略處，均是批判制度結構的控制對個人的衝突，且認為個人受限於制度結構上的無奈，然而林茂生卻未引用，本文推論可能也意味著他內心的信念是相信個人能戰勝殖民地制度的樂觀態度。

四、從林茂生的思想脈絡來看近代教育理論內涵之轉變

從1920年初林茂生赴美前所寫〈社會之進化與學校教育〉的發表，再到林氏在哥大的博士論文，在這一段吸收或產出西方近代教育理論最高峰時期來看其思想脈絡的轉變，在此不禁要提出一個問題：「對林茂生而言，何謂近代教育？」

表二　林茂生在〈社會之進化與學校教育〉與博士論文之比較

類別	社會之進化與學校教育 1920年	日本統治下臺灣的學校教育： 其發展及有關文化之歷史分析與探討 1929年
人性本善方面	是故欲助長社會之進步，非在於根本的變造人性，寧設法除去種種阻礙善性發達之物，而使之十分得以發揮。	教育應從個人內在去發展，而非強加於外部的發展。
進化與進步方面	肯定進化與社會進步，主張學校教育對社會進步的幫助。	同樣肯定日本殖民統治對臺灣有其進步之處，但更認為臺灣人民更想要的是保留他們自身的文化，並渴望他們的文化是能與日本文化受到平等的認可，渴望透過教育的途徑，把祖先遺留下來的事物傳遞給下一代。
近代教育方面	近代教育運動之意義在於有學校教育，而學校負責知識教授及篩選的作用，使其助長國家社會進步之處。	近代教育的意義應是：教育應啟發個人內在的發展、教育無目、教育應尊重學習者的個性與能力、教育即生活
學校教育方面	對學校具有樂觀態度，認為學校教育乃國家、社會進步的改良機關，因此有去蕪存菁、文化傳遞、知識取捨的作用。	學校教育的目的是使學生能繼續他的教育，協助學生內在的成長，但同化教育下的學校卻是對心智解放的有限認知，課程也並非傳授兒童所需要的。
重視兒童方面	學校應對兒童自由生出對自然之興味及研究心	強調教育應尊重學習者的個性與能力，進而達到心智解放，並在教學上重視兒童生活直接且立即知識的傳授。
歷史教學方面	歷史的教導應與兒童有關的教材、重視歷史的因果關係，讓兒童了解自己在國家、社會、個人之關係，並強調的是有關於歷史「進步」之素材。	近代教育之目的是從個人內部發展，並批判教授歷史時忽略當地歷史的學習，其中隱含強迫性與文化自卑感。

資料來源：由筆者自行整理

　　本文探討其思想脈絡之轉變前，值得關注的是，林茂生的學術精神都是一脈相成，從他赴美前，在東京帝國大學所學習的王陽明學說之「致良知」，到1924年所發表的〈社會之進化及學校教育〉一文中相信人性本善與重視兒童，再到1929年博論以杜威的實用主義，相信教育應是啟發個人內在發展，並尊重兒童的個性與能力（如表二「人性本善」與「重視兒童」方面），亦即從王陽明至杜威均相信人秉天賦之善性，我們可以看出林茂生對人性之本善擁有高度自信。也因為林茂生一直堅信其「善念」，所以他也為同化教育找到出路，博論最後提及，臺灣今後重要的是，跨越民族的「精神的一致（spiritual unity）」之重要性。駒込武認為相對於日本人的民族差別待遇之國家主義的立場，林茂生是以世界主義（cosmopolitanism）的方式呈現，並引述Gi-wook與M. Robinson所說：「殖民地近代即是政治性解放的世界主義（宇宙共有的感覺）而生的近代」，認為林茂生就是符合「政治性解放的世界主義」之學術精神[58]。

　　林茂生思想發展之轉變，1924年代的林茂生，不斷地強調與肯定「進化」與「進步」，並對近代教育充滿憧憬並感到樂觀，相信教育的積極作為。至1929年的博論，林茂生不再使用「進化」一詞，相反地，卻以「民主」的概念代替，本文認為林茂生引用Croly所說「民主的原則要求競賽中有平等的起點，而同時期待結果不相一致的終點」的想法，已不同於進化論所主張的優勝劣敗、適者生存、自然淘汰的法則，亦即民主主義下所謂的「進步」並非「適者生存」而是「適得其所」，林茂生透過民主主義來檢視教育制度，其近代教育理論富含民主教育與實用主義之意涵，尤其是能站在被殖民者或學生的立場更深切去省思教育的意義。

　　因此，林茂生近代教育觀之蛻變，從相信教育的積極作為之樂觀態度，轉變至思考教育應是啟發學生個人內在的創造力、尊重學習者的個性等。在學校教育中，從大力肯定學校教育就是近代教育運動為關鍵，並能對社會的

---

58 駒込武，〈林茂生與「殖民地式的近代」——殖民地教育與近代教育之間〉，中研院臺灣史研究所等主辦「殖民主義與現代性的再檢討」國際學術研討會（2002年12月），頁35。

進步產生動力，轉趨為批判政府的共學制度是一種齊頭式的平等。這種平等表面上是公平，實際上卻是漠視其先天差異，抹殺本土的文化，因此又再跨越至提倡民族的「政治解放的世界主義」。從林茂生的思想脈絡來看，更能發覺到林氏思想的蛻變與成長，所展現的理論深度與高度之所在。

此外，在林茂生博論的省略處，他雖引用杜威的話，批評學校對學生心智解放的有限認知，卻未引用學校制度對師生之衝突與矛盾。同樣地，他雖引用布豪斯的話，認為人類受社會習俗與環境所影響，但卻未引用即便最強壯的人也必須承受社會與個人力量的接合處。林宗義曾形容他父親林茂生是「浪漫式的理想主義者」，林茂生曾寫一首詩給林宗義兄弟：「桃源在何處，西峰最深處，不用問漁人，沿溪踏花去」，意指不論前途是多們的遙遠，多麼的艱辛，我們應以美的情操、愉快的心情追求崇高之理想，這就是他浪漫情調之表現[59]。這不就完美詮釋了林茂生博論省略處之精神，他是一位即使身處逆境，也懷有理想主義與樂觀主義，因此即便他的博論對日本同化教育有諸多強烈批判之處，但仍隱約滲出一股相信人之善性與克服逆境的樂觀態度，林茂生是一位不折不扣的身為理想主義的教育家與知識分子。

五、結論

本文從林茂生對於西方近代教育理論之思考的過程中意識到，對於林茂生思想的思考問題把我們導向了進入自己歷史的複雜過程。最終，對於林茂

---

59 林宗義，〈林茂生的教育思想〉，《愛鄉》，16期（2001），頁28。駒込武對該詩的解讀為：「或許有解讀過度之虞，對『西峰最深處』的『西峰』也許是指他歷經英國人傳教士的交流與美國留學中，對『西洋』的經驗，希望藉此在最深處的地方找到通往近代之路」，且「溪谷的道路雖然很危險，但必然是花開滿徑。」這樣解釋的話，我們可以看到林茂生或是臺灣知識分子，雖然碰到「殖民地近代性」的死胡同，但是他們仍然嘗試著往前邁進。駒込武，〈林茂生與「殖民地式的近代」——殖民地教育與近代教育之間〉，中研院臺灣史研究所等主辦「殖民主義與現代性的再檢討」國際學術研討會（2002年12月）。駒込武，〈臺灣的「殖民地近代性」〉，若林正丈、吳密察主編，《跨界的臺灣史研究——與東亞史的交錯論文集》（臺北：播種者文化，2004），頁170。

生思想的問題意識不是把我們引導到「林茂生的思想為何」的問題上去,而是促使我們思考「對於林茂生思想的討論究竟能引出什麼問題」。

　　在林茂生的思想精神上,他是一位學者,但在世人的眼中,更是個不畏權勢、絕不向政權與利益靠攏、一生堅持公平與自由的思想家。林茂生透過西方近代理論批評日本統治的同化教育,卻未失去對人的價值與善性,仍秉持著純淨、真心且富理想主義。林茂生因臺灣政治命運的改變讓他學習漢學、日本文化、西洋文化,他一生勤勉學習。同為哥大教育學院畢業博士如中國的蔣夢麟、郭秉文、張彭春等人,畢業回國後在教育界中身居要位,而林宗義回想林茂生 1930 年從美國回臺後,臺灣總督府曾招聘他當臺北帝國大學的教授,但林茂生因帝國大學是培養臺灣人成為侵略東南亞的領導人才的訓練中心而拒絕,且又因神社參拜、私學壓制等被迫辭去長榮中學之理事長,但仍執教於長榮,努力建設屬於臺灣人的中學[60]。林茂生人生大半都處於殖民地時期,深受政治當局的無情逼迫,其理想與現實的差距讓他感到內心掙扎與苦悶。直到戰爭結束光復後,創立民報終能為人民發聲之時,卻在二二八事件中被逮捕、「失蹤」,1931 年同為哥大教育學院畢業日本殖民地朝鮮的吳天錫,戰後卻因被美軍接管而擔任文教部長(相當於教育部長),其結果與中國的蔣夢麟、朝鮮的吳天錫等人大相逕庭。林茂生苦悶的一生,如同臺灣歷史的縮影,一直處在幾個帝國的夾縫中間而欠缺自主性,「學而優則仕」從未落實在他身上,壯志未酬之感令人感慨。但是不可抹滅的是,當我們必須建構出屬於本土的教育學或教育理論時,需融合臺、中、西教育學術為一爐時,焚香人就是從林茂生為開端,了解每一種思想在他身上產生什麼影響,又對臺灣產生什麼貢獻,如此才能了解臺灣的獨特性,並期盼未來以林茂生起頭為臺灣教育思想史上開啟一股新的方向與展望。

---

60 李筱峰,《林茂生、陳炘和他們的時代》,頁 109。林宗義,〈林茂生的教育思想〉,《愛鄉》,16 期(2001),頁27。

參考文獻

Adorno, T.W.，三光長治譯，《ミニマ・モラリア》，東京：法政大學出版局，1979。

Dewey, Democracy in education. in *The elementary school teacher* December, 1903, pp. 193-204.

Dewey, J. *Democracy and education*. NY: The Free Press, 1997.（Original work published 1916）

Hobhouse, L.T. *Social Evolution and political theory*. Columbia University Press, 1911.

Hobhouse, L.T.著，土生秀穗譯，《社會進化と政治理論》，東京：社会学研究会，1923。

Mosei, Lin. *Public Education in Formosa under the Japanese Administration—A Historical and Analytical Study of the Development and the Cultural Problems*. 臺北：林茂生愛鄉文化基金會，2000.（Original work published 1929）

山川均，《殖民政策下の臺灣：弱少民族の悲哀》，東京：プレブス出版社，1926。

小熊英二，《「日本人」の境界──沖縄・アイヌ・台湾・朝鮮植民地支配から復帰運動まで》，東京：新曜社，1998。

矢內原忠雄，《植民及植民政策》，東京：有斐閣，1926。

矢內原忠雄，《植民政策の新基調》，東京：弘文堂書房，1927。

矢內原忠雄，《帝国主義下の台湾》，東京：岩波書店，1929；東京：岩波書店，1988，複印。

臺南師範同窓会校史編集委員会編，《ああわが母校台南師範──台湾総督府台南師範学校史》，東京：台南師範学校同窓会，1980。

李筱峰，《林茂生、陳炘和他們的時代》，臺北：玉山社，1996。

周愚文主編，《進步主義與教育》，臺北：師大書苑，2010。

林玉体，《西洋教育史》，臺北：文景，2008，修訂版。

林宗義，〈林茂生的教育思想〉，《愛鄉》，16期（2001），頁26-29。

林垂拱，〈就杜威博士之新人生觀〉，《臺灣》，第3年第6號（1922年9月），頁32-33。

林茂生，〈王陽明の良知說〉，《東亞研究》，第6卷第8號（1916年8月），頁45-55。

林茂生，〈社會之進化及學校教育（其一）至（其八）〉，《臺灣日日新報》1924.08.14、1924.08.16、1924.08.17、1924.08.19、1924.08.21、1924.08.24、1924.08.25、1924.08.27。

林茂生著，林詠梅譯，《日本統治下臺灣的學校教育：其發展及有關文化之歷史分析與探討》，臺北：新自然主義，2000。

祝若穎，〈日治後期杜威教育思想在臺灣之引進與實踐〉，《當代教育研究》，第19卷第

1期（2011年3月），頁145-193。

祝若穎，〈德國文化教育學在日治時期臺灣的傳播與發展（1920-1940）〉，《教育研究集刊》，第58輯第1期（2012年3月），頁105-143。

張妙娟，〈《臺灣教會公報》中林茂生作品介紹〉，《臺灣風物》，第54卷第2期（2004年6月），頁45-69。

張妙娟，〈臺灣民主主義教育的倡導和實踐者——林茂生〉，收入國立教育資料館編，《教育愛：臺灣教育人物誌》，臺北：教育資料館，2006，頁1-16。

慈志生，〈教育進化論〉，《臺灣民報》，第2卷第8號（1924年5月），頁5-6。

駒込武，〈林茂生與臺南長老教中學〉，《殖民地教育、日本留學與臺灣社會紀念林茂生先生國際學術研討會論文集》（臺北：中研院臺灣史研究所等主辦，2002年9月），頁74-84。

駒込武，〈林茂生與「殖民地式的近代」——殖民地教育與近代教育之間〉，《殖民主義與現代性的再檢討國際學術研討會論文集》（臺北：中研院臺灣史研究所等主辦，2002年12月），頁1-40。

駒込武，〈植民地支配と近代教育——ある台湾人知識人の足跡〉，收入教育思想史学会編，《Forum on modern education》12（2003），頁83-96。

駒込武，〈臺灣的「殖民地近代性」〉，收於若林正丈、吳密察主編，《跨界的臺灣史研究——與東亞史的交錯論文集》，臺北：播種者文化，2004，頁161-170。

駒込武，《世界史のなかの台湾植民地支配——臺南長老教中学校からの視座》，東京：岩波書店，2015。

吳文星，《日據時期臺灣社會領導階層之研究》，臺北：正中，2008。

興南新聞社，《臺灣人士鑑》，臺北：興南新聞社，1943。

軼名，〈德克模拉西的實現——歐洲十九世紀的中心思潮〉，《臺灣民報》，第7號（1923年1月），頁2-3。

芳園譯、羅素著，〈自由主義與公開宣傳〉，《臺灣民報》，第104號（1926年5月），頁10。

鍾聰敏，〈民主主義（一）（二）（三）〉，《臺灣新民報》，第329、330、331號，1930年9月、10月、11月。

楊正堂，《林茂生文化理念與教育實踐》，臺東：東華大學教育研究所碩士論文，2004，未出版。

陳美玲，《林茂生文教活動之研究（1887-1947）》，臺北：臺灣師範大學碩士論文，2006，未出版。

第五章

洪耀勳的真理論

廖欽彬 *

一、前言

　　臺灣殖民時期哲學家洪耀勳（1902-1986）自東京帝國大學文學部哲學科畢業後（1928），服務於臺北帝國大學文政學部哲學科，哲學素養受到屬京都學派哲學系譜的務臺理作（Mudai Risaku, 1890-1974）、岡野留次郎（Okano Ryuziro, 1891-1979）、淡野安太郎（Awano Yasutaro, 1902-1967）等人的影響[1]。其在臺北帝大任職期間，積極參與臺灣文藝運動，在張深切[2]（1904-1965）創辦的《臺灣文藝》（出版期間1934年11月-1936年8月，同時刊載中文和日語的文藝作品）分別發表了〈悲劇的哲學：齊克果與尼采

* 廣州中山大學哲學系副教授。

1　參見張景墩，〈文政學部──哲學科簡介〉，臺北帝國大學研究通訊編輯小組編輯，《Academia：臺北帝國大學研究通訊》（臺北：南天書局，1996），頁99-137、歐素瑛，〈臺灣西洋哲學教育的引介者──洪耀勳〉，《教育愛：臺灣教育人物誌III》（臺北：國立教育資料館，2006），頁47-60。

2　洪耀勳和張深切的關係以及張深切對洪耀勳的看法，參見《里程碑》，收錄於《張深切全集》（臺北：文經社，1998），頁136-148中的「寄居」一文。

（悲劇の哲学──キェルケゴールとニーチェ──）〉（1935年4月）與〈藝術與哲學：特別是和其歷史社會的關係（芸術と哲学──特にその歴史的社会との関係──）〉（1936年3月）這兩篇文章[3]。

　　其文章的主要目的在於，為臺籍作家的文藝論述提供哲學地基以及為臺灣人尋找一條打造臺灣主體性的道路[4]。在此過程當中，洪耀勳試圖將當時流行於歐洲、日本的實存哲學介紹給臺灣的文藝與知識界，並思索實存概念及其與臺灣人的主體性或存在定位之間的關聯。對他而言，實存哲學所欲抵抗的正是西方近代理性主義的觀念論及實證主義的思潮。實存概念在洪耀勳思考當代哲學的發展及臺灣人的主體性或存在定位的過程中，發揮了很大作用。事實上，洪耀勳高喊「回歸實存」[5]時意識的正是，如何掙脫日帝體制所帶來的種種枷鎖（種族、階級、言論、行動等不平等）以及身為人所應有的權利（自由的意志與行動）。

　　然而，當日帝將魔掌伸入中國內境、占領華北地區時，洪耀勳被日帝以一種「以華制華」的策略派到北京師範大學任教（1937）[6]。其論文〈存在與

3　關於洪耀勳的實存哲學論述及其與日本哲學的關係，筆者曾於臺灣大學人文社會高等研究院主辦的International Conference: Self and Person in East Asian Perspective中發表〈東亞脈絡下的實存哲學發展：日本哲學與洪耀勳之間〉。筆者在此文中詳述了歐洲的實存哲學如何為田邊元（Tanabe Hajime, 1885-1962）所繼受、批判與轉化，以及在該哲學氛圍下，洪耀勳如何對應臺灣當時的歷史情境，介紹、轉化及創造屬於臺灣人的實存哲學論述。

4　關於洪耀勳為臺灣人打造主體性的時事文章還有〈風土文化觀：和臺灣風土之間的關聯（風土文化觀──臺灣風土との聯關に於て──）〉（《臺灣時報》，1936年6、7月）。關於這方面的論述有吳叡人，〈福爾摩沙意識型態：試論日本殖民統治下臺灣民族運動「民族文化」論述的形成（1919-1937）〉，《新史學》，第17號（2006），頁127-218、林巾力，〈自我、他者、共同體：論洪耀勳〈風土文化觀〉〉，《臺灣文學研究》，創刊號（2007），頁74-107、拙論〈和辻哲郎的風土論：兼論洪耀勳與貝瑞克的風土觀〉，《華梵人文學報》，第14號（2010），頁63-94及洪子偉，〈臺灣哲學盜火者──洪耀勳的本土哲學建構與戰後貢獻〉，《臺大文史哲學報》，第81期（2014），頁113-147。

5　參見〈悲劇的哲學〉，頁3。

6　關於日本占領華北地區時，臺灣人被派到北京從事各種活動的論文，可參考許雪姬，〈1937至1947年在北京的臺灣人〉，《長庚人文社會學報》，第1卷第1期（2008），頁33-84。

真理：對努茲比塞真理論的一個考察（存在卜真理——ヌツビッゼノ真理論ノ一考察）〉[7]被刊載於《哲學科研究年報》（1938），可說是一篇具有學術高度的論文。這是一篇純哲學的論文，長達145頁，除了中世宗教氛圍下的真理論不談外，其內容所處理的是從希臘以降一直到當代為止的真理論述。若將此論拿來和其參與運動時所撰寫的文章做比較時，可以發現前者所具有的哲學高度。

　　本論文主要以〈存在與真理〉這篇論文為基礎，首先檢視京都學派哲學家在處理真理概念時所產生的哲學論述[8]。接著，將焦點放在對洪耀勳的真理論分析之上。最後，思考洪耀勳的真理論在日本京都學派哲學脈絡下是如何開展，以及洪耀勳提出真理論對建設具有臺灣特色的哲學，究竟帶有何種意義。

二、京都學派的真理論述——西田幾多郎與三木清

　　京都學派哲學家裡雖然沒有人真正以真理為題來撰寫論文，但在他們各自的論著當中，卻也不乏對真理的掌握與論述。在此將舉出京都學派的創始者西田幾多郎（Nishida Kitaro, 1870-1945）及其弟子三木清（Miki Kiyoshi, 1897-1945）的真理論。西田幾多郎在京都帝國大學的哲學概論課程裡，有一部分在講述真理的概念[9]。其從西方哲學史的發展中，以認識論為基礎梳理出六種哲學立場所產生的真理概念，分別是模寫說（Abbildungstheorie）、明證

7　洪耀勳所參考的是努茲比塞（Shalva Nutsubidze, 1888-1969）的《真理與認識結構》（*Wahrheit und Erkenntnisstruktur*）（1926）。關於其對努茲比塞的真理論考察，將於本論文第五節探討。

8　本論文會舉出京都學派哲學家的真理論，除了考慮到其周邊的日籍教授都是出身京都學派外，主要是想先鋪陳在當時日本及臺灣殖民時期的哲學界有哪些主流的真理論述被介紹、談論與認知。另一方面，亦想為讀者提供洪耀勳的真理論在當時的真理論述當中所處的位置，藉此凸顯出其真理論的特色。

9　本論文所採用的是西田幾多郎於1926-1927年的「哲學概論」之講義，收錄於《西田幾多郎全集》，第15卷（東京：岩波書店，1979）。

說（Evidenztheorie）、批判主義、實用主義、新實在主義以及現象學。筆者認為在此可參照京都學派對真理概念的掌握與理解，並將其對照到洪耀勳撰寫〈存在與真理〉的動機，藉此凸顯出洪耀勳在臺灣當時的歷史情境下所提出的真理論具有何種意義。

　　所謂模寫說是指，人的意識映照（模寫）外界的存在。這種主觀對客觀的映照或模寫，便是認識論上的模寫說。人的意識作用所包含的意思和其所指向的對象是一致或不一致所形成的真與偽，是最典型的思考真理之方法[10]。主觀（思想）和客觀（外界的存在）若是一致的話，那便是真理。但西田認為此種真理論有其理論上的矛盾。因為主觀（思想）是否能正確地模寫客觀（外界的存在），取決於是否能正確地知道客觀（外界的存在）。然而，如何得知客觀或外界的存在，正是問題所在。模寫說不究明此問題，就將此問題拿來當作說明自己的材料，無疑是一種矛盾。況且這種真理也無法適用在歷史、自然科學及數學的真理上。比如歷史的撰寫都是一種選擇的原理，物理學雖然是依據實驗的方法，但實驗本身卻必須先預設某種先驗，數學的真理是一種論證的真理，而不是事實的真理（參見《西田幾多郎全集》，第15卷，頁60-63。以下引用該全集以N卷數‧頁數表示）。

　　所謂明證說，剛好和模寫說將真理基準放在外界存在相反，將真理基準放在內心，也就是東西對內心的眼睛直接以明晰、判明的方式出現。所謂真理即是在觀念自身的性質當中，也就是在觀念的必然性和明晰、判明性當中。此立場始於笛卡兒，為斯賓諾莎、萊布尼茲所繼受，後又為胡塞爾所復興。然而，此種真理論除了在數學的真理外，並不適用於歷史與自然科學的

---

10 此處所說的模寫說是指今日吾人所說的「真理的對應說」（correspondent theory of truth）：以「思維」與「事物」是否一致或對應，來判定是否為真理的立場。一般來說，亞里斯多德於《形上學》中關於真偽的說明（有卻說沒有，沒有卻說有，此為虛偽。相反的，有就說有，沒有就說沒有，此為真理），便是真理論的礎石。順帶一提，真理的希臘語為alētheia。此語是意味著隱蔽、忘卻的希臘語 lēthē 之否定態。也就是說，真理便是「非隱蔽」、「沒有隱瞞」之義。（參見《哲学事典》，東京：平凡社，1971，頁760-761，《哲学‧思想事典》，東京：岩波書店，1998，頁848-851。）

真理上，譬如經驗科學就有必須依靠經驗事實的一面，在歷史方面則有所謂偶然的真理，亦即事實、個別的真理（參見N15・頁64-66）。

　　所謂批判主義，便是用普遍妥當性來說明客觀性。此立場主張具有普遍妥當性的知識，也就是任何人都承認的知識就是真理。而這個普遍妥當性的根據，就在先驗的東西當中。康德便是其代表。根據西田的說法，康德一開始是採明證說的立場，後來閱讀休姆的著作後才轉向，把明證說的必然性解讀成心理層面的東西，並將其深化到理論的層面。康德認為真理是每個人都必須承認的，因此將此必然性的根據置放在先驗的東西裡。批判主義可說是超越、克服了模寫說及明證說的立場。因為針對前者，批判主義提出真理是任何人都必須承認、普遍妥當、先驗的存在，針對後者則提出將對象性的根據置於先驗意識的統一，並用意識來加以確認和外在對象的一致與否。如此一來，便能克服模寫說的矛盾問題（參見N15・頁67-68, 72）。

　　實用主義主張對人生是有用的東西就是真理。除此之外，不會有在那之外的永恆不變的真理存在。此種主張古代就有，只是在美國以認識論的形式被明確地提倡出來而已。總之，實用就是真理。提倡者有皮爾士、詹姆斯、杜威。真理到了這裡，變成了相對的真理。超越、絕對的真理，顯然是不存的。關於英國的實用主義者，西田提出了席勒。席勒以畢達哥拉斯的「人是萬物的尺度」，來為人類站臺，提出人本主義，也就是一切都是以人為中心的立場。然而，此種實用主義立場的真理，都只是人類世界的真理，而沒有包括物理世界的真理，西田舉出火在四十度就會產生，並非是因為人的關係來加以說明（參見N15・頁73, 77-79）。

　　新實在主義和實用主義相反。相對於實用主義主張真理由生活上的實用來決定，其承認意識外的對象，並認為和該對象形成對應的知識是真理。譬如西田舉出羅素的新實在論來說明其和模寫論的類似性。因為羅素認為，是真是假，就取決於人類的信念和外界的實在關係是否有一致。事實上，新實在主義和模寫論很類似，因此會有和模寫論一樣的矛盾出現（參見N15・頁80, 83）。

　　西田說明胡塞爾的現象學主張以拋棄立場的方式（也就是無立場的立

場），回歸到純粹意識來直視出現在眼前的東西。如此一來，便能捕捉到現象的本質。胡塞爾認為出現在純粹意識中的東西，是原原本本的現象，此現象便是所有學問的基礎。對胡塞爾而言，當指向某個對象的意識活動（意向作用）達到充實的情況時便是真理。西田指出此種現象學的立場和模寫論極為類似，但又有明證論的傾向（參見N15，頁84-85）。

　　以上是西田幾多郎從認識論出發所梳理出來的「認識的真理」或「知識的真理」。相對於此，其門下生三木清在《哲學入門》（東京：岩波書店，1940。收錄於《三木清全集》，第7卷，1967。以下引用以M卷數，頁數來表示）則強調「存在的真理」的重要性，並提出了「存在的真理」與「知識的真理」的辯證關係[11]。雖然三木清在說明真理時，和西田一樣，還是從認識論觀點出發，但那是因為研究真理問題的是始於近世的洛克、休姆，確立於康德的認識論。三木清也不諱言，「認識論便是有關於『知識的起源、本性以及極限』的研究」（M7，頁67），而知識的核心問題就是真理的問題。

　　三木清一方面指出真的知識並非個人的意見，而是任何人都承認的真理，真理具有超越時、空及普遍妥當性。另一方面，又指出只要認識能力是一種心理事實，就不會有所謂普遍妥當性的知識或真理。其借用康德的說法，說明真理並非原本就存在，只不過是有被任何人承認的權利而已。權利的問題並非事實的問題（亦即存在的問題），而是當為（Sollen）的問題，換言之並非所以然的問題而是應然的問題。三木清認為康德及新康德學派的認識論或真理論，基本上和當為或者是和普遍妥當性具有密切關聯，然而卻都是奠基在理性主義或邏輯主義的立場，故有輕視存在的傾向。事實上，三木清指出，若要實質地規定真理的意思，就不能欠缺存在的概念（欠缺存在概念的真理論正是近世哲學的共同傾向）。也就是說，知識或真理的普遍妥當性，還是無法和客觀的對象或存在脫離關係。如此一來，真理的基準便在

11　和西田幾多郎純粹介紹西方的真理論類型比起來，三木清和洪耀勳的真理論述顯然比較接近。兩者皆是在談真理從古代到當代所應發展的趨勢，特別是關於「認識的真理」和「存在的真理」之間的辯證關係。至於洪耀勳自身獨特的真理論，將於第五節當中探討。

於對象或存在，而不是人的觀念。因此三木清如此主張道：「真理與其說是屬於知識，倒不如說是先屬於存在。知識之所以是真理，是因為和存在的真理有關的緣故。……所謂真理，便是意味存在的樣態、其作為其自身所顯露出來的存在樣態。」（M7・頁72）。

據上可知，三木清在《哲學入門》中似乎比較側重的是存在的真理，而不是知識的真理。三木清認為存在的真理屬於超越的真理，而知識的真理則屬於內在的真理，知識（內在）的真理唯有透過和存在（超越）的真理的關係，才能得以成立。超越的真理雖是知識的真理的根據，然而對他來說，兩者卻又必須處於一種辯證的關係。關於此，三木清如此說道：「存在的真理只不過是即自態的真理，其因成為知識的真理，而變成對自態的真理，依據其知識，主體才會有行動，真理也因此而再一次變成存在的真理，也就是變成即自且對自態的真理。」（M7・頁78）。從這裡我們可以察覺到，真理的超越性與內在性之辯證關係，才是三木清所關注的真理論之發展。

上述京都學派的真理論述，顯然可以幫助我們理解洪耀勳從論究、批判西方真理論到建立臺灣特色的真理論之過程。以下在論究洪耀勳的真理論時，將會進行一些對照性的論述工作。

三、實存概念與真理

在考察洪耀勳的〈存在與真理〉（1938）之前，首先容筆者確認人類的實際或現實存在（只關乎現實的、拒絕任何原理、本質、觀念之指導的）與真理（無關乎現實的、超越的、絕對的、無內容的）這兩個看似不相容的概念，在洪耀勳思索當代哲學的發展時，所扮演的角色。當我們閱讀〈悲劇的哲學〉（1935）與〈藝術與哲學〉（1936）時，會發現洪耀勳不僅只是在介紹實存哲學給臺灣人認識而已。其還從中顯露出實存概念能為臺灣人帶來一線曙光。值得注意的是，他不是選擇一種從尼采、海德格或沙特式的實存哲學發展模式，而是採辯證的方式揉合齊克果（有神論式的實存）與尼采（無神論式的實存）的實存姿態。顯然的，超越的、絕對的他者（神）和拒絕絕

對者的人類實存這個形成對立的雙方，在洪耀勳的論述中，顯露出「既對立又統合」的辯證蹤影。當筆者在閱讀完洪耀勳的〈存在與真理〉時，發現其所欲建構的真理論（或哲學），便是顯露出這種超越、絕對的他者（真理）[12]與相對、矛盾對立的人類存在之間的絕對否定媒介關係之哲學論述。這裡正可以說明洪耀勳所要的實存與真理（或哲學），也必須處於這種絕對否定媒介的關係裡（見〈存在與真理〉第十四章）。

在〈存在與真理〉中，探求真理對洪耀勳而言，成了哲學與人類存在最為緊要的課題。因為探討「真理是什麼」和探討「哲學是什麼」是同樣一件事。這也代表著只要有哲學存在，就必須面對「真理本身」以及「真理是什麼」的問題[13]。而真理和人類存在又何以會有關聯呢？若先從洪耀勳自身的真理論來看的話，那是因為作為超對立或絕對他者的真理和作為對立或相對的人類（存在），彼此必須以一種能動的姿態，來進行一種絕對否定媒介的運動，藉以維持彼此。如此一來，真理作為超對立或絕對他者的地位，才能得以彰顯。而位於只能不斷處在紛擾、對立、矛盾層面的人類（存在），才能有一個超越自身高度的絕對他者，也就是真理來保障其存在。洪耀勳稱這是一種真理與存在的絕對否定媒介之辯證法（將於本論文第五節檢討）。

如此看來，當我們面對洪耀勳在上揭的時事文章中所主張的實存概念時，便無法將它解釋為「人類的現實存在就是真理」。真理的追求、哲學的探究，固然是由具有認識、意志、欲求及感情等種種活動能力的人的努力才能達成。但不能因為這樣，就斷言真理或哲學只能從人的、人性論的、人學的見地來被建構。因為人的行為或活動一旦固定、僵化後，自然會變成一種常規或固定模式。此時這些常規性的東西，便只能意味著人類特有的形式要

---

12 洪耀勳在此不談神而是談真理，雖有去宗教的意味，但這也帶出另一個自古以來的問題，亦即「信真理或信哲學和信神的不同在哪裡？」

13 洪耀勳認為「何謂哲學這種哲學的問題，畢竟得歸結於何謂真理這種真理問題」、「關於哲學的本質概念問題，一轉就變成了真理本質的問題」、「真理理念是哲學論究一開始必然的前提。說到哲學論究的開端，就必須闡明此種真理理念是以何種姿態顯現的。」（參見〈存在與真理〉，頁10-11）

素（亦即主觀、主體的事態），以致於客觀的、客體的存在，就不再被人過問了（參見〈存在與真理〉，頁15-16）。洪耀勳極度警戒哲學及真理的人化（主觀化或主體化），因為那將會失去其原本應該有的客觀性。

> 哲學論究的端序，並不是在這種奠基在人性論見地的人學之諸前提中所能求得的。其必須在自我意識的絕對反省中顯現出來，而且是在其自身處於超乎・人類的（Ueber-Menschliches）、外於・人類的（Ausser-Menschliches）領域裡的真理存在之自體性中，才能求得。對於如此堅信的我們來說，這種人類中心主義式的所有哲學論述，都應該被摒棄。（〈存在與真理〉，頁18）

很顯然的，在哲學的探求上，不能只以人作為中心。洪耀勳認為人類中心主義式的哲學論述，並不會對人在認識真理上會有幫助，因為那只是一種褊狹、片面，甚至是獨斷的論述而已[14]。事實上，洪耀勳在〈存在與真理〉第六章，便是以上述的立場闡述自身探求真理論的出發點。「我們將作為通往哲學之路且最具有包攝性和究極性的真理本身當成哲學論究的原理性前提來提倡的理由就在於此。若不從超越對立的真理本身來取得哲學的端序，而是從對立或理論性的東西來取得的話，那麼通往超越對立、前理論性的東西之路，就會被中斷，如此一來，就無法脫離立場性的狹隘性及制限性了。」（〈存在與真理〉，頁64）。據此可知，對洪耀勳而言，探討「真理是什麼」不能只從人（包括人對事物的觀察、分析、判斷到建立命題等）這種相對的立場出發，因為「真理和對立的、具有內容的東西完全無關，其作為完全獨

---

14 其對胡塞爾現象學的批判，便是踩在這種立場。「現象學雖然是用排除自然態度的方式向純粹意識尋求其根基，然而其所謂純粹意識只要是意味著人的把握、表象、知覺等的樣態，其對自然態度的排除，卻反而會因為從存在的超越轉向內在的東西，而明顯地被主觀化，還原到人身上這種結果自然也會跟著產生。……總之，我們必須將由來自人的一切主觀性以及主體性「置放在作用之外」，藉此來顯揚存於一切人類判斷之外的、超越對立的真理本身，唯有如此，才能確立哲學論究的真正端序。」（〈存在與真理〉，頁21）

立超越的真理自身獨自存在。」（〈存在與真理〉，頁67）。

　　洪耀勳指出實存哲學所犯的謬誤，就在於將原本只是存於意識內在的認識領域中的東西，拿來當成超越的真理本身。因為這是認識作用本身的不當擴大所導致的（參見〈存在與真理〉，頁69）。此處道出了真理認識跟真理本身不能混為一談的重要性。按洪耀勳的說法，真理認識是指以某種意思來掌握何謂真理本身，也就是以一種追求問題的方式來達到對作為知識的真理之認識。但真理認識與真理本身不同，真理並無法以如此方式來被掌握，因為其自身是所有學問的原理性前提。不僅如此，其還是所有一切學問的問題探求之動力因、是能使一切追求真理的學問意欲成為一種在其純粹的樣態中以自覺反省的方式顯現出來的東西。因此真理認識並不是真理本身，然而許多哲學家們往往都會混淆兩者，而忽略真理本身是一個絕對的、超越的、無內容的存在（參見〈存在與真理〉，頁69-72）。

　　據上內容，或許我們應該感到懷疑的是，洪耀勳是否是因為要撰寫帝國大學體制或教授能夠認同的純哲學論文，而刻意要抹殺其在時事文章中所極力推崇的實存概念或實存哲學？然而，筆者並不認為這和其所要主張的實存概念有矛盾、對立之處。如此節開頭處所言，洪耀勳在〈存在與真理〉的最後一章，藉由批判性地檢討了努茲比塞的真理論，來提出自己的真理論，並稱之為絕對媒介的真理辯證法。他主張真理不能只以超絕的形式高掛在人（或相對存在）之上，其必須與人（或相對存在）形成彼此絕對否定媒介的關係。洪耀勳在絕對媒介的真理辯證法中更強調的是人（或相對存在）與真理之間積極的對立與交涉關係。換言之，洪耀勳在時事文章中所主張的實存哲學，到了其真理論述當中，顯然已被他改造成人（或相對存在）與真理之間絕對否定媒介的辯證法。這與三木清所主張的「認識的真理」和「存在的真理」（內的真理與超越的真理）之間的辯證關係有共通之處。或許我們會感到很困惑洪耀勳所謂的實存何以要發展成和絕對的、超越的、無內容的真理有一種積極的對立與交涉關係。關於這一點，筆者想在本論的結論中進行探討。以下兩節將探討洪耀勳如何看待西方古代到當代為止的哲學家的真理論以及洪耀勳自身的絕對媒介的真理辯證法。

四、從康德、波爾查諾到拉斯克的真理論

　　絕對媒介的真理辯證法是洪耀勳對努茲比塞的真理論進行批判式的繼承時，所建構出來的哲學方法或立場。其在建立自身真理辯證法的過程中，論辯了從希臘到當代為止的諸哲學家之真理論述。這些西方哲學家包含蘇格拉底、柏拉圖、亞里斯多德、笛卡兒、康德、胡塞爾、波爾查諾（Bernhard Placidus Johann Nepomuk Bolzano, 1781-1848）、拉斯克（Emil Lask, 1875-1915）以及努茲比塞。由於篇幅關係，此節僅就洪耀勳對古代希臘、康德、波爾查諾、拉斯克的真理論考察進行簡略的介紹。而其對努茲比塞真理論的評論與批判，則在下一節探討。

　　關於古代希臘的真理論，洪耀勳做出如下的概述：

　　柏拉圖認為通往真理的道路，唯有透過拒絕人性的原則性，也就是藉由洗滌讓心靈沉重、混濁的東西，才有可能被打開。真理是在憶測的差異性或者是在同等、不同等這種非存在中動搖的判斷之根柢，而且是一種持續、永恆的統一。此真理必定得是依據概念之本質的某種恆常性、普遍性的東西不可。而關於真理這種普遍性、恆久性，無論是柏拉圖或蘇格拉底，都不是在判斷現象或認識現象當中尋求到的。他們想闡明的是，成立於超越立場的超越領域當中的東西。即使是亞里斯多德也是主張真正的東西的原本領域，並不會出現在動搖於真偽之間的認識之中，並認為必須在超越所有真理認識之存在的原本領域之中，才能找到。（〈存在與真理〉，頁22）

顯然的，對古希臘三大哲學家來說，真理並非存在於人的任何認識或判斷作用之中，而是一種超越任何立場且具有持續性與永恆性之存在。若將此洪耀勳的古希臘真理論之理解，對照到西田幾多郎的真理區分的話，其顯然是屬於真理的模寫說或對應說。也就是說，真理的標準在於外界的存在（亦即在人之外），並沒有在人的任何認識或判斷作用當中。在三木清的真理論脈絡

下，則是屬於超越的真理。然而，若從洪耀勳自身的真理論來看，古希臘這種真理存在並沒有和相對存在（包含人）有否定媒介的交涉作用，也就是沒有絕對、超越的真理與相對、對立的存在彼此交涉的積極作用，所以並不太符合當代對現實世界之關懷的立場。

　　洪耀勳認為和上述通往真理之路的方法（亦即究明真理存在的根柢）不同，康德所要追求的是關於真理認識的方法。也就是說，古希臘關於真理的超越論（Transzendentalismus），並非像康德那樣將關心點放在「該怎麼做（Wie）才能開始掌握真理」這個問題上，而是將「獨立於認識的前認識之認識原理為何（Was）」當成問題。因此像康德那樣在先驗制約下的真理追求，在古希臘是前所未見的（參見〈存在與真理〉，頁22-23）。如本論第二節所示，康德的真理論屬於西田幾多郎歸納出的批判主義立場下的真理論。康德的真理論乃屬於先驗論下的真理論。至於康德的認識論，洪耀勳引用《純粹理性批判》如此說道：

　　　　如康德所言，一切的認識雖始於經驗，但並不是只從經驗發顯出來而已。這是說認識或經驗只有在一定的制約下才可能。造成此制約的，並不是意味著作為認識或經驗充實的事實可能性之事實性（Faktizität）和認識，而是先於認識的先驗性（Transzendentalität）。正因為是對先驗（Transzendentales）的顧慮，才能得以被規定，此外，康德的「經驗」一方面是以先驗為基礎，另一方面又必須將經驗彼岸的超絕物，亦即物自身納入考慮，才能得以被規定。在這個意義上，對他來說，認識論和對象論可說是保持了同一調。然而，這兩者深層統一的根據，最終沒有得到確立。就如康德所說的，「經驗一般可能的諸制約同時是經驗對象可能的諸制約」（Kant, K. d. r. V. 2, Aufl, S. 197.）。當這種出現於最高原則的先驗，只意味著對認識結構適當之制約時，換言之，只是指人的認識作用中的先驗性制約時，那麼其只能是無法超脫在人這個東西的人種領域之中的先驗或心理學意涵。所謂先驗是指先行於認識或經驗，其還包攝著讓這些成為可能的所有物，在這一層意義上，是指超絕的存

在。然而，對康德來說，先驗不能在先驗的究明當中被闡明，而必須在其形上學的究明當中，亦即在超絕物中擁有其根柢。（〈存在與真理〉，頁 18-19）

如此一來，對康德而言，認識真理的方法就在於，闡明制約認識作用的先驗及作為超絕物的物自身。也就是說，康德的真理論是一種先驗論或形上學意味下的真理論。洪耀勳雖評價這種真理論有超越古希臘真理論的地方，但康德的所謂超越（das Transzendentale），與其說是形上學倒不如說是先驗（或心理學）的意味比較強，其雖超越感覺卻和感覺有密切的關係。物自身對康德而言，只是可思維的、不可認識的存在，因此只是保證主客觀條件的同一，亦即兩者在形式上的同一性之終極概念而已。康德認為形上學・超越的存在（das Metaphysisch-Transzendente）和超感覺的存在一樣，經常和主觀的內容物，亦即內在的東西（das Immanente）形成對應。如此一來，形上學的超越的存在和理論性的東西，便處於對應關係之中，而且還帶有將它正當化的功能，因此還是處在所謂具有對立性質、內容物的領域當中。

洪耀勳認為康德先驗論或形上學意味下的真理論和主觀的、內在的、理論性的東西形成對應關係，不免有將真理置於先驗論的虞慮，因此有必要繼續追尋和主觀、內在、理論全然無關的超絕物（das Transzendente），也就是在前理論領域中的本然存在，因此繼而轉向探討波爾查諾的「命題自身（Satz an sich）」和拉斯克的「超對立的對象」，藉以尋求康德後學批判康德真理論脈絡下的真理論[15]。

---

15 筆者認為這和新康德學派流行於大正期以降日本哲學界的現象不無關係。此外，關於這部分的探討，有必要參考曾天從（1910-2007）的《真理理念論：純粹現實學序說》（東京：理想社，1937），特別是前編「真理形相原理」的第一章「真理自身」，因為洪耀勳的〈存在與真理〉和此章的內容重疊處甚多。曾天從師承於早稻田大學山岸光宣（1879-1943）及東京帝國大學桑木嚴翼（1874-1946），分別接受兩者的德國學研究及康德與新康德學派研究的影響（參見林義正等編，《曾天從教授百歲冥誕紀念集》，臺北：富春文化事業，2011）。關於這部分的研究，並非筆者能力所及，日後有待學者的研究。

相對於康德先驗論下的真理論，波爾查諾在《知識學
（*Wissenschaftslehre*）》（1837）採取的是「命題即真理」的立場。其先
將判斷作用及其內容（亦即命題）做區分，並認為從命題自身（Satz an
sich）的確立，能逐漸地解明真理本身。波爾查諾認為真理的探求，並
非是透過表象、概念的比較或結合而成立的，而是藉由排除一切妨害將
這些純化為命題本身、更進一步將命題提升到真理本身的東西，才能得
以達成。波爾查諾所謂命題就是單純地表述存在物，而不加雜任何附加
物，亦即遠離屬於主觀的種種偶然物、非本質的附加夾雜物。命題便是
這種自身存立的存在，完全獨立於判斷作用的、純粹客觀的判斷內容。
（參見〈存在與真理〉，頁42-44）

洪耀勳指出波爾查諾這種純粹化命題的做法，由於內容的純粹客觀性之緣
故，因此顯示出對判斷主觀的無關係性、超越性以及獨立性等諸本質的特
徵。因此純粹的命題才被波爾查諾視為真理本身。然而，洪耀勳接著又對波
爾查諾的真理論，提出如下的批判：

他的真理本身在此意味上，雖是超越相關性的真理，但在判斷內容上，
只要還有真正判斷和誤謬判斷相互對立，被視為命題本身的一種的真理
自身，便只能和虛偽自身並立、相對立，因此不可能是超對立的。……
波爾查諾的真理自身的概念，只不過是擁有了從判斷作用關係分離出來
的超相關性而已，其超越性說起來只能算是判斷內容對判斷作用的超越
而已。（〈存在與真理〉，頁46）

據此可知，波爾查諾的真理只不過是顯示相對立場的判斷內容（亦即純粹命
題）而已，因此根本沒有脫離所謂理論性的東西（比如概念）。這跟洪耀勳
所謂超越、絕對、無內容的真理，尚有一線之隔。洪耀勳認為更進一步提出
超對立、無相關性的（和相關性無關的）真理自身的則是拉斯克。

洪耀勳在探討拉斯克的真理論之前，先梳理了拉斯克對康德認識論的批

判。拉斯克認為康德的認識論區分了形式和內容、主觀和客觀，卻又指出唯有兩者的結合，認識才有可能。康德將兩者的結合可能性歸結於先驗的事實。在先驗事實的見地下，提出形式（範疇）和素材（內容）為不同的二物、互不相關，另一方面卻又認為形式是素材的根柢且規定著它。相對於素材（內容）是經驗的（empirisch）、感覺的（sinnlich），形式（範疇）則是先驗的（transzendental）、超感覺的（übersinnlich），也就是具有超越的性格（Ueber-oder Transzendent-Charakter）。然而，康德認識論的主要問題就在於形式與內容的結合關係，其從此關係來看一切的純邏輯傾向非常的強，在其徹底的形式，也就是先驗邏輯學中，則顯露出以主觀的構成來解明一切客觀的態度。因此在形上學的究明中被視為認識之根柢的存在，也不得不被排除在認識範圍之外（參見〈存在與真理〉，頁49-52）。

　　相對於康德的先驗邏輯學作為經驗界及存在界的認識論，只將自然認識的諸範疇之發現視為其問題，拉斯克的哲學主要是致力於提出包含存在界及價值界的「哲學的邏輯學」（die Logik der Philosophie）。根據洪耀勳的說法，拉斯克雖然和康德一樣，都是立足在先驗的立場，但針對「形式‧內容」之問題的解決，則單純從羅各斯的主宰地位（亦即泛邏輯主義）之見地，來排除康德的二元論述。也就是說，若從存在界及價值界相互透徹的立場來看的話，「形式‧內容」的結構並非屬於分別不同的世界，而是意味著構成同一的羅各斯世界的二個要素。從此處我們可以看到，康德的二元論到了拉斯克的羅各斯世界，則轉變成二要素說。洪耀勳認為這正說明了康德的先驗邏輯學經由拉斯克的主張，而脫離原本的主觀傾向，被賦予純粹客觀的邏輯意味。也就是說，先驗邏輯學在拉斯克的再詮釋與擴展工作下，轉變成超越對立的邏輯學，亦即作為純粹客觀的邏輯學或哲學的邏輯學。

　　然而，洪耀勳所謂的真理，是一種超越邏輯領域的前邏輯領域之存在，其自身具有的特質便是超對立性、無對立性、無相關（無關係）性及無內容性[16]。若從此點來看的話，拉斯克的超對立邏輯學或純粹客觀邏輯學中的超

---

16 洪耀勳在〈存在與真理〉（頁26-28）的第三章中指出，前邏輯並非是否定邏輯的非邏輯

越對立之對象，在超越對立的立場上，和洪耀勳所謂的真理相當接近。然而，如前所述，其依然是以康德說的一種先驗事實下的純粹邏輯之概念，和洪耀勳所謂的真理自身的純粹事實存在之概念，並沒有契合之處。拉斯克所意味的根源（Ur），畢竟只是邏輯上的根源，並非洪耀勳所說的前邏輯之根源。此外，其所主張的超越並非存在的超越，只不過是先驗邏輯上的超越而已。那麼何種當代的真理論才是更接近洪耀勳的真理論呢？關於此點，將於下一節進行探究。

五、絕對媒介的真理辯證法

在進入洪耀勳對努茲比塞真理論的探討之前，首先先確認洪耀勳的真理觀。洪耀勳認為真理可以分成三種，分別是**真理本身**、**我們的真理**（這裡是指認識性的對立性）以及**對我們而言的真理**（這裡是指對象性的對立性）。前者，就如前述，是屬於超越對立的、超越立場的、絕對的、無相關性的、無內容的、前邏輯的真理本身。後兩者則屬於相對的、對立的、矛盾的「真理」。前者與後兩者雖有一個絕對的鴻溝，但站在超越的立場包含後兩者的，正是真理本身（參見〈存在與真理〉，頁103）。而努茲比塞真理論的特徵，正好是在區分真理自身的問題與其他種類的真理諸型態問題，換言之，即是在區分**真理問題**與**真理認識**（參見〈存在與真理〉，頁112）。這種立場可說是與上述洪耀勳的真理論是一致的。

洪耀勳指出努茲比塞認為真理自身由於其無內容的、對內容是無相關的本性，因而無法導出任何東西來。也就是說，真理自身的根本性制約，就是欠缺導出的道路。因此無論是**我們的真理**或**對我們而言的真理**，都不會是由真理所流出來的。所以不會有所謂向下之道。唯一一個可能的交涉之道就是**我們的真理**或**對我們而言的真理**還原到真理本身。此可謂向上之道。然而，

（Nicht-Logisches），而是無法用邏輯的肯定與否定關係來達到的、一種邏輯秩序之外的東西。這種前邏輯只能在真理的層面上來談。前邏輯亦可說是超越邏輯。

洪耀勳指出無論是向上還是向下之路，都脫離不了真理認識，因此只會掉入所謂相對的、對立的、矛盾的「真理」觀。努茲比塞便是認識到這一點，而提出自身獨特的真理論辯證法（參見〈存在與真理〉，頁127-129）。

根據洪耀勳的分析，努茲比塞的真理論辯證法和一般的邏輯辯證法有所不同。後者談論的是即自（an sich）與對自（für sich）或者對自的即自（an sich für sich），也就是兩個對立面（相對面）或此兩者的統一。前者談論的是即自與他者（anders）或者對他的即自（an sich für anderes）、他者中的即自（an sich an anderem），也就是一者與他者或此兩者的統一。如此對照下來可知，邏輯辯證法處理的只是相對立場上的對立關係而已，根本無法關照到真理論辯證法中的絕對他者或超對立的他者。

對努茲比塞而言，真理自身既是它自身（即自、an sich）同時又是和一個或一些存在相即的存在（für anderes oder an anderem）。真理論辯證法所處理的是絕對、超越的他者（即真理）與相對者的對立與統一關係。這和邏輯辯證法處理即自（an sich）與對自（für sich）的關係是不同的，因為後者所處理的只不過是相對者的對立與統一關係。洪耀勳指出邏輯辯證法所處理的相對者的對立與統一關係，事實上，不出相對立場的層面，因此帶有多樣、變易、雜多、過程、流動等性質。在這裡出現的真理，都只是前述的**對我們而言的真理**，亦是在差異與同一的自我同一性原理下的真理（參見〈存在與真理〉，頁133-136）。針對努茲比塞這種「既超越又內在」、「既內在又超越」的真理性格，洪耀勳指出絕對者與相對者之間的無媒介性及直接性。此正意味著努茲比塞的真理論辯證法帶有神祕主義色彩。因為真理究竟是帶有何種動力因，或者說為何會和相對者形成相即存在的關係，似乎不需要任何道理。洪耀勳針對努茲比塞的真理論辯證法這種無媒介性及直接性，提出以下的修正，藉以提出自己的絕對媒介的真理辯證法。

一般所謂辯證法，應該是相對對立者將絕對對立作為其絕對他者，也就是絕對對立者作為讓辯證法中的絕對否定媒介成為可能的原理，一方面能正當地確定相對對立的積極性，另一方面亦能正當地確定絕對對立的

原理性或絕對否定的媒介性。然而，努茲比塞的真理論辯證法，雖然能
闡明真理存在顯示出和存在者無媒介性、直接性的相即存在關係，以及
真理存在之超對立的絕對的存在自體性或即自存在性。但**其卻忽略了相
對對立者的積極性以及絕對否定的媒介性**，因此很明顯的，無法稱之為
真實的辯證法。（〈存在與真理〉，頁140，黑體為筆者所加）

洪耀勳這裡批判了努茲比塞的真理論辯證法的無媒介性及直接性，認為其應
該更進一步的推向絕對否定媒介的真理辯證法。所謂絕對否定媒介，即是相
對者與絕對的他者（真理），分別不會只有在各自之內，以即自（an sich）
與對自（für sich）的態勢運轉，而會更進一步地在各自自身之內以及彼此之
間，以即自與他者（anders）態勢運轉。如此一來，相對者與絕對者（真理）
之間形成一種彼此的絕對否定媒介樣態，彼此幫助自己及對方且無法沒有彼
此。絕對者（真理）前往相對者的道路以及相對者前往絕對者（真理）的道
路，亦即向下與向下之路，也因彼此的絕對否定媒介而敞開。洪耀勳在此主
張絕對否定媒介，更進一步將一般的邏輯辯證法和努茲比塞的真理論辯證法
進行了統合，形成了自身獨特的絕對媒介的真理辯證法，藉以消弭努茲比塞
真理論辯證法的神秘色彩及其片面性（參見〈存在與真理〉，頁141-143）。

　　據上可知，絕對否定媒介的真理辯證法是洪耀勳論證了西方古代到當代
哲學家的真理論所呈現出來的成果。其不僅梳理了一個真理論述的脈絡，還
將其改變為能對應其時代背景的哲學。其在西方哲學史的脈絡中對古希臘所
追求的絕對、超越的真理與近世以降所呈現出來的相對、理性，甚至是人性
的真理進行一場世紀的辯證，並強調絕對、超越的真理與相對、對立的存在
者彼此交涉的積極作用，藉以批判當時流行於東西方的實存哲學以及其前一
時期的觀念論哲學。關於這點，如前所述，和三木清的真理論有極為類似的
說法。

　　那麼洪耀勳為何要將流行於東西方的實存哲學（包括能作為臺灣作家創
作文學的哲學基底以及作為臺灣主體性的哲學根據的實存哲學在內）打造成

必須要有絕對、超越的他者（真理）作為絕對否定媒介的真理辯證法呢？換言之，那些相對、理性、人性的真理，為何無法滿足洪耀勳的哲學需求呢？關於此問題，將於以下的結論中探討。

六、結論

在此若回顧西田幾多郎所整理出來的真理論類型，我們會發現洪耀勳的絕對媒介的真理辯證法，並不屬於其中任何一種，因此可說是其獨創。而三木清所指出的真理的超越性與內在性這兩個面向，分別代表了古希臘的真理（存在的真理）及近世認識論以降的真理（知識的真理）。前者正是洪耀勳所說的超對立的、超立場的、絕對的、無相關性的、無內容的、前邏輯的真理本身。後者則是相對的、對立的、矛盾的、邏輯或理性的真理。無庸置疑的是，洪耀勳藉由時事性的文章介紹給臺灣人的實存哲學，從〈存在與真理〉這篇文章的見地來看，只能是代表一種片面、獨斷的真理。洪耀勳於時事性文章中所意圖的實存概念，雖然無法直接和真理畫上等線，卻透過其所提出的絕對媒介的真理辯證法，進而與超絕的真理形成一種積極的對立與交涉關係。這正意味著作為實存的臺灣人，不會只停留在帶有多樣、變易、雜多、過程、流動等特質的矛盾對立當中。其必會與超絕的真理形成絕對否定媒介的辯證關係來存續自身。

當然一定會有許多人提出各種不同的質疑。比如作為實存的臺灣人一定要有真理的保障和救贖嗎？這只不過是一種哲學信仰吧！和真理形成向上與向下的交涉循環運動，未免也太過於抽象。何以真理有必要下凡到一切相對存在的場域，來存續自身與相對存在者呢？筆者認為洪耀勳或許是認為作為實存的臺灣人，若只停留在多樣、變易、雜多、過程、流動等對立矛盾的漩渦當中的話，將只會不斷地陷入在虛無的深淵裡。

最後，筆者想在此稍微論及一下京都學派哲學家田邊元於其「種的論理」（形成、確立期1934-1937年。收錄於《田邊元全集》，第6卷，東京：

筑摩書房，1963）中所建構的絕對媒介辯證法[17]。因為洪耀勳的絕對媒介的真理辯證法，除了談論真理的部分不一樣，也就是哲學論述的對象不同外，像絕對的真理與相對的存在者之間下降與上升的運動，以及彼此藉由進行絕對否定媒介的運動以存續彼此的說法，可以說是淵源自田邊元的絕對媒介辯證法[18]。田邊元在其絕對媒介辯證法裡設置了兩個對立概念，也就是絕對者（類、普遍）和相對者（種與個、特殊與個別），分別代表「菩薩國、人類」和「現實世界的國家社會與居住在其中的個人」。類與種（絕對與相對）、類與個（絕對與相對）、種與個（相對與相對）之間，並不能直接進行彼此否定自身以達存續彼此的運動。其中必有「個」、「種」、「類」分別介入在上揭三組的對立關係當中。顯然的，這種相對者之間以及絕對者與相對者之間的絕對否定媒介關係，被洪耀勳拿去挪用在其真理辯證法當中。當然洪耀勳的真理辯證法，並沒有論及宗教的救贖在其中扮演的角色，也沒有探討國家社會在其中的定位，因此無法進行對等的比較。但從這裡我們還是可以間接看出京都學派哲學對洪耀勳的真理論所產生的影響。至少在此可以確定的是，洪耀勳的真理論為現今處在於紛擾、雜亂局勢的臺灣人，提供了一個超越的價值，姑且不論其具體的內容為何。

---

17 關於田邊的「種的論理」，請參見拙論〈日本戰時下的國家主義與反國家主義：以田邊元的社會哲學與南原繁的政治哲學為例〉，《哲學與文化》，第40卷第2期（2013），頁143-155。

18 很弔詭的是，筆者雖涉獵了西田和三木的真理論，卻發現兩者和洪耀勳之間可以對應的部分很少。反倒將思考轉向田邊元的絕對媒介辯證法時，卻能很容易地找到對應的部分。

參考文獻

洪耀勳，〈悲劇的哲學：齊克果與尼采（悲劇の哲学―キェルケゴールとニーチ
　　ェ―）〉，《臺灣文藝》，第2卷第4號，1935年4月。

洪耀勳，〈藝術與哲學：特別是和其歷史社會的關係（芸術と哲学――特にその歴史的
　　社会との関係――）〉，《臺灣文藝》，第3卷第3號，1936年3月。

洪耀勳，〈風土文化觀：和臺灣風土之間的關聯（風土文化観――臺灣風土との聯關に
　　於て――）〉，《臺灣時報》，1936年6、7月。

洪耀勳，〈存在與真理：對努茲比塞真理論的一個考察（存在卜真理――ヌツビッゼノ
　　真理論ノ一考察）〉，《哲學科研究年報》，第5輯，1938。

曾天從，《真理理念論：純粹現實學序說》，東京：理想社，1937。

張深切，《張深切全集》，臺北：文經社，1998。

臺北帝國大學研究通訊編輯小組編輯，《Academia：臺北帝國大學研究通訊》，臺北：
　　南天書局，1996。

林義正等編，《曾天從教授百歲冥誕紀念集》，臺北：富春文化事業，2011。

歐素瑛，〈臺灣西洋哲學教育的引介者――洪耀勳〉，《教育愛：臺灣教育人物誌III》，
　　臺北：國立教育資料館，2006。

許雪姬，〈1937至1947年在北京的臺灣人〉，《長庚人文社會學報》，第1卷第1期，2008。

吳叡人，〈福爾摩沙意識型態：試論日本殖民統治下臺灣民族運動「民族文化」論述的
　　形成（1919-1937）〉，《新史學》，第17號，2006。

林巾力，〈自我、他者、共同體：論洪耀勳〈風土文化觀〉〉，《臺灣文學研究》，創刊
　　號，2007。

洪子偉，〈臺灣哲學盜火者――洪耀勳的本土哲學建構與戰後貢獻〉，《臺大文史哲學
　　報》，第81期，2014。

西田幾多郎，《西田幾多郎全集》，第15卷，東京：岩波書店，1979。

三木清，《三木清全集》，第7卷，東京：岩波書店，1967。

田邊元，《田邊元全集》，第6卷，東京：筑摩書房，1963。

廖欽彬，〈和辻哲郎的風土論：兼論洪耀勳與貝瑞克的風土觀〉，《華梵人文學報》，第
　　14號，2010。

廖欽彬，〈日本戰時下的國家主義與反國家主義：以田邊元的社會哲學與南原繁的政治
　　哲學為例〉，《哲學與文化》，第40卷第2期，2013。

《哲学事典》，東京：平凡社，1971。

《哲学・思想事典》，東京：岩波書店，1998。

第六章

從「階級鬥爭」到「現世淨土」
——論林秋梧批判早期臺灣佛教的方法與目的

嚴瑋泓*

　　本文主旨在於探究林秋梧如何從「階級鬥爭」的思想導出「現世淨土」的主張。首先從探究林秋梧為何要批判早期臺灣佛教開始，論述當時臺灣佛教的「異化」與「俗化」挑起了他的批判意識。他以社會主義、唯物論史觀的哲學理解，會通了大乘佛學的如來藏思想、般若思想以及中國佛學的佛性論與無情有性論，目的在於建構一種平等的視角。林秋梧更以貪欲為本的概念會通資本家榨取勞動階級的根本理由，藉此可以窺見他深受社會主義思潮的影響。而林秋梧具體的實踐手段則是以「階級鬥爭」來達成心、佛、眾生等無差別的理想，他認為唯有階級鬥爭能夠消弭社會上的不平等，沒有階級的社會不但是馬克思主義所期待的共產社會，也是佛學中的極樂淨土。而佛教的階級鬥爭所採取之「無抵抗的大抵抗主義」，預設了人們皆能自力地把握「一佛」的內涵與具體的實踐「一行」。如此一來，社會主義所追求之平等的理想社會、佛教所追求的極樂淨土，就會在「現世」中自然地實現。本

---

* 　東海大學哲學系助理教授。

文認為，「階級鬥爭」乃林秋梧受到社會主義思潮的影響後所憑藉的方法，除了達成批判早期臺灣佛教亂象之目的外，相當程度也透露其欲返回大乘佛學中不二、無分別乃至於如來藏思想的內涵，而達成其思想中「現世淨土」的佛學理解與關懷。此亦顯示林秋梧為何以哲學與宗教之理論內涵反思1920年代之臺灣人們的具體存在處境，從而指出何謂理想之現實生活型態的內在理由。

一、前言

　　一個生活在1920年代時期的臺灣知識青年，身處於日本殖民統治與現代思潮的衝擊之下，該如何反思當時人們的存在處境以及現實中所遭逢的問題呢？對於1920年代的臺灣知識青年而言，藉由哲學理論的引介、詮釋與會通，透過思想的力量反覆思辨人們自身之存有價值與理想的現實生活型態，以之作為理性實踐與行動的基石，最終並於人們的理智與現實生活上賦予終極的關懷，可說是一條特別的反思理路。林秋梧（1903-1934），即是一個顯明的範例。

　　林秋梧，為臺南開元寺的僧人，法號證峰[1]。由於他生活於反殖民、奴役思潮下的日本統治時期，其思想相當程度受到民族主義與無產階級革命的社會主義思潮的影響，並藉此批判當時的臺灣佛教現象，因此他的思想型態也被喻為「臺灣解放佛學」[2]。

　　林秋梧青年時期就讀臺北師範學校，暗地裡閱讀林獻堂、蔡惠如以及東京留學生所組織的「新民會」所發行之旨在爭取臺灣的政治自由與文化啟蒙

1　由於林秋梧的生平與著作已有許多學者做出詳細的考察，本文就不再贅述。請參見李筱峰，《臺灣革命僧林秋梧》（臺北：自立晚報社文化出版部，1991），頁7-102。釋慧嚴，《臺灣與閩日佛教交流史》（高雄：春暉出版社，2008），頁549-559。

2　廖仁義，《異端觀點：戰後臺灣文化霸權的批判》（臺北：桂冠圖書公司，1990），頁25。楊惠南，《當代佛教思想展望》（臺北：東大圖書公司，1991），頁73-74。李筱峰，《臺灣革命僧林秋梧》，頁161-192。

的《臺灣青年》雜誌[3]，爾後結識蔣渭水，並赴日與「新民會」接觸，返臺後
加入「臺灣文化協會」，隨即發生北師學潮，這些學思歷程與經驗均在青年
林秋梧心中種下了哲思的種子。林秋梧在1925年母喪後與臺南開元寺結
緣，直到1927年於開元寺出家前，仍然持續參加「臺灣文化協會」與「美
臺團」的活動[4]。他出家後雖然受臺灣早期佛教的薰陶，但其佛學思想的內涵
除了自修外，大致上受其留學日本東京駒澤大學，時任校長的佛教學者忽滑
谷快天的啟蒙較多[5]。他在日本留學期間，除了投入忽滑谷快天門下學習佛學
義理外，其青年時期民族主義與社會主義思潮在其內心所埋下的思想興趣卻
不曾間斷，此從此時期他所發表的文章可以窺知[6]。

　　就青年林秋梧的思想興趣而言，不難看出他受當時所處政治、社會以及
文化思潮的啟蒙甚深。佛學在他的學思歷程中雖然是個偶然，但卻對他的思
想產生深度的影響。若檢閱林秋梧的著作，可發現他在1925年與臺南開元
寺結緣之後，他的佛學詮釋與批判觀點相當程度受到早年開放思潮之影響，
並與之會通。因此，林秋梧的佛學詮釋與理解，除了佛學內部的理論之外，
更包含了民族主義與社會主義思潮的理論。本文將以林秋梧如何從「階級鬥
爭」的思想導出「現世淨土」的主張作為論述的主軸，從為何他要批判早期
臺灣佛教的問題開始，論述社會主義思想與視角是否是他批判的主要理由與

3　《臺灣青年》對林秋梧的重要影響應是在於其引介近代思潮並藉以反思臺灣社會現狀。如廖
　　仁義說：「1920年代的臺灣哲學文獻，絕大部分發表在《臺灣青年》、《臺灣》與《臺灣民
　　報》等文化啟蒙刊物。而這些作品，也絕大部分以引介各種近代思潮為主，兼而用以反省
　　或批判臺灣社會現狀。……最重要的是，臺灣哲學一開始就不是一種囿於學院藩籬觀念推
　　演，而是源自於民間尋求反支配思想的需求。」參見廖仁義，《異端觀點：戰後臺灣文化霸
　　權的批判》，頁24。

4　關於林秋梧此時期的思想背景可參見李筱峰，《臺灣革命僧林秋梧》，頁23-84。江燦騰，
　　〈從大陸到臺灣：近代佛教社會運動的兩大先驅──張宗載與林秋梧〉，《臺灣佛教與現代社
　　會》（臺北：東大圖書公司，1992），頁19-25。

5　參見釋慧嚴，〈忽滑谷快天對臺灣佛教思想界的影響〉，《臺灣佛教史論文集》（高雄：春暉
　　出版社，2003），頁327-360。

6　林秋梧此時其幾篇重要的作品可參見李筱峰，《臺灣革命僧林秋梧》，頁97。釋慧嚴，《臺
　　灣與閩日佛教交流史》，頁554-555。

基礎。再者，進一步論述林秋梧如何會通社會主義思潮與大乘佛教思想，兩者的會通是否影響了他對傳統中國佛教的理解與不滿。最後，本文將討論林秋梧如何從「階級鬥爭」導出「現世淨土」，他的論述最終之目的為何？

二、為何林秋梧要批判早期臺灣佛教？

林秋梧生存時期的臺灣佛教是日據時期的臺灣佛教，當時佛教的宗教現象約略可分成兩種面向：第一，當時臺灣佛教混雜著中國佛教末流與鬼神信仰的成分，充斥著迷信、腐化等風氣[7]。第二，佛教內部的僧人傾向資本主義、帝國主義與殖民主義的流弊。這樣的佛教型態引發了林秋梧的不滿，針對前者，他以佛教內部的理論提出批判，此如：

> 永明壽禪師說：「解不兼信，而滋邪見。信不兼解，而長無明。」一味信仰而沒有理解的，只是增加煩惱妄想，這正是「從他生信」的弊害。能解釋經文字義而不能信仰真理，不過是添加無明，這就是「從他而解」的毛病。所以從他而解、從他而信的人，其信念時時動搖，無一定的信仰心。即心即佛，心、佛及眾生三無差別的理論，雖聽到耳孔結疢，卻承當不下。人家說城隍爺靈感，他便追從人家去夯枷畫面，跟在神轎後行遍市街，浪費許多金錢時間。聽說媽祖就拜媽祖、聽說大道公就拜大道，聽說有應公、土地公、松樹王、石頭公、他便去拜有應公、土地公、松樹王、石頭公。明明是多神主義的道教信者，而他遍要冒名為佛教徒。佛教說不得占相吉凶（見《遺教經》）而他竟然連造廁池也要擇日卜卦。佛教禁止咒術仙藥（同前），而自稱佛教徒的，卻慣用燒念咒，說可醫人疾病。他們一班中有什麼柴先、鐵先、狗先、厚仔先、不黨先等等的稱呼者，正是證明著其背教的行為。佛教說不可結好貴人親厚媒慢（同前）。而近來有所謂維新寺廟齋堂，無論大小凡有祭典，

7　林秋梧倡導佛教改革的內容與過程，請參見李筱峰，《臺灣革命僧林秋梧》，頁103-129。

便想招待高官顯紳。招待二字對於一般人士皆可適用，何獨高官顯紳不可？不過要知道腳踏馬屎憑官氣的宗教形式不是真正的佛教典禮。不但如此，凡為宗教家者須具有指導官紳的氣魄，才算得是真實不虛的宗教家，與此同樣，女子也要有凌駕男子的志氣。至少也當抱有和男子平等的覺悟，才得應赴現代社會的生活。才能活動於非常時。[8]

林秋梧首先以永明延壽主張信仰與理解不能偏廢的立場[9]，相當程度地揭示了中國佛教後期發展之「滯信」與「著解」的兩種流弊。他於此處所舉「心、佛、眾生三無差別」之說，乃源自於舊譯《華嚴經》而在中國大乘佛學廣被接受的理論[10]，或許可謂之林秋梧對大乘佛學切要的理解與把握。林秋梧觀察到當時佛教徒雖然聽受大乘佛學的理論，但理論的內涵卻沒有在具體的生活產生引導性的作用，因此被所謂「附佛外道」所混淆。對於這些宗教現象，林秋梧引用《遺教經》的說法予以破斥[11]，但也藉此批判當時佛教信仰者朝向資本家與奉承帝國主義政治勢力的現象。這樣的批判力道，除了護教心切之外，也為社會結構中的弱勢發聲，林秋梧語重心長地說：

　　我佛創法，廣大宏深，見理真確，立說周圓。以有情塵勞無邊，故所設

8　林秋梧，〈佛說堅固女經講話（三）〉，《南瀛佛教》，第12卷第1號（1934年1月），頁28。

9　參見《永明智覺禪師唯心訣》，卷1，T48, no. 2018, p. 996, a24-25. 本文引用《大正新脩大藏經》與《卍新纂續藏經》的資料引用是出自「中華電子佛典協會」（Chinese Buddhist Electronic Text Association，簡稱CBETA）的電子佛典系列光碟（2011）。引用《大正新脩大藏經》出處是依冊數、經號、頁數、欄數、行數之順序紀錄，例如：（T30, no. 1579, p. 517, b6~17）。

10　《大方廣佛華嚴經》，卷10，T09, no. 278, p. 465, c28-p. 466, a1.

11　如：《佛垂般涅槃略說教誡經》，卷1：「汝等比丘，於我滅後，當尊重珍敬波羅提木叉。如闇遇明、貧人得寶，當知此則是汝大師，若我住世無異此也。持淨戒者，不得販賣貿易、……占相吉凶、仰觀星宿推步盈虛曆數算計，皆所不應。……不得參預世事通致使命，呪術仙藥、結好貴人親厚媟慢，皆不應作。……此則略說持戒之相。戒是正順解脫之本，故名波羅提木叉。依因此戒，得生諸禪定及滅苦智慧。」（T12, no. 389, p. 1110, c20-p. 1111, a4.）

對治法門，亦復無邊。以何法門，治何塵勞，針鋒相對，絲毫不爽。不啻良醫對症下藥，誠為點世之不二法門也。然而今日之僧伽，歧於禪講之論，混於頓漸之辯，少投機，執斷常。於是乎偏袒帝國主義之野禿疊出，助長厭世消極之枯禪叢生，而大乘佛法，則為之不振矣。若夫我臺僧伽，即匪特盡其職者殆無，問其如何為僧伽應盡之天職？如何可解放島內弱少於鞭笞之下？亦多叉手瞠目不知所以對。高等乞丐之嘉名特錫，寄生害蟲之徽號頗來，是亦非無謂也，余每與吾師及諸同志，語至於此，未嘗不嘆息悲痛，而引以自警也。[12]

林秋梧在這裡的批判顯然針對佛教內部的僧人，批判的焦點大致可分成兩點：一、當時臺灣佛教的僧人們並未充分把握佛學的義理。二、當時的僧人們趨炎附勢，偏袒帝國主義或擁有權力或資本者。他以「野禿」、「高等乞丐」、「寄生害蟲」等強烈的字眼批評當時臺灣佛教的僧人，出於護教心切的理由相當明顯，但也不難看出他如是般的批判乃深受馬克思主義者的宗教觀之影響所致。他在《臺灣民報》連載之〈唯物論者所指謫的歷史上宗教所演的主角〉一文中，便開門見山地道出他對宗教家的期許。如：

我在這篇小文——也許說是探究馬克思主義者的宗教論之一端——縱使有非難宗教家之嫌——自然這是免不得——而本意決非在於排斥宗教自身。實是要和親愛的青年僧伽，談談現代的趨勢，以資本改革將來的教式。除此之外，別無存意。至於對假裝的資本僧伽、貴族僧伽，或御用僧伽、代辯僧伽，我們誓必徹根徹底把牠撲滅到乾乾淨淨纔肯干休。因為這是闡揚佛教唯一的先決問題，非由此決行，佛光是萬萬不能普照的。[13]

---

12 林秋梧，〈活殺自在之大乘佛教（二）朝鮮僧伽之報國〉，《南瀛佛教》，第8卷第5號（1930年5月），頁28。

13 林秋梧，〈唯物論者所指謫的歷史上宗教所演的主角（一）〉，《臺灣民報》，第258號，1929年4月28日。

據此，我們初步可以理解林秋梧對早期臺灣佛教的批判焦點在於佛教的「俗化」，此也顯露他在短短幾年的佛學薰陶，即能切要地把握佛學義理之核心內涵，並藉之批判所謂「不如法」的佛教現象。然而，當時僧人的腐敗與趨炎附勢之所以挑起了林秋梧的批判意識，或許不單純來自於他的佛學涵養，源自於他內心中馬克思主義宗教觀的底蘊似乎生起了更大的作用。對於林秋梧而言，他的佛教批判其實就是一種馬克思的宗教批判，他是這樣說的：

> 日本佛教徒中卻有這樣想的即以為馬克斯的宗教批判是「基督教批判」，不是「佛教批判」。這種見解，老實是但知其一不知其二的臆測，否則自己欺瞞自己。不用說在當時歐羅巴州的宗教剖析，是以基督教為魚肉的。只由這點看來，「不知道佛教之存在的馬克斯」之宗教批判，也許說是個暴論。但我們若讀過了他那種犀利深刻的批判時，一定不能以「他的批判不是佛教批判，故與我無干」的口實，用卑怯的態度去躲避那尖銳的論鋒。因為他所立腳的根據，與一般宗教全然不同，且佛教已屬於宗教的一部分，宗教被排擊的時，他自然是要包含在中的。像這樣情形，若明白過馬克斯宗教批判的根據，就會容易點頭。[14]

林秋梧認為，縱然馬克思不識佛教，其宗教批判自然就不是以佛教為標的，但佛教徒似乎不能以之作為迴避馬克思宗教批判的藉口。林秋梧的理由在於，佛教既然是一種宗教，自然包含在宗教批判的對象之列。

然而，假若馬克思的宗教批判適用於佛教，我們就必須進一步確認林秋梧是否認為馬克思宗教批判的理由與根據同樣適用於當時的臺灣佛教。對此，或許可從林秋梧如何理解馬克思的宗教批判著手。林秋梧認為，若依照社會主義，其理論的基礎在於經濟活動決定人們的思想，此如他所說：「馬克思的唯物論史包含有兩種思想，第一是人類的經濟生活，決定精神的文化

---

14 同上註。

之思想。第二是社會組織，由物質的生產力而決定之思想。」[15]職是之故，經濟活動造成了階級意識或者是某種道德意識[16]，成了統治階級的最佳利器。當宗教家靠向資本家，一種自然形成的階級意識就成了統治的工具[17]。

　　因此，當佛教的僧人與統治階級或資本家靠攏、掛勾，不但使得僧人所代表之佛教義理乃至於生命實踐的超越價值徹底地「俗化」，更使得統治階級的利益得以延續與擴張，剝奪了弱勢人群的權力。這樣的現象不但與佛學的義理背道而馳，更不相容於深受社會主義思潮影響的林秋梧的思想內涵。因此他指出宗教家唯有揚棄統治階級與資本家的「御用性」[18]，才能使得人們真正平等與富足的生活於社會結構之中。林秋梧以鼓動的口吻表達了這樣的想法：

　　　　宗教主義者呀！你們還要把現存的資本主義之現有諸制度和現有諸組織，歸由於神的攝理嗎？你們還以為人類用自己的力量，去創造更好的社會，是對於神的冒瀆嗎？你們又沒想要在唯物論主義的段階上所建設

15　林秋梧，〈唯物論者所指謫的歷史上宗教所演的主角（四）〉，《臺灣民報》，第261號，1929年5月19日。

16　例如林秋梧說：「《經濟學批判》序言說『不是人底意識決定人的生活，倒是人底生活決定人底意識。』據馬克思的見解，從來底社會都是階級對立的社會，故說明人類的意識不能不為社會的觀察，即不能不為階級性的觀察。……要之，社會主義者一般所觀察之倫理的、宗教的理想，即精神勢力，是就於當時經濟的事情之範圍而成立的。換句話說，就是主張倫理生活是從，經濟生活是主。」（參見林秋梧，〈唯物論者所指謫的歷史上宗教所演的主角（七）〉，《臺灣民報》，第264號，1929年6月9日。）

17　例如林秋梧說：「一種道德律成為治者階級的利益，治者階級使用武力、經濟力、組織力、智力、來維持他，輿論和宗教同是他們慣用的智力的作用。」（參見林秋梧，〈唯物論者所指謫的歷史上宗教所演的主角（九）〉，《臺灣民報》，第266號，1929年6月23日。）

18　例如林秋梧說：「我們雖不是九年面壁的祖師，由本段亦就可以見角知牛的推察到唯物論者、社會主義論者之所以排擊宗教的裡面的一大理由。尤其是不難於發見宗教家從來——現在也是一樣——所犯的過失。清算自己的過失，揚棄了從來的御用性，只有如此，纔能建設豐富民眾的社會生活的新文化。」（參見林秋梧，〈唯物論者所指謫的歷史上宗教所演的主角（十）〉，《臺灣民報》，第267號，1929年6月30日。）

的世界，去運動精神運動嗎？咦！東天已經紅了，你們還在睡覺啊！[19]

就林秋梧的理解而言，馬克思的宗教批判焦點在於宗教作為統治階級或資本主義的工具。林秋梧身處的臺灣佛教，面對帝國主義與殖民主義的統治，許多的僧人忘卻了自身的本分轉而投入強權的懷抱，自然是社會主義者所強烈批評的宗教現象。

因此，林秋梧批判早期臺灣佛教的理由看起來有兩個面向，一是當時臺灣佛教僧人不能適切把握佛學的義理而在佈道與教學上產生「異化」；二為這些僧人雖然身著佛教僧服，但卻不能明辨佛學義理，甚至對資本家與統治階級趨炎附勢，使得僧伽的「清淨」義蕩然無存，而呈現一種「俗化」的現象。此兩種因素挑起了林秋梧內在心靈的社會主義宗教批判意識，而對此宗教現象提出強烈的批判與譴責。

三、社會主義思潮與大乘佛教思想的會通

上文分析了林秋梧批判早期臺灣佛教的兩個理由，馬克思哲學固然深度影響林秋梧的批判視角，然而當時佛教僧伽之所以會有傾向資本家或統治階級的情狀，除了政治現實之外，相當程度也是多數僧人未能確實把握佛學義理的流弊使然。對林秋梧而言，他內心分別源自於東方與西方的兩種思想，特別在對當時臺灣佛教的批判觀點中交會，揉合而為一種獨特的批判佛學觀。

林秋梧的佛學詮釋之所以被喻為是「臺灣解放佛學」，無非是因為他會通了社會主義與大乘佛學的思想，而表現為一種特殊型態的佛學詮釋。以他對大乘菩薩道的詮釋為例，他在〈佛說堅固女經講話〉一文中結合了菩薩行與社會改革的思想，並藉此批判了宗教上「彼岸」的冀求。此如：

---

19 同上註。

　　菩薩行就是以活於正信的自己為基柢，而圖謀社會人群的幸福，無有所
　　恐怖的行為吧。自利利他就是表示這樣行動的話。所以能修菩薩行的，
　　便是社會改革的前衛分子。他們的根本目標在於建設地上的天堂，此土
　　的西方。使一切人類（再而及於一切生物）無有眾苦但受諸樂。佛教所
　　謂極樂世界就是描寫著這箇快活的社會。[20]

若以佛典作為基礎，菩薩的字義本身就蘊含了自利利他的內涵，自利為一種
自身朝向智慧成就乃至於圓滿解脫之途，利他則是將自身成就返回眾生而饒
益有情之道[21]。林秋梧此處的說法，將利他之道詮釋為「圖謀社會人群的幸
福」以及「社會改革的前衛分子」，是從社會主義的理路來理解菩薩的利他
之行了。再者，將西方的極樂世界理解為現世此土的快活的社會，雖然佛教
經典不乏此種現世淨土的說法[22]，但以實際的社會情狀來詮釋者，或許是林
秋梧在唯物史觀的視角下所論述之獨特的「淨土觀」[23]。

---

20 林秋梧，〈佛說堅固女經講話（二）〉，《南瀛佛教》，第 11 卷第 12 號（1933 年 12 月），頁
　　22。

21 此如《大般若經》精確的定義，如：《大般若波羅蜜多經》卷 538：「具壽善現復白佛言：
　　『所說菩薩摩訶薩者，何等名為菩薩句義？』佛告善現：『學一切法無著無礙，覺一切法無
　　著無礙，求證無上正等菩提，饒益有情，是菩薩義。』」（T07, no. 220, p. 766, b5-8.）

22 例如：《維摩詰所說經》卷 1：「若菩薩欲得淨土，當淨其心；隨其心淨，則佛土淨。」
　　（T14, no. 475, p. 538, c4-5.）又如：《中論》卷 4：「涅槃與世間，無有少分別，世間與涅
　　槃，亦無少分別。涅槃之實際，及與世間際，如是二際者，無毫釐差別。」（T30, no. 1564,
　　p. 36, a4-11.）

23 此如林秋梧所說：「《阿彌陀經》說：「有世界名曰極樂，其國眾生，無有眾苦但受諸樂」
　　又說：「極樂國土，有七寶池，八功德水，充滿其中，池底純以金沙布地，四邊階道金銀琉
　　璃玻　合成，上有樓閣亦以金銀⋯⋯而嚴飾之，池中蓮花⋯⋯微妙香潔。」「常作天樂⋯⋯
　　常有種種奇妙雜色之鳥⋯⋯出和雅音。」以上可看作極樂世界的休養娛樂機關的設施
　　吧！⋯⋯可知這箇社會的人群都是營著各盡所能，各取所需而無不足的生活。但佛教所說
　　的西方極樂世界不是空洞渺無的，是用人力可以創造的，若不相信可從現代社會拿來比較
　　就得明白。臺北有北投溫泉、宜蘭方面有礁溪溫泉、臺南有關仔嶺溫泉、恆春有四重溪溫
　　泉，此等溫泉皆能醫人疾病，非止一種，這便是七寶池八功德水。臺灣各大都市的內地人
　　街，比本島人街的設備建築較完全宏壯，光耀奪目，道路堅固，交通迅速，這正與「四邊

　　然而，佛學中有什麼樣的理論使得林秋梧能夠以之與社會主義思想接軌呢？在〈佛說堅固女經講話〉中，林秋梧以佛學中「一即一切」的觀點如是詮說：

> 個體即一個一個的生命由全體的來看，自己與他人是不可分開的。個人集合起來便是社會。在社會中用自己之力去扶助別人，而自己以外一切別人之力卻歸於自己保持我們自己。比社會更大的就是宇宙。宇宙是一個大組織體。和社會的各個個人互相相依靠扶助而形成整個社會一樣，宇宙中的森羅萬象──人啦、畜生啦、山川樹木啦、石啦、鐵啦、金銀啦、布匹啦、地水火風啦、一切皆以整然的秩序維持而成的。這樣的宇宙，就是一大佛身。一大佛身的一大生命，便是我們所信仰的佛。所以社會中或宇宙中的一與一切、部分與全體、自己與佛、結局是不可分開即一的存在。所以肇法師說「大地與我同根，萬物與我一同。」[24]

林秋梧於此援引僧肇「天地與我同根，萬物與我一體」的說法[25]，主要目的在於輔以論證每個個體的「異」與普遍的「一」之間的相攝相入的關係，如是般「一即一切」，「一切即一」的想法固然是漢傳佛教華嚴學派的核心理

階道，金銀琉璃玻璨合成，上有樓閣，亦以金銀……而嚴飾之」之句符合。其外公園、植物園、動物園、音樂堂的設備，凡大都會皆有。這還是就臺灣而說的，若就文明國而論，其一切設備更加充分周到是不待言的。……可是這樣快樂的地方，只有資產階級的人們可以享受，大多數的無產者是沒有福分的。資產家有錢可以任意揮霍，所以到處都有高樓大廈可居，有山珍海味各種料理可喫，這與善導大師所謂「香飯隨心至」、「寶殿隨身飛」完全一樣，若無產者則不能如此。據上述比較，可知現社會的一部既現成著極樂世界，但此極樂世界是供一小部分的人們受用，所以還要把此擴大範圍，造簡男女老幼富貴貧賤都可享用快樂的世界，這就是佛教所主張的現世淨土的建設，《阿彌陀經》所說的西方極樂國土，也不過是形容這現實的平等社會。」（參見林秋梧，〈佛說堅固女經講話（二）〉，《南瀛佛教》，第11卷第12號，頁22-23。）

24　林秋梧，〈佛說堅固女經講話（五）〉，《南瀛佛教》，第12卷第3號（1934年3月），頁12。
25　原語為：《肇論》卷1：「天地與我同根，萬物與我一體。」（T45, no. 1858, p. 159, b28-29.）

論[26]，但在林秋梧的詮解之下，將其類比為生存在社會結構中的每個個體與整體之間的關係，即可令我們看出他社會主義視角下的佛學詮釋。

　　然而，若仔細分析林秋梧此處的說法，不難發現他除了上述的觀點外，似乎更加重視以「佛」的身、生命、存在等概念來作為統攝宇宙間每個不同存在的想法，以他的話來說，即「一大佛身」或「自己就是天地就是佛」[27]。而這樣的想法，又可以林秋梧的「一佛」思想為基礎。他是如此說明「一佛」的：

---

[26] 例如法藏於《華嚴經探玄記》一與多間相即、相入的論證與說明。見《華嚴經探玄記》卷4：「是故一一諸緣相望，各有二義。一約體：具空有義，故有相即。謂若無一，即一切緣全失自體。何以故？以無一時，多無所成，無所成故，不是緣也。是故有一，即有一切；卻一，即卻一切。此即一切是空義故，泯自即他，以一是有義故，攝他即自返上。即一是空義故，亦泯自即他。多是有義故，攝他即自，由二空有各不俱故，無不相即時。一空一有不相礙故，恆時有相即。又由一一緣中空有不二故，不壞自而即他。妙義思之！二約用。有有力、無力義故，有相入。謂諸緣起非各少力，而共生故，即一一緣各有全作義，全不作義。何以故？若無一緣，餘全不作。則一有力，餘皆無力，餘緣亦爾。是即一，有力故能容多，多無力故潛入一，多有力等亦爾。亦由二有力，二無力不俱故，無不相入時。一有力、一無力無礙故，常恆相入耳。又於一一緣中，各由有力無力不二故，不壞在外，而恆相入思之。由緣起門中，有此相作等義成一多故，云展轉生也。此即一多更互展轉相生故，得一中無量，無量中一也。」（T35, no. 1733, p. 173, a24-b16.）

[27] 此如林秋梧所說：「一面由時間上來說，我們自己的生命是由父母而來的，我們的父母的生命，亦是由其父母而來的。我們的祖、曾祖、高祖都一概是由其父母而來的。至於我們的子子孫孫，其生命則莫由我們而出。由之觀之，我們的生命乃是過去生命的連續，又是無窮的未來的生命之根源。現在個人的生命是過去未來的生命的一條連鎖，過去現在未來三世的生命，就是宇宙的一大生命，這叫做佛生命。自己的生命與宇宙的佛生命是不可分的存在，所以沒別個獨立的所謂自己的生命。如以上所說所謂自己者、由時間的而言則為無限的天地之生命，即佛生命的一連鎖。自空間的而言，則是無邊的宇宙，廣大的佛國土的一要素，與天地的靈格，宇宙的大佛是不可分開的同一存在，所以自己就是天地就是佛。更言之，佛就是一個唯一不二的存在。時間上雖有過去現在未來之分，然於佛的本體卻沒有過去佛現在佛未來佛之別……然則佛何以有種種的名稱？答道：因為佛是萬德圓滿的一個靈格，不能以一二個的稱呼而表現之，而是便生出種種的佛號……可知諸佛本歸一佛、諸號原自一佛而名、非有二佛三佛也。」（參見林秋梧，〈佛說堅固女經講話（五）〉，《南瀛佛教》，第12卷第3號，頁12-13。）

那麼佛教所信仰的究竟是什麼？就是一佛。一佛的一，不是一二三的
一，是全一的一，所以佛教所說一佛一切佛。佛是周偏活動於無限大的
宇宙中之絕對的靈光，故天空地闊之間，森森羅列的一切事象，無不是
這個靈光的片片，所以經裡說：「一切眾生悉有佛性」，又說：「草木國
土悉皆成佛」、「有情非情同時成道」，那末人類自然都可以叫做佛的。
人類已然都是佛，一定佛是很多的，很多的佛就是所謂一切佛，因為一
佛是一切佛，所以一切佛畢竟歸於一佛。人類若能信仰到這裡，自然是
認不出什麼差等、親疏、人我。《金剛經》說：「是法平等，無分高下」
就是這個意思。是法就是佛法，佛法只有一個，所以佛法是一法，一法
一切法，結局一切法便是一法。[28]

林秋梧此處所謂「一佛」的「一」，並非「單一」的意義，而是「全一」的
「一」，此「一」即「普遍」之義。林秋梧以「絕對的靈光」來譬喻「佛」[29]，
亦即以「靈光」來說明佛的普遍性，宇宙間的森羅事象，均是此靈光的「片
片」，此種以一攝多的思維，不但是上文所述的華嚴思想所示，同時也是大
乘佛學中如來藏思想的結構。雖然林秋梧「一佛」的想法應是受其師忽滑谷
快天所提倡的「四一主義」之影響[30]，但從他著作的脈絡中，亦可看出此

28　林秋梧，〈階級鬥爭與佛教〉，《南瀛佛教》，第7卷第2號，頁57-58。

29　林秋梧此處的「靈光」說似乎來自忽滑谷快天之「周徧宇宙萬象的靈心是為佛」的說法。
　　參見釋慧嚴，〈忽滑谷快天對臺灣佛教思想界的影響〉，《臺灣佛教史論文集》，頁358。

30　此如林秋梧所說：「忽滑谷快天老師的人格的圓滿、學識的廣博、教理的精微，這些免我在
　　這裡贅言，在日本的學界教界都已有定評了。至於老師的主張，這二十餘年來，隨時隨處
　　都有所表現，就是他所刊布的著作也算不少。然而他的態度始終一貫，抱定純一無雜的信
　　仰，在宣揚著曹洞純密的宗風。他在他所著的『四一論』裡、極力提倡著『信一佛不信餘
　　佛，奉一教不奉餘教，行一行不行餘行，證一果不證餘果』的四一主義，這便是老師的信
　　仰精粹。」（參見林秋梧，〈現代的戰鬥勝佛忽滑谷快天老師〉，《南瀛佛教》，第10卷第2
　　號（1932年2月），頁22。）事實上，已有學者論及林秋梧「一佛」思想乃受忽滑谷快天的
　　影響。請參見楊惠南，《當代佛教思想展望》，頁52-53。釋慧嚴，《臺灣佛教史論文集》，
　　頁356-358。

「一佛」思想乃是他融合了大乘佛學不同學派的思想後的詮釋結果。

　　在上引文中，林秋梧「一切眾生悉有佛性」、「草木國土悉皆成佛」、「有情非情同時成道」的說法，無疑是大乘如來藏思想的觀點與發揮[31]，「一切眾生悉有佛性」一語在《大般涅槃經》屢見不鮮[32]，而「草木國土悉皆成佛」以及「有情非情同時成道」所指則應是如來藏思想傳入中國之後所發展出來的「無情有性」理論[33]。因此，林秋梧「一佛」的思想除了受到忽滑谷快天的影響外，就佛教思想而言，應是源自於大乘佛學的如來藏思想，乃至

---

31 此種說法可從林秋梧所使用的辭彙得到印證，例如他用以下的概念定義「佛」：「真我者宇宙的神靈，絕對唯一，即佛是也。佛是何物？以下逐條證之：1. 非形狀聲音可表示者……。2. 無出生入滅，常恆一如。……3. 遍在於無限之宇宙。……4. 唯一無二也。……5. 自存獨立。……6. 清淨。……7. 自在。……是知佛乃一大生命也，故余以大佛稱之。真如、真心、正心、妙眼、如來、法性、圓覺……等，千名萬名不過此大佛之別號耳。」（參見林秋梧，〈佛教是真理之最大部分〉，《南瀛佛教》，第12卷第6號（1934年6月），頁22。）其中「真我」、「真如」、「真心」……等皆是如來藏思想慣用指稱如來藏心的辭彙。

32 例如：《大般涅槃經》卷7：「佛言：善男子！我者即是如來藏義，一切眾生悉有佛性，即是我義。」（T12, no. 374, p. 407, b9-10.）《大般涅槃經》卷27：「一切眾生定得阿耨多羅三藐三菩提故，是故我說一切眾生悉有佛性。」（T12, no. 374, p. 524, b19-20.）

33 「無情有性」的理論，跨越了三論、天臺、以及華嚴三個宗派。以下分別以吉藏、湛然以及法藏為例稍加說明。例如：1. 吉藏：《大乘玄論》卷3：「問：為理外眾生有佛性？為理內眾生有佛性？答曰：問理外眾生有佛性不？此不成問。何者？理外本無有眾生，那得問言理外眾生有佛性不？故如問炎中之水，本自不曾有，何得更問炎中之水從何處來？是故理外既無眾生，亦無佛性，五眼之所不見。故經云：『若菩薩有我相、人相、眾生相，即非菩薩。』是故我與人乃至今人無有佛性。不但凡夫無佛性，乃至阿羅漢亦無佛性。以是義故，不但草木無佛性，眾生亦無佛性。若欲明有佛性，不但眾生有佛性，草木亦有佛性。此是對理外無佛性。以辨理內有佛性也。」（T45, no. 1853, p. 40, b9-21.）2. 湛然：《止觀輔行傳弘決》卷1：「若論有情何獨眾生一切唯心？是則一塵具足一切眾生佛性，亦具十方諸佛佛性。」（T46, no. 1912, p. 152, a21-23）3. 法藏：《華嚴經探玄記》卷16：「若三乘教真如之性，通情、非情。開覺佛性，唯局有情故。涅槃云非佛性者，謂草木等。若圓教中，佛性及性起皆通依正，如下文辨，是故成佛具三世間，國土身等皆是佛身，是故局唯佛果，通遍非情。」（T35, no. 1733, p. 405, c26-p. 406, a1.）由於「無情有性」的理論相當複雜，各家也有不同的辯說，此處僅兼單舉例說明林秋梧的思想來源，對各家學派的論證不擬贅述。

於中國佛學從如來藏思想傳入後所開展之「無情有性」的理論。此外，除了如來藏思想之外，林秋梧更援引《金剛般若波羅蜜經》中「是法平等，無有高下」之語[34]，以般若思想中的不二、無分別來作為社會主義追求的階級平等的理論基礎。

透過上文的討論，我們初步把握了林秋梧以社會主義、唯物論史觀的哲學理解，會通了大乘佛學的如來藏思想、般若思想以及中國佛學的佛性論與無情有性論。他的目的在於建構一種平等的視角，除了在思想的內涵與理論上著手，更在社會實踐上產生具體的能量，而其途徑，則是透過「階級鬥爭」來完成的。

四、林秋梧如何從「階級鬥爭」導出「現世淨土」？

在林秋梧對早期臺灣佛教的批判意識中，特別是針對向資本家或統治階級靠攏的宗教家們，其批判的力道來自於批判的理由，其理由來自於大乘佛學的如來藏思想、般若思想乃至於中國佛學的無情有性論所揭示的平等視角。對於林秋梧而言，實現一切法平等的途徑與方法乃「階級鬥爭」。他是這樣說的：

> 所以我們只要能了悟一佛一切佛的第一義，則階級紛糾的問題，自然可以迎刃而解。至於俱體的實例，則徵諸佛陀當時對於印度四階級的態度和行動，就更可以明白徹底。
>
> 要之，對於階級鬥爭的佛教之態度，始終一貫，是站在無我即大我的境地，以擁護無產大眾，解放被榨取階級為目標，其所採的方法，則排兵革刀槍的暴力行為，專以無抵抗的大抵抗主義為原理的，這與現在一般

---

[34]《金剛般若波羅蜜經》卷1：「須菩提！是法平等，無有高下，是名阿耨多羅三藐三菩提；以無我、無人、無眾生、無壽者，修一切善法，則得阿耨多羅三藐三菩提。」（T08, no. 235, p. 751, c24-27.）

主義者所唱的激烈手段比較起來，實在可謂天淵之差了。[35]

林秋梧以佛陀改革印度的種姓制度為例，認為「一佛」思想可以幫助我們化解社會結構中的階級對立。他更進一步認為，雖然階級鬥爭可以會通於「一佛」思想，但在佛教非暴力的精神之下，則是以「無抵抗的大抵抗主義」來解放被榨取的無產階級為手段。然而，何謂「無抵抗的大抵抗主義」？林秋梧認為只要每個人都能夠理解「一佛」思想而具體實踐，社會結構中的階級對立自然消弭，此種實踐他稱之為「一行」。比如：

> 佛教教人家信一佛奉一法，同時要遵從這個一法去實行，這叫做一行。
> 一人一行就是一切行。一行一切行，所以一切行，結局只是一行。[36]

對於林秋梧而言，要化解階級對立，透過他所詮解之「一佛」的思想與「一行」的實踐，或許可自然化解。所謂的階級意識的產生，乃是資本主義的社會結構中，貧富差距懸殊所造成的區隔[37]。他以馬克思主義為基礎，定義「階級」乃社會結構中一群掌握政治、經濟、法律權利的人，其作為社會的主體，卻透過掠奪、統治、制裁、榨取一群作為社會工具的弱勢人群，因而產生對立[38]。

---

35 林秋梧，〈階級鬥爭與佛教〉，《南瀛佛教》，第7卷第2號，頁58。

36 同上註。

37 如林秋梧說：「於是階級很鮮炎的地方，這種傾向極其熾烈，往往生出流血之慘，這皆由於貧富懸隔激甚，階級意識過度所釀成的結果。階級意識——這箇玄妙的種子。苟在資本主義制度的社會，便無論風土氣候怎樣，任何地方都快要成長繁殖的。」（同上註，頁52-53。）

38 如林秋梧說：「階級是什麼？對此解答，我們還是要詢及馬克思主義者，纔能得箇較為正確的定義。據他們所說，階級的科學意義，應為『一群人，或一部分人同樣地被別群人所掠奪，所統治，所制裁，一則為社會的主體，握經濟政治大機，法律乃其意思力之表現，一則為社會生活的工具。居於經濟政治法律之被處分地位。』如此這樣纔叫做社會的階級。……階級已然是在生產行程中，以利害關係來結就的，那末一定是有強弱的，同時強

除了馬克思主義之外，林秋梧亦從佛學的義理來說明階級鬥爭，如：

> 然則佛教要如何說明上面所述的現象呢？以教理來解釋、卻不過是一種因果的連鎖而已。而此種原因、則在於一小部分的人類之貪欲。人類怎樣會成起貪欲之念咧？因為他們不能明白心佛眾生三無差別的真理，倒妄認四大為身，五蘊為我，因有我見，故橫生憎愛，種種取捨，差別親疏，序後到了生產關係益發複雜的時候，遂生出有用非藉科學的方法，不能揭破的巧妙的手段，榨取著勞動階級的資本家。於是利害相反的人，則藉端舞弊，結黨行私，或畛域互分，彼此歧視，遂至發生階級鬥爭。[39]

林秋梧以貪欲來說明資本家之所以榨取勞動階級的根本理由，並指出人們之所以會生起貪念乃是因為不能充分把握心、佛、眾生三無差別的真理，資本家由於貪欲所使，而有種種榨取與掠奪弱勢階級的手段，遂引發階級對立與仇恨。

林秋梧認為，階級鬥爭是人類歷史發展中的事實，他亦指出，在此歷史事實中，宗教學說縱然看似站在無產階級的一方主張消弭階級對立的，但宗教家往往卻是資本家或統治者藉以鬥爭的工具。因此導致一種詭譎的結論，即宗教家否定階級鬥爭，但事實上卻又一直參與階級鬥爭[40]。林秋梧認為，

的每在敲剝弱的，弱的屢受榨取於強的，也是勢所使然的很容易明白的事情。」（同上註，頁53。）

39 同上註，頁55。

40 例如在一篇以筆名「林洲鰲」發表之〈階級鬥爭是非道德行為嗎？〉的文章中，林秋梧引用恩格斯於1888年新版的《共產黨宣言》（原文為《××黨宣言》）序言中「從前人類社會的歷史（實行土地共有制度的原始種族社會結束後的歷史）全部都是階級鬥爭的歷史。也就是掠奪階級與被掠奪階級，支配階級與被壓抑階級之間的鬥爭的歷史」一語，來說明階級鬥爭是人類歷史發展中的事實。他進一步指出：「階級鬥爭從來就不是無產階級所創造出的，而是自從這個社會以階級社會的形式成立以來就一直有階級鬥爭的存在。在過去，被支配者有如羊群一般安分地服從著支配者的命令過生活，因此即使被支配者對支配者沒有

宗教家們大可不必畏懼階級鬥爭，只要將勞動階級的權力給倒轉過來，把資本家的利己主義擴張為全人類的共同意識，也就是將資本家的利益推向一種適用於全人類的普遍意義，如此一來，宗教所追求的理想社會即可完成，而此種權力的倒轉，則是透過階級鬥爭來完成的[41]。因此，對林秋梧而言，佛教如果仍然追求一種理想的生活乃至於理想的世界，自然不能被排除在階級鬥爭之外。

　　然而，佛教的階級鬥爭如何是一種「無抵抗的大抵抗主義」？林秋梧主張必須透過「自力」，他透過批判明末以來乃至於當時的臺灣佛教倡導禪淨合一的說法，事實上是混淆了自力與他力的兩種實踐方式[42]，除了其展現理

採取階級鬥爭這種挑戰性的態度，支配者也會為了保護自己的利益費盡心力做好鬥爭的準備。宗教，即是支配者所利用的武器中最穩定，亦是最銳利的一項。這可從過去不容否認的歷史得知。如此一來，只要宗教學說屬於無產階級的一部分，即使階級鬥爭被否定成立，但只要屬於一部分特權階級，階級鬥爭就會得到肯定，甚至還會以參加階級鬥爭為榮。因此，結果就會導向宗教家一向否定階級鬥爭，但卻又其實一直參與著階級鬥爭這個詭譎的結論。」（參見林秋梧，〈階級鬥爭は非道德行為か（上）〉，《臺灣新民報》，第367號，1931年6月6日。）

41 誠如林秋梧引述俄羅斯革命家 Lunacharsky 所說的：「即使鬥爭的根本止於勞動者，勞動階級並不是階級性的、個人性的東西，而是對於所有人事物必須的東西。因此，若是宗教家們知道現在的階級鬥爭不只是階級性的，也同時含有全人類的意識的話，其實他們不需要這麼懼怕階級鬥爭。反而勞動者方的階級鬥爭的意義，就像中產階級那邊的利己主義一樣，總是受限於單一的階級中。相反地，若能推廣向全人類性的、共存主義的社會靠攏的意義，那麼就可以明白宗教家們所說的理想的社會是需要透過階級鬥爭來完成的。」（參見林洲鰲（林秋梧），〈階級鬥爭は非道德行為か（下）〉，《臺灣新民報》，第368號，1931年6月30日。）

42 如林秋梧說：「要再三注意的，就是習眾善時，不得違背無心的根力方便，若一違背便跳不出先修後悟的環和他力念佛的坑坎，永久不能解脫。後世禪僧有陷於禪淨兼修的就是不明正助的精神，把他力的念佛看作修眾善的一種所致。斯不知他力的念佛，和自力的無心工夫與水火一樣是絕對不能相容的。明之袾宏，清之藕益對此重要關頭何疏忽失慎，妄唱禪淨合一，致中國佛教陷於冬眠狀態，老大山河破碎難堪，民族精神消沉不振。論禪淨折衷的思想起於唐之永明，至蓮池藕益乃見暴動。上舉諸師雖學德兼優，然信仰未能純一，誤己誤人，真是祖門的罪魁啊！臺灣佛教徒中有一班好辯者，動輒便道「俗語說，也要人也要神，自力與他力若非兼辨，斷不能成佛。如社會人的生活若非相互藉著力量就不能單獨

性思維而不囿於傳統思想或信仰的性格之外，相當程度地也揭示了階級鬥爭必須透過人們的自力，達成沒有階級、平等的理想世界。林秋梧將社會主義所追求之生產分配均分的公平社會類比於佛教的「極樂淨土」[43]；但不同於佛教淨土宗所冀求透過「他力的他方淨土」，林秋梧主張一種「自力的現世淨土」。他是這樣說的：

> 極樂淨土卻不限定是西方一處，就是南方北方東方通通都可以有的。而且人類用自己的力可以建設的。所以我們最所理想，而必要介紹與現代人的，決不只是庄社的九嬸婆，或鄉村的老阿伯，那些老人家容易信仰得到的來世的淨土，是用科學的理論都可以證明出來的現世淨土。[44]

對於林秋梧而言，所謂的西方極樂國土，也不過意指這個「現實的平等社

生存一樣。所以坐禪也要念佛佛也要坐禪。」這種理論實在可笑後很，現代社會的生活不容個人獨特的生活這是事實，但由「天地同根萬物一體」的一佛觀看來，你我結局同是一人，你的力量不外是我的力量，我的力量便是你的力量，依然是自力。至於阿彌陀佛的力量則不然。阿彌陀佛是世尊為開導下根智的人們而假說的理想佛，非事實的人物是屬於空洞的。後世的僧侶不知世尊的真義，拘執經文便以為真有西方極樂國，真有阿彌陀佛在救濟一切眾生，於是想要他救濟的人便大聲疾呼叫起他的名號起來。然而阿彌陀佛究竟是沒有的，任你叫到喉破舌爛總叫不出他的影子來。所以這樣架空的他力與你我互相援助的自力的他力到底非同日可論的。這箇異同希望參學者十分吟味，不可失算才是。」（參見林秋梧，〈真心直說註解（十二）〉，《南瀛佛教》，第11卷第6號（1933年6月），頁22。）

43 如林秋梧說：「然則階級鬥爭消滅了後、沒有階級的社會、到底是什麼狀態呢？兩千多年前孔子曾說道，『大道之行也、天下為公』選賢與能、講信修睦、故人不獨親其親、不獨子其子、使老有所終、壯有所用、幼有所長。矜寡孤獨廢疾者、皆有所養、男有分、女有歸。貨惡其棄於地也、不必藏於己、力惡不出於身也、不必為己。是故謀閉而不興、盜竊而不作、故外戶而不閉、是謂大同。』這一篇、正描寫著沒階級的社會的情形。貨惡其棄於地也……故外戶不閉、』的一段、便是指明著生產分配、實行均分的狀況。各盡所能、各取所需、沒有絲毫的私意、人民個個盡力於公共的生業。在這個社會裡面、家給人足、自然沒有盜竊的事。這樣的世界、佛教則叫做極樂淨土。」（參見林秋梧，〈階級鬥爭與佛教〉，《南瀛佛教》，第7卷第2號，頁55-56。）

44 同上註。

會」[45]。而此平等社會的完成，階級鬥爭是一種實踐的途徑，循此解消所有不平等的階級對立。因此，對於林秋梧而言，階級鬥爭並不是一種「目的」，而是一個在達成理想社會前過渡時代的「方法」。此如：

> 總是要使大同無為而治的世界，或現世的淨土，能夠實現，人人能夠約束到祇有公眾，沒有私己的境地，一定要於一期間內，用個方法來陶冶改造，或消滅人類數千年來所傳染的舊觀念。換句話說，就是從這個階級鬥爭的社會，欲達到階級消滅的社會，還要經過一個過渡時代的中間社會。[46]

所謂的「過渡時代的中間社會」即是階級鬥爭的社會，其目的在於實現沒有階級對立的平等社會。佛教的階級鬥爭亦然，在以佛學義理作為基礎的前提之下，透過「一切即一」的型態，訴諸於每一個人的實踐，而完成所謂的「無抵抗的大抵抗」。而此種實踐是什麼呢？林秋梧認為是佛教真正的信仰：

> 佛教叫人家去建設現世淨土的時候，即在前述的所謂過渡時代，卻不用他動人為的力量，藉禮儀刑法的拘束，強制的把大眾拿來改頭換面，專以穩健的步驟，熱烈的態度，在日常生活中，喚醒人類本來的面目，鼓吹他們潛在的力量即信仰。

林秋梧這裡所謂的信仰，並非單純宗教上的歸屬、依賴與寄託，而是透過自力把握「一佛」的內涵與「一行」的具體實踐。而所謂的「大抵抗」，即是透過此信仰普遍的被接受與實踐，而成為一種群體對階級對立的結構非暴力的抵抗，進而由信仰而實踐，由實踐而實現此世淨土。此如林秋梧所說：

---

45 林秋梧，〈佛說堅固女經講話（二）〉，《南瀛佛教》，第 11 卷第 12 號（1933 年 12 月），頁 23。

46 林秋梧，〈階級鬥爭與佛教〉，《南瀛佛教》，第 7 卷第 2 號，頁 57。

佛教叫人家信一佛奉一法，同時要循從這個一法去實行。這叫做一行。一人一行就是一切行。一行一切行，所以一切行結局只是一行。人類能信一佛，奉一法，行一行，那末兵革，財產，法律等等的形影，自然會由這個娑婆世界完全消滅了。又到這個時候，現世淨土自然就會實現了。[47]

因此，林秋梧認為，佛教的階級鬥爭所採取的「無抵抗的大抵抗主義」，預設了每個人都能夠自力地把握且實踐「一佛」與「一行」，如此一來，平等的理想社會、佛教所追求的極樂淨土，就會在現世中自然地實現。

回到林秋梧批判早期臺灣佛教的議題上，亦可發覺現世淨土乃林秋梧念茲在茲的佛教理想，他在〈為臺灣佛教熱叫！！〉文中的一段話，即可作為明證。此如：

先覺說：「娑婆即淨土，此方即西方。」極樂世界不是踏破鐵靴就可覓得的，也不是一種的烏托斯邦（Utopia）、一片的觀念（Idea），是有心人、精進者、革命家（不是謀叛者），個個都容易得到的地方。最捷徑的，就是省識時勢，順應天人，鼓起四大弘願的大勇氣，站在四百萬大眾的前隊，把臺灣島內有形無形一切的魑魅魍魎消除盡清的光明大路。能達到此目的，則臺灣就是臺灣人的一個安安穩穩快快活活的極樂世界，又何須向外追求。而且我們和臺灣的關係，好像是魚不能離水一樣，離開臺灣是萬不會生活的，怎樣能偏重來世的淨土，而忽略現實的臺灣！

對於林秋梧而言，現世淨土既有顯明之理論的依據，也為現世之理性實踐的可能性提供基礎。人們一旦將自我存有的價值寄諸於與現實脫離的烏托邦或彼岸世界，除了可能會導致漠視自身存有價值的必然後果外，更可能對現實

---

47 同上註，頁58。

中的「魑魅魍魎」視而不見。從林秋梧殷切的呼籲可見，現世淨土不但是他的佛學理想，亦是人們將存有價值置回現實生活後，更能關懷與改變人們現實存在處境所遭逢的不公平與不正義的實踐綱領。對於林秋梧而言，此種關懷與改變的具體行動，當然是在現實的臺灣中實現。據此，林秋梧為何以哲學與宗教之理論內涵反思1920年代臺灣人們具體的存在處境，從而指出何謂理想的現實生活型態的內在理由，也就不言而喻了。

五、結論

本文從探究林秋梧為何要批判早期臺灣佛教開始，論述了當時臺灣佛教的「異化」與「俗化」挑起了他的批判意識。他以社會主義、唯物論史觀的哲學理解，會通了大乘佛學的如來藏思想、般若思想以及中國佛學的佛性論與無情有性論，目的在於建構一種平等的視角。文中指出，林秋梧以貪欲為本的概念會通資本家榨取勞動階級的根本理由，藉此可以窺見他深受社會主義思潮的影響後，以之會通佛學之詮釋理路。

而林秋梧具體的實踐手段則是以「階級鬥爭」來達成心、佛、眾生等無差別的理想，他認為唯有階級鬥爭能夠消弭社會上的不平等，沒有階級的社會不但是馬克思主義所期待的共產社會，也是佛學中的極樂淨土，而此淨土必須透過批判「傳統的極樂淨土思想」與「臺灣島內的魑魅魍魎」而實現。然而，本文也指出，佛教的階級鬥爭所採取之「無抵抗的大抵抗主義」，預設了人們皆能自力地把握「一佛」的內涵與具體的實踐「一行」。如此一來，社會主義所追求之平等的理想社會、佛教所追求的極樂淨土，就會在「現世」中自然地實現。

本文認為，「階級鬥爭」乃林秋梧受到社會主義思潮的影響後所憑藉的「方法」，除了達成批判早期臺灣佛教亂象之目的外，相當程度也透露其欲返回大乘佛學中不二、無分別乃至於如來藏思想的立場，而達成其思想中「現世淨土」的佛學理解與關懷。而此般「現世淨土」的關懷，更是指向現實的臺灣。對於林秋梧而言，倡議「現世淨土」的「目的」，除了是他心目

中具合理性的佛學理解與宗教實踐之外；他亦希望將「現世淨土」的理論內涵置入現實的臺灣，引發人們反思自我的存在處境，藉以關懷與改變人們現實生活所遭逢的不公不義，實現理想的現實生活。

　　在林秋梧身上，我們看到了一位佛教僧人如何透過如實地把握真理而撥亂反正，如何透過時代思潮而理性批判，如何不畏強權而關懷弱勢！他不但體現了佛學的智慧與明辨，其批判心靈中更含藏著大乘佛教饒益有情的悲願。文末，以林秋梧留學東京駒澤大學時所寫的詩作為結語，或許最能代表他的佛學思想與入世關懷：

　　菩提一念證三千，省識時潮最上禪；
　　體解如來無畏法，願同弱少鬥強權！[48]

48　林秋梧，〈贈青年僧伽〉，《南瀛佛教》，第7卷第3號（1929年5月），頁53。

參考文獻

一、傳統文獻

姚秦・鳩摩羅什譯，《金剛般若波羅蜜經》，《大正藏》，冊8。

_____，《佛垂般涅槃略說教誡經》，《大正藏》，冊12。

_____，《維摩詰所說經》，《大正藏》，冊14。

_____，《中論》，《大正藏》，冊30。

東晉・佛馱跋陀羅譯，《大方廣佛華嚴經》，《大正藏》，冊9。

東晉・僧肇，《肇論》，《大正藏》，冊45。

北涼・曇無讖譯，《大般涅槃經》，《大正藏》，冊12。

隋・吉藏，《大乘玄論》，《大正藏》，冊45。

唐・玄奘譯，《大般若波羅蜜多經》，《大正藏》，冊7。

唐・法藏，《華嚴經探玄記》，《大正藏》，冊35。

唐・湛然，《止觀輔行傳弘決》，《大正藏》，冊46。

宋・永明延壽，《永明智覺禪師唯心訣》，《大正藏》，冊48。

二、近人論著

江燦騰，《臺灣佛教與現代社會》，臺北：東大圖書公司，1992。

李筱峰，《臺灣革命僧林秋梧》，臺北：自立晚報社文化出版部，1991。

林秋梧，〈階級鬥爭與佛教〉，《南瀛佛教》，第7卷第2號，1929。

_____，〈贈青年僧伽〉，《南瀛佛教》，第7卷第3號，1929。

_____，〈唯物論者所指謫的歷史上宗教所演的主角（一）—（十）〉，《臺灣民報》，第258-267號，1929。

_____，〈活殺自在之大乘佛教（二）朝鮮僧伽之報國〉，《南瀛佛教》，第8卷第5號，1930。

_____，〈現代的戰鬥勝佛忽滑谷快天老師〉，《南瀛佛教》，第10卷第2號，1932。

_____，〈真心直說註解（十二）〉，《南瀛佛教》，第11卷第6號，1933。

_____，〈佛說堅固女經講話（二）〉，《南瀛佛教》，第11卷第12號，1933。

_____，〈佛說堅固女經講話（三）〉，《南瀛佛教》，第12卷第1號，1934。

_____，〈佛說堅固女經講話（五）〉，《南瀛佛教》，第12卷第3號，1934。

_____，〈佛教是真理之最大部分〉，《南瀛佛教》，第12卷第6號，1934。

林洲鰲（林秋梧），〈階級鬥爭は非道德行為か（上）—（下）〉，《臺灣新民報》，第367-368號，1931。

楊惠南，《當代佛教思想展望》，臺北：東大圖書公司，1991。

廖仁義，《異端觀點：戰後臺灣文化霸權的批判》，臺北：桂冠圖書公司，1990。

釋慧嚴，《臺灣佛教史論文集》，高雄：春暉出版社，2003。

＿＿＿＿＿，《臺灣與閩日佛教交流史》，高雄：春暉出版社，2008。

第七章

張深切的孔子哲學研究

林義正[*]

一、前言

臺灣在解嚴後，近十五年來臺灣史的研究呈現熱潮，以臺灣為名的系所與社團不斷地成立，學者不斷地投入，臺灣學可說已成為顯學[1]。臺灣史的研究由原先因襲中國「方志」的角度逐漸轉換成臺灣「通史」的角度，原來模糊的內容頓時鮮明起來，這可以說是斯土斯民走向自覺的第一步[2]。誠如連橫所說「臺灣固無史」[3]，而如今有史，但是真正立足「臺灣觀點」的新歷史，

[*] 國立臺灣大學哲學系兼任教授。

　本文曾刊印於《第四屆臺灣文化國際學術研討會論文集》（2005年3月），頁77-99。感謝國立臺灣師範大學臺灣語文學系代理系主任林淑慧教授授權刊登於本書中，謹此致謝。

[1] 林美容，《臺灣文化與歷史的重構》（臺北：前衛，1998年12月初版第二刷），頁77-82。

[2] 范燕秋，〈近十年國內《臺灣史》通論著作研究回顧〉，《臺灣史料研究》21號（2003年9月），頁88-114。

[3] 連橫，《臺灣通史》（臺北：黎明，2001年4月），頁19，〈自序〉云：「臺灣固無史也，荷人啟之，鄭氏作之，清代營之，開物成務，以立我丕基，至於今三百有餘年矣。而舊志誤謬，文采不彰，其所記載，僅隸有清一朝，荷人、鄭氏之事闕而弗錄，竟以島夷、海寇視之。烏乎！此非舊史氏之罪歟？」連橫的《通史》一出，至少臺灣已由無史變成有史。

其實尚待完成中。不管如何，斯土斯民既有它的文化，就必有它的歷史，我們須正視它而不該遺忘它。目前臺灣的史學、文學關注者較多，唯獨哲學尚少。緣作者之研究領域，得知在五十年前（1955）身居臺灣而對孔子學說有深入研究並出版專著者僅有二位，即弘揚新儒學的陳健夫[4]與批判新儒學的張深切（1904-1965）。可是張深切的《孔子哲學評論》（1954）出版後，即遭查禁。為什麼本書會受到查禁呢？究竟他是一位怎樣的人？他的思維有何特徵？對孔子哲學的研究有何創見？到目前為止，針對張深切學術思想研究的論文不多，而扣緊《孔子哲學評論》論述的更少[5]。本文之作希望能為臺灣哲學的開展盡一份心力，並呼籲學界多多關心本土先賢學術思想的研究。

二、生平與著作

　　張深切，字南翔，南投草屯人。七歲啟蒙於洪月樵，十歲進草鞋墩公學校，十四歲隨林獻堂赴日本東京，轉讀傳通院礫川小學校，畢業後進入豐山中學，十七歲轉學東京府立化學工業學校，其間一度返臺，後插班青山學院

4　陳健夫，《孔子學說新論》（臺北：文源，1967年5月臺灣再版）。按本書作者陳健夫，祖籍江西奉新，於憲法制定頒行後，在大陸成立反對黨——「中國新社會黨」（1947年11月12日）。1949年隨政府抵臺，後因叛亂罪，入獄三年半，出獄後成立新儒家通訊社，弘揚新儒家學說不遺餘力。本書作者於1953年1月21日自序於臺灣桃園六使公廟，由香港東方書局（1953）出版發行。1965年1月由臺灣文源書局發行臺一版。

5　依張志相所編〈張深切研究相關論著目錄一覽表〉（迄1997年）（見《張深切全集》（臺北：文經社，1998年1月）卷3附錄）有三十六筆，大都屬文史傳略性質，與哲學相關僅一篇，即廖仁義，〈臺灣觀點的「中國哲學研究」——《孔子哲學評論》與張深切的哲學思想〉，《臺灣史料研究》，第2期（1993年8月），頁93-109，又見《張深切全集》（以下簡稱《全集》），卷5，頁538-566。1997年以下依作者所知有四篇，1.陳芳明，〈復活的張深切〉，《中國時報・人間副刊第27版》（1998年2月12日）。2.林安梧，〈張深切的「臺灣」「中國性」及其相關之問題〉，《鵝湖月刊》，第24卷2期（1998年8月），頁2-11。3.黃東珍，《張深切《孔子哲學評論》研究》，國立成功大學中文所碩士論文（1999年6月）。4.林純芬，《張深切及其劇本研究》，靜宜大學中文所碩士論文（2003年7月）。

中學部三年級。1923 年赴中國上海，1924 年就讀上海商務印書館附設國語師範學校，參加臺灣自治協會，於反對「始政紀念」集會上發表演說，攻擊臺灣總督府之施政，10 月與李春哮等籌組「草屯炎峰青年會」，此段時間自謂深受三民主義影響，倡導主義高於一切。1925 年，成立炎峰青年會演劇團，負責公演劇本與導演，11 月發表小說《總滅》，因在上海經商失敗，年底轉往廣州，積極投入政治運動，在這二年中逐漸否定先前所奉「主義至上」的想法，改變成「國家民族高於一切」的觀念，發誓作一個「孤獨的野人」。1927 年考入中山大學法科政治系；3 月，與林文騰、郭德欽、張月澄等秘密組織「廣東臺灣革命青年團」，任宣傳部長，主張徹底肅清臺灣議會設置請願及「文化協會」的消極理論，並公開向日本帝國主義宣戰，籲請世界援助中國革命，以求解放臺灣；5 月，返臺，受臺中一中學潮牽連，被日方逮捕，後無罪開釋。臺灣日方開始檢舉「廣東革命青年團」會員，再度繫獄，判刑二年。在獄中讀了《新約聖經》、《資本論》等社會科學及諸子百家的著作，徹底清算自己的思想，不願屈服於日本的統治，不能贊同馬克思哲學，也不再是什麼主義者了。1932 年赴上海，在山田純三郎所辦的《江南正報》工作，任副刊主編與時事評論，隔年停刊，返臺，進入「東亞共榮協會」的機關報《臺中新報》（後改名《東亞新報》）工作。1934 年 5 月組成「臺灣文藝聯盟」任委員長，11 月出刊《臺灣文藝》，隔年即停刊。1938 年三十五歲定居北平，擔任北京藝術專科學校訓育主任兼教授，同時也在新民書院教授日語。次年，在北平創辦《中國文藝》，擔任主編兼發行人。1942 年棄筆從商，1945 年 4 月曾遭日本特工拘捕，旋獲釋，日本投降後，協助滯留北平的臺籍軍伕返臺，1946 年攜眷返臺，應臺中師範學校校長洪炎秋之邀任該校教務主任，不久，碰上二二八事件，被誣陷，亡命南投中寮鄉隱居，埋首寫作，完成《我與我的思想》、《獄中記》、《在廣東發動的臺灣革命運動史略》三書。1951 年於《旁觀雜誌》，發表〈霧社櫻花遍地紅〉。1954 年《孔子哲學評論》出版，即遭查禁。1957 年組成藝林電影公司，自編自導《邱罔舍》，獲得第一屆影展最佳故事金馬獎。1961 年在臺中市先後開設聖林咖啡廳、古典咖啡廳，1965 年 7 月《我與我的思想》增訂再版，11

月8日病逝，享年六十二歲[6]。

張深切的著作，依《我與我的思想》增訂再版時所附的著作出版年表，所載如下：

1.《兒童新文庫》（北京：新民印書館，1941絕版）

2.《日語要領》（北京：新民印書館，1941絕版）

3.《日本文學傑作集》（翻譯）（北京：新民印書館，1941絕版）

4.《我與我的思想》（臺中：中央書局，1948初版）

5.《獄中記》（臺中：中央書局，1948絕版）

6.《臺灣獨立革命運動史略》（臺中：中央書局，1948絕版）

7.《孔子哲學評論》（臺中：中央書局，1954絕版）

8.《遍地紅》（臺中：中央書局，1960初版）

9.《里程碑》（臺北：聖工出版社，1960初版）

10.《談中國說日本》（臺北：經濟世界，1965刊載中）

其他已完成之劇本：《邱罔舍》（獲第一屆影展最佳故事金馬獎）、《生死門》、《人間與地獄》、《婚變》、《荔鏡傳》。

有關張深切的著作，現已有陳芳明主編、吳榮斌策劃、張孫煜監製的《張深切全集》十二冊（臺北：文經出版社，1998年1月）出版，參照前者，發現作品名稱，前後有詳略不一處。此外，《全集》所收顯然排除了前三種，且多出了《再世姻緣》、《北京日記・書信・雜錄》、《張深切與他的時代》（影集）。到目前為止，這一部《全集》應當是研究張深切最完備的資料。可惜的是《孔子哲學評論》一書中提到，本書未能暢所欲言的地方容在本書姊妹篇《老子哲學的研究》另作詳論或重行檢討[7]，但至臨終之前，仍

---

6 有關張深切的生平事蹟，見《全集》所附〈張深切先生年譜〉（初稿）。作者從張深切，《我與我的思想》所記，並參考莊永明，〈張深切年表〉，《臺灣百人傳1》（臺北：時報文化，2000年5月），頁222-224、林慶彰，《日據時期臺灣儒學參考文獻》，上冊（臺北：臺灣學生書局，2000年10月），頁485-6；黃英哲，〈孤獨的野人──張深切〉，《臺灣近代名人誌》，第二冊，頁193-206，重編而成，謹此致謝。

7 張深切，《孔子哲學評論》（臺北：中央書局，1954年12月），頁257、512。《全集》，卷

未寫成，而耿耿於懷[8]。

　　從其生平與著作看來，誠如他的好友王錦江所說的：

> 深切兄的一生，雖然坎坷不平，但卻是多采多姿的；從各種的角度來看
> 他時，他是革命家，也是思想家，哲學家，文學作家、批判家，而且又
> 是戲劇、電影的劇作家、導演。[9]

如何理解這一位有哲學思想、有藝術創作、又落實於革命行動的臺灣鄉賢？
還好張深切就是勇於自省、表白的人，所撰《里程碑》就是自傳性的文學作
品，《我與我的思想》就是交代自己思想的軌跡，從中可得其大略。為何他
有強烈的創作欲望？其純學術的巨著《孔子哲學評論》出版了為何卻又遭到
查禁？徐復觀說是：「此一無法解釋的運命」[10]，讓作者想起了古希臘哲學家
赫拉克利特（Herakleitos, ca.535-475 B.C.）有句話：「性格即運命」[11]，或許可
作為其中一個可能的解釋吧！他最親近的同學、同志郭德欽曾說：

> 深切兄自幼年時代，即意志堅定，頭腦明晰，記憶力和判斷力甚強，是
> 非曲直分得毫釐不爽，遇到不同意見，均能堅定立場，守正不阿，時常
> 爭得面紅耳赤，不罷休，不屈服。這種意志倔強的性格，可以說是深切
> 兄的長處，也可以說是他的短處。[12]

5，頁302、536。

8　巫永福，《全集》，卷1〈序之一〉，頁15。

9　王錦江，〈張深切兄及其著作〉，《臺灣風物》，第15卷5期（1965年12月）「張深切先生逝
　　世紀念特輯」，頁12。《全集》，卷11，頁429-433。

10　徐復觀，〈一個『自由人』的形像的消失──悼張深切先生〉，《臺灣風物》，第15卷5期，
　　頁7。按《全集》，卷11，頁417中將「運命」改作「命運」，今不從。

11　Kathleen Freeman, *Ancilla to the pre-socratic philosophers*（Oxford: Basil Blackwell, 1962）p. 32,
　　D119「Character for man is destiny.」

12　郭德欽，〈摯友深切兄逝世週年話舊〉，《全集》，卷11，頁450。

我們從他的作品中得知他是富有理想的文化人，其藝術創作是有所為而為的，為了改造當時臺灣電影界牟利忘藝、敗壞風俗的拍片作風，毅然自組電影公司，自編自導「邱罔舍」。從自覺自己是中國人開始，眼看臺灣經濟受日本人的侵奪決然與日本帝國主義展開周旋與鬥爭，甚至下獄[13]，從這裡可以看出他是位民族主義者。他一度嚮往三民主義，傾向國民黨左翼[14]，但國民黨清黨時就消寂下來，在二二八事變以後，更感受國民黨右翼的壓迫，遂潛心寫作，表現另外一種形式的抗議。他自己說：「年輕時代，我的特徵是勇於『敢』，及至中年以後，才能漸轉移勇於『不敢』的境地。」[15]無論如何，他是勇於自我批判，也勇於接受批判的人。

三、思維特徵：辯證、比較與批判

張深切是一位怎樣的人？前節所論偏向性格特質，得知他是位意志倔強，守正不阿，不屈服於強權的人。另外，又從他自己所說：「對於老子和莊子的學說，我可以說佩服得五體投地，半句批評的話都不敢說出來。在我一輩子讀過的汗牛充棟的書籍裡，使我最受感動的莫過於『共產黨宣言』、『辯證法』、和『老莊』。」[16]得知他在理性思維上的偏好。洪炎秋說他「生來就帶反骨」[17]，這個「反」字道盡了他的性格特質。他有這樣的特質，就容易

---

13 陳逸松，〈回憶文明批評家張深切先生〉，《全集》，卷11，頁426。

14 張志相，《張深切及其著作研究》（成大歷史語言所碩士論文，1992年6月）就指出張深切於青年時期已走向馬克思主義，上海、廣州時與左翼人物接觸，二二八事件以後刻意與左翼思想劃清界線。先生曾用「紅草」作筆名，作品有《遍地紅》、《里程碑——又名黑色的太陽》，成立「草屯炎峰青年會」之「炎」均有嗜「紅」的偏好，後來雖明白說「不能肯定馬克思哲學」，但其意識裡隱含馬克思社會革命思想的成分，是難以否定的。難怪黃英哲提出「張深切是否為一馬克思主義信仰者？此一問題，留待專家學者研究。」（《全集》，卷3，頁289）。

15 《我與我的思想》（1965年7月）再版，頁52。《全集》，卷3，頁114。

16 林慶彰編，《日據時期臺灣儒學參考文獻》，上冊，頁494。

17 洪炎秋，〈悼張深切兄〉，《臺灣風物》，第15卷5期，頁5-6。他弔張深切的輓聯是「生來

在學習過程中與辯證思維相契，因而也映現到他的思維、言語與行動上。現在作者擬就其思想的思維方式，指出其思維特徵有三：即辯證、比較與批判。

　　張深切一生從事社會改革運動，努力創作，潛心學術，其目標何在？在《孔子哲學評論・序》中說：

> 什麼是「真理」？什麼是「是」？什麼是「非」？什麼是「善」？什麼是「惡」？世界為什麼不會和平？人類為什麼不會幸福？世界上有良知的人，對於這些問題未嘗不亟求解答，而且歷來已有不少人曾經予以種種的解答。我也為此費了不少的時間和精神摸索過、研究過。[18]

在研究過程中，曾經擁有那些思想，後來又起了什麼變化？在《我與我的思想》中說：

> 從前我的思想，是由康德、黑格爾、蕭賓豪威、孫中山、馬克思、范尼巴爾、華盛頓、林肯、威爾遜、有島武郎、托爾斯泰、克魯蒲特金等的各思想因素混合的。自讀諸子百家以後，這些因素，有的被淘汰，有的失卻其主要地位，現在竟變成為老子、釋迦、莊子、耶穌等是最主要的成分。……自略能理解老子以後，我的思想意志，不但起了重大的變化，就是連人生觀與生活態度，也起了百八十度的轉向。[19]

他從老子那裡領受到什麼道理，讓他起了如此大的改變？他體會《老子》「道可道，非常道」是否認「真理不變」、「真道不變」的傳統觀念，沒有一成不變的原理，只有「有物混成，先天地生，獨立而不改，周行而不殆」的

就帶反骨，老跟惡勢力爭鬥；死去長留正氣，永供好朋友懷思。」又見《全集》，卷11，頁414-416。

18《全集》，卷5，頁63。

19《全集》，卷3，頁96-97。

「道」才是固定的常道，但它超越人類認識範圍，人所能認識的只是生死滅、生死滅的反覆循環事象，可稱為「反」，此「反」的道理是「常然」的，其餘都可因相對關係而發生變化，因此，不承認有永遠不變的國家制度與政治思想主義[20]。他說老子對一切事理大體都是先加以否定然後肯定，不喜歡「肯定的肯定」，常欲以「無」去觀其「妙」，常欲以「有」去觀其徼。換言之，就是把一切的事理先歸納於「無」，然後由「無」的立場來演繹其生「有」的原因[21]。他說《老子》像一部哲學大綱，它有宇宙論、名學論、知識論、人生哲學、教育哲學、政治哲學、宗教哲學、軍事哲學等，它是中國的正統哲學，將來我們的哲學必須建築在它的路線上，中國的學術思想纔能健全的發展，國家纔能由此而興[22]。

　　張深切相信老子哲學是未來中國哲學健全發展路線的論斷，是經過仔細研究、比較後才提出來的。他說：

> 中國的倫理學，自儒學在西漢獨尊以後，更趨於主觀、直覺、觀念的傾向，疏遠了**辯證和實證**的科學研究，這種事實不必取諸古代的學說就是綜合近代的學術，也可以證明的。在科學尚未昌明的時候，論理學都包括在哲學系統的範疇，然而自十八世紀，歐洲的學術開始急激的轉變，由實證論進入於富有科學性的辯證法，把以前屬於哲學系統的學術，都逐漸加以整理淘汰，及至現在，凡一切的學術都被統轄於科學範疇了。這雖然是人類進步的當然程序，但，中國卻故態依然，迄今還沒有多大變化；尤可悲的是：有一部分國粹主義者得到歐美學界的保守主〔義〕者或厭惡科學的學者們的聲援，竟誤認為此路（哲學）可通，便奮臂去擋科學的車轍，驕驕然以為莫己若者。[23]

---

20 《全集》，卷5，頁270。

21 《全集》，卷3，頁218。

22 同上，頁214、219。

23 同上，頁231-232。但以原刊本校正之，新本誤作「驕傲然」，新舊本均誤作「徹」，脫「義」字，今改補。

在這段話中，他針對西漢以來獨尊儒術，罷黜百家，造成中國人妄尊自大，不肯虛心攝取異己文化，迫使中國成為落伍的國家提出檢討，把辯證、實證、科學作為革新現代中國學術的藥方。他發現先秦諸子中墨子的熱情、韓非的透徹、莊子的超脫、老子的恬淡，而且四子最富有社會科學性的涵養，肯容納各種思想和各派學說，給予淘汰整理，集成一有系統的著作，他們的學說都根據學理與客觀和主觀的批判，比較沒有偏廢[24]。在論述中國哲學的時候，把四子看成是儒家的反對派，這樣的處理基於先秦學術發展中所出現的儒墨相非，儒道相黜，儒法相斥的事實，以及西漢時董仲舒基於「大一統」所提出的罷黜百家，獨尊儒術的策略；同時，也是一種辯證方式的論述。

　　思維的辯證性在張深切的著作中，無論從整個論述的架構上，或是在章節的命名上都可以發現。在《孔子哲學評論》中，全書共四篇，除第一篇緒論外，自第二篇：「對儒派孔學評論之批判」，經第三篇：「對反儒派孔學評論之批判」，到第四篇：結論，就是以正—反—合為主要架構。他著此書的目的在檢討孔子哲學的真實價值，由此測驗孔子哲學在中國學術上所占的地位如何？與其前因後果及影響的程度如何？由前述的論述架構，就知道他是將今日所謂的「國學」採取一分為二：孔學與反孔學，然後分別採取批判，冀得孔子哲學的真實價值。顯然，他認為對正方與反方均加批判是獲得真理的途徑。此外，在《我與我的思想》專書中，有〈思想的反動〉與〈反動的反動〉二篇就採用「反動」一辭，甚至對「反動」本身再進行「反動」，這無非是立於辯證的思考，在〈關於意識、戰爭、文藝〉一文中，以戰爭與和平為例，對此二者作如下的思考：

　　和平是戰爭的對稱，所以還可以說戰爭是和平的前提；而戰爭的結果是破壞，破壞的結果是建設新秩序的建設，當然是建築在破壞上面。[25]

---

24 同上，頁93。
25 同上，頁161。

在張深切的思維活動上，他慣用「反」（否定）來達到高一層的「正」（肯定），這是一種辯證性的思維。

張深切思維的另外特徵是**比較與批判**。他對整個宇宙、社會、國家、歷史或其他各方面抱持著一個存在的整體發展觀，曾以點、線、面的關係來加以說明，他說我們生存在這社會上，都以自己為單位做一個點，和家族、親戚、朋友及一般人形成一個面，別人家也一樣做出很多的面和我們的面相接，或相離，或相合；有時候會發生自相矛盾與衝突或融合。當我們的質與力都優秀強大時，我們的面能擴大出去，而造成相當廣闊的局面來，若不然即不能擴大，有時還會縮小，甚至被迫至於滅亡。我們知道面是以點線形成，而點線一定要優秀而且也要調和，才能做成一個面。那麼要如何調和？他為了追求調和而提出一個可以應用的道理，即是比較與批判。他說比較需要聰明與精博的知識，批判需要虛心與無為的正覺，這四要素合起來，才能評定優劣和決斷是非，否則絕對不能得正確的結論[26]。

比較是張深切思維的另一特徵，在《孔子哲學評論》中有許多章名，像「孔子之道與老子之道」、「孔子哲學與老子哲學的比較」、「墨學與孔學的比較」、「莊學與儒學的比較」，就是採用比較或對比的方式來命名。其實何止如此，全書在論述人物的個性、學說、觀點時都採用比較的觀點，例如對顏淵、子路、子貢的個性作比較，凸顯每個人物的不同特點，這是分，而又見孔子兼具三子的特點，這是合，分與合亦構成一個比較；在論性時，就將《中庸》、孟子、荀子、告子、韓非相關的論點作一比較；論二程時謂明道有輕孟子之意，伊川有護孟子之心，明道注重顏淵的行為學（內心修養）應屬主觀主義的唯心論，但他卻傾向於客觀主義，而接近陰陽相對二元論；伊川注重孟子的論理學，信奉致知格物論，應屬客觀主義的知識學，但他傾向於主觀主義，而接近觀念的一元論；有時針對某個論點或態度作儒法比較、道法比較，更妙的是針對諸子的人生哲學作比較，指出老子是自然主義者、孔子是人道主義者、墨子是博愛主義者、楊朱是自由主義者、莊子是超然主

---

26 同上，頁176-177。

義者，凡此皆是他採用比較的方法所得出來的結論。更深一層看，他在論述學說時，就運用論理與辯證、哲學與科學、主觀與客觀等對比概念來分析，顯然，比較或對比是他的思維特徵。

比較或對比之後，接著是批判。批判是張深切學術著作時常出現的辭彙，像再版的《我與我的思想》中有的章名是〈理性與批判〉、〈梁祝觀後感（批判的批判）〉，《孔子哲學評論》中就有篇題〈對儒派孔學評論之批判〉、〈對反儒派孔學評論之批判〉，有的章名是〈關於仁學的批判〉。事實上，「評論」、「評判」、「檢討」等也是「批判」的另一種說辭，總之，他的思想存在著強烈的批判性[27]。批判性可以說與張深切的個性、精神人格結合為一，他在從事學術研究時堅持著批判，同時，也希望讀者對他的見解提出批判。[28]那他所說的「批判」是怎樣的一種批判？如何才能批判？對此，在〈理性與批判〉一文裡有比較精細的討論。他首先區分批判有一般的「別善惡」意義與專門的「理性能力的批判」意義（指康德的「純理批判」）。說中國過去雖然沒有專門意義的批判，但對批判有相當進步和嚴正的觀察法，像孔子的《春秋》，左丘明的《左傳》，諸子百家的論說，多帶有批判褒貶的旨意。批判的態度有二，一是理性批判，一是感情批判。針對理性批判，他覺得有檢討的必要。一般以為客觀主義纔能認識事物的正態，但是什麼是客觀？什麼是主觀？其界限很難分辨，有時容易弄顛倒或混淆，如果沒有純粹理性（良知）就分不出來，《中庸》的「率性、修道」，《大學》的「致知格物」，孟子的「盡心」，王陽明的「致良知」等都不外乎欲得中和的理性而已。他契會《老子》的「致虛極，守靜篤，萬物並作，吾以觀復」，而說「虛極」是理性的本體，「靜篤」是批判的態度，「萬物」是意識的對

---

27 莊萬壽教授在一次有關臺灣作家張深切的專題研討會上就曾說：「我是研究中國哲學的，我看到張深切所寫的有關孔子學說，我覺得他的批判性很強，我很希望以後的座談會能夠把哲學的部分拿出來分析。」見《全集》，卷11，頁493。

28 在《全集》，卷3，《我與我的思想》書中所蒐論文之末，就有「尚冀賜予批判斧正為荷」（頁63）、「尚希讀者叱正」（頁121）、「請求讀者賜予批判」（頁219）、「願求讀者批判」（頁230）。

象。他說：

> 我以為批判必須要有虛心的準備，精博的學問，及正確的意識條件，纔
> 能中肯。因為虛心，所以毫無邪念，無邪念所以能保持正覺，然而正覺
> 必須要有知識為前提，知識不廣，學問不深，不能得到正確的意識，沒
> 有正確的意識，便不能有純正的批判。[29]

張深切對事物與學說的探討，最終要求獲得真確的了解與中肯的評價。但如
何才能達到這個目的呢？作者綜合以上所論，以為他是通過辯證、比較與批
判而達到的。從他的著作中，作者發現他的思維確實有以上三種特徵，即辯
證性、比較性與批判性。

四、孔子哲學研究

　　《孔子哲學評論》是張深切研究中國哲學的巨著，其基本觀點早在 1947
年就已完成。依據年譜，他是在二二八事件逃亡山中時撰寫《我與我的思
想》，其中有一章〈我的儒教觀〉即表現對儒教的批判。自 1947-1954 年七
年間，正值白色恐怖時期，他潛心撰述《孔子哲學評論》，深入探討中國文
化衰落的原因，歸咎於孟子、荀子「我孔獨尊」的排他主義，及西漢董仲舒
在制度上樹立「獨尊儒術」所致。在 1965 年增補再版時，將〈我的儒教觀〉
改為〈儒學的功過〉，文末附上「請參閱拙《孔子哲學評論》」，可見這是他
的晚年定論。

　　《孔子哲學評論》所探討的並不是只有儒學中的孔子哲學，嚴格來說，
這是他的中國哲學批判。他的批判有二個對象，即以孔子為代表的儒派學說
和以老子為代表的反儒派學說，這裡的「學說」在篇題上是用「孔學評論」
替代，頗有誤導之嫌，讓人覺得孟子、荀子以下的儒者學說都是在對「孔

---

29 同上，頁 188-189。

學」作評論，老子、墨子、楊朱、莊子、韓非的學說也是對「孔學」作評論，而所謂的「孔學」就是指「孔子哲學」。他透過對儒派與反儒派的「孔學評論」的批判，目的在檢討儒學的功過、孔學的價值。

那麼他如何進行「孔子哲學」研究？依前節所述，他的思維特徵是辯證、比較與批判，其實這也是他以「中國哲學」為對象時的研究方法。由於《孔子哲學評論》內容甚為豐富，本文無法對它作全面的分析，在此僅就他對孔子這一部分的具體見解作研究，呈現他的孔學觀，至於他對其他諸子見解的這一部分，不管是對儒派的孟子、荀子等或反儒派的老子、墨子等，就只能暫時擱置了。以下，略述其對孔子哲學所提出的比較重要的見解：

（一）論《論語》為研究孔學的依據

他認為孔子因無著作，載於《論語》的語錄又無次序或分類或年代注解，故無法究明其思想的進化程序及其確定的學說。其內容也未經孔子親自看過，到底那些話他可以肯定，那些話他不能承認，殊難判斷，不但如此，其中言說自相矛盾甚多，亦有莫名其妙的語句，致使後儒分派聚訟不已，莫衷一是。可是欲究其學術思想，還得承認「只有《論語》一書比較可靠」，其他有如《禮記》、《孔子家語》、《大學》、《中庸》，但諸子書中所引的孔子言論（凡「子曰」），偽作不少，甚難為據。要之，《論語》的內容未必全真，其中語句又異常簡短，誤一字而動全文；故吾人研究《論語》時須通覽全書，撮其大意，不得尋章摘句、按字解釋，方無謬誤。況且《論語》中的孔子語錄，係集其數十年間的片言隻語，未必都能代表孔子圓熟後的真實思想。孔子也可能因年齡、經驗、環境、學問等的關係，改變其思想，故吾人僅從《論語》中摘其三言二語，判斷其思想，實屬冒險。研究孔學只有《論語》一書比較可靠，此外，還要認識其生活環境，只好查考過去的各種紀錄來判斷[30]。

30《全集》，卷5，頁506、479-481。

（二）提出孔學應有前後二期之分

　　《論語》中孔子的語錄，因無年代注解，無法判斷孰為孔子的正確思想，亦無法整理出一貫的思想系統。但依理說，大體可分二大時期，凡較有積極性者，可認為屬於前期，凡比較消極者，似應列入後期，此作雖非穩妥，但亦別無辦法。前期思想似比較強調正名，主張「名不正則言不順」、「政者正也」、「仁者人也」，確立「君君、臣臣、父父、子子」的制度，提倡「先之勞之，先有司，赦小過，舉賢才」、「舉直錯諸枉」、「足食足兵」、「教民戰」，計畫實施「尊五美、屏四惡」的政治。他的學說本來只有理想論、目的論，而無方法論，及主張「尊五美」時卻提出一個比較具體的方法。此段「尊五美」大概是孔子將進入圓熟期的政綱。五十歲以後，思想逐漸向老學轉變，尊崇堯舜，讚美「無為而治」、「不言之教」，此種轉變有時也自覺頹廢，而嘆曰：「甚矣！吾衰也，久矣，吾不復夢見周公！」及至晚年，不僅對政治失去自信，對人生觀與處世法亦有重大的轉變。從以前所說「天下有道，丘不與易也」、「無求生以害仁，有殺身以成仁」的那種知其不可而為之的精神，轉變成「不在其位，不謀其政」、「危邦不入，亂邦不居，天下有道則見，無道則隱」、「邦有道，危言危行，邦無道，危行言遜」的消極保守。在政治上，由「道之以德，齊之以禮」且進到「為政以德，譬如北辰居其所，而眾星共之」、「有國有家者，不患寡而患不均，不患貧而患不安，蓋均無貧，和無寡，安無傾」。凡此，若不將孔學分期，實無法解決其矛盾，亦無法辨別其正確的思想[31]。

（三）孔子與《六經》的關係是述而不作

　　張深切認為孔子在思想轉變期，常嘆「甚矣！吾衰也，久矣，吾不復夢見周公！」但自研究《易》學，斟酌老子思想以後，思想似有改變，而說：「加我數年五十以學《易》，可以無大過矣。」可是他依然固執己見，貫徹其

---

31 同上，頁517-519。

所創造的仁道主義，並信其主義與《易》理不相矛盾。孔子可謂周學的泰斗，或可說是研究《易》學的權威。單就《易》學而言，孔子對此述而不作，老子則作而不述。他認為胡適把《易經》作為孔子學說的根本，確實患著恍惚與速斷的錯誤，不過孔子晚年也許研究過《易經》，並因而改變思想，但細讀《論語》的內容，確難嗅出有《易》學的氣味。至於《春秋》，現代學者大多不承認是孔子作，馮友蘭在《中國哲學史》中敘述甚詳，張深切說及批判褒貶時，提到「孔子的《春秋》」，但是這個「的」當是表示「述」，此外沒有明顯的表示。照他說孔子欲傳授其學說，故撰擇《六經》，稍加修整，作為教材，晚年痛感《六經》確有許多不合時勢，乃加以刪改，演《周易》（？）配合《六經》，完成其（孔式的）新學說[32]。不可否認，《六經》是他述而不作、苦心所得的學問。

（四）揭示孔學的基本理念

孔學的基本理念為何？不同的研究者有不同的答案。張深切的研究方法顯然運用比較與批判。擺在他面前的論著，在中國已有梁啟超的《先秦政治思想史》、胡適的《中國哲學史大綱・上》、馮友蘭的《中國哲學史》、陳元德的《中國古代哲學史》，在日本有蟹江義丸的《孔子研究》、木村鷹太郎的《東洋倫理學史》、宇野哲人的《支那哲學史講話》、武內義雄的《中國哲學思想史》（汪馥泉譯）等論述，對以上諸說，他有參照也有批判。就此主題而言，他不同意胡適不重視仁學而以正名與易理論孔學，而對馮友蘭以孔子的中心思想是擁護周代的文物制度，及蟹江義丸以孔子的中心思想導源於《周禮》，其學問行為都以禮貫始終之說表示認可。他說孔子的學說依《論語》可能尋出三個不可動搖的要素即仁、禮、樂；由理論構造而言，由仁生禮，禮生樂，仁禮樂合而生政治、教育、修身等各部門的哲學；從實際

32　此段乃綜合摘述《全集》，卷3，頁188；卷5，頁94-96、263、476、89、299 中相關言論而成。此中，《周易》（？）是張深切原文所有，想當初其意是指不確定之意。因為對此學術上有爭議，他在第303頁的附註上說：「惟胡適等仍承認舊說，吾姑從胡適之說。」故（？）照錄不改。

形成過程而言，可謂起於禮而止於仁。孔子整理千百數的儀式與人的主要動作歸納於禮，知禮與情有不可分的關係，說「喜怒哀樂之未發謂之中，發而皆中節謂之和」，認為發而中節成為形式者謂之禮，成為理者謂之道，成為思想者謂之仁，三者皆為「和」的表現。所以，說「中也者，天下之大本也；和也者，天下之達道；致中和，天地位焉，萬物育焉。」為孔子的最大發現，亦為其唯一的偉大創作，所說的「吾道一以貫之」正是包含說明其學說的原理。孔子另外分析人的知能，擇其善者歸納於仁，應用名學使仁與禮串通一貫，而成倫理學。中庸是孔子哲學的中心之一，中庸的涵義有適宜、適合、適當、恰好等意，就其貫通涵義說，中庸則中和，中和則達德，達德則仁。再詳言之，中和為仁的原理，而中庸為仁的方法，仁發源於性，性從天命。此天命非「命運」的天命，亦非「盡人事聽天命」的天命，此「天」屬無意志的天，即天然的天，「命」是「命其如此」的命，即自然而然的意思。中庸是孔子行道的基本哲學，其人道主義即據此成立。總之，他指出孔子學說的中心在「仁」，其原則在「忠恕」，其方法在「中庸」，此三者為孔子學說思想的基本理念[33]。從以上解說，作者發現他論孔子學說雖本諸《論語》，但其詮釋相當借重《大學》與《中庸》[34]，雖然他鄙視宋明儒家，但還是沒有完全擺脫其所建立的詮釋典範。

（五）提出「仁學的動機說」

他認為孔子學說中最難解者莫如「仁」，「仁」是什麼？孔子心中也許自有明瞭的意識，但未嘗明確地用適當的語言來界定「仁」的意義。這也就是「仁」未能闡明的一大原因。張深切為了解開仁學的底蘊，他首先檢討前人的解說。他認為梁啟超對仁的解釋，視仁為同情心、人格的表徵、同類意識的覺省，比過去的學者穩當，但仍未盡善。胡適不重視仁，但肯定仁是「統攝諸德，完成人格之名」，他表示胡適誤信易理不肯仁，但對仁的說法

---

33 本段乃綜合摘述《全集》，卷5，頁473-478、500-506、528-529諸相關言論而成。

34 同上，頁255-262。

未嘗不中肯，至於日本的木村鷹太郎也不重視仁，說仁一字多義，好像以一切的善稱作仁，從倫理學觀之，實無價值，他表示太武斷。蟹江義丸、武內義雄、宇野哲人多承認仁是孔子的中心思想，對仁的解釋，蟹江費心尤多，他引經據典，摘錄眾說，歸結其義有五項要素：利澤、重厚、慈愛、忠恕、克己。他表示此說太蕪雜，離仁的本旨愈遠，不過卻注意到其中以中庸、禮、仁論一貫之道，中庸是其形式，禮仁是其質料，禮是其外，仁是其內的說法。宇野哲人斷定仁的涵義有四：忠恕、恩澤、勇氣、悅樂，其說與梁、胡近。他表示宇野是研究中國哲學專家，平素對學術極持重，故無新穎的見解，亦無偏頗的錯誤，似只求無過，不敢創作。武內謂仁乃本諸天賦親情，擴成人道，有待人不斷努力修養而成，其才氣煥發，所釋雖帶偏見，但有創發，對孔學的研究與整理極深刻，較前二位得其要領。不過批判過後，話鋒一轉，認為諸家之說都不免從字義上著眼，尋章摘句，解釋注解的多，但從中探究其建立仁學的動機者少，故很難究明一個周遍無礙的定說。他試圖從孔子成長的心理背景來說明，自謂「愚誣」之見，他說：

孔子雖是沒落的貴族，但貴族依然是貴族，他仍能享受貴族階級的教育與特權；故他的身分雖低，其階級地位卻仍能站在平民階級之上。他因家庭沒落，貌侵不揚，被人輕視侮蔑，演致常與人衝突，此或為他少年時代的一個最不如意事。少年時代的艱難辛苦，使他「動心忍性，增益其所不能」。他就學而開展知識，由開展知識而對世事發生疑問。他不解人為何要互相仇視、互相凌辱，互相殘殺，滋事不寧。此一疑問，成了他研究的題目；他不堪壓迫乃起而反抗，這反抗曾得到表面上的小勝利。他受了儒學的洗禮之後終於了悟，除了道德以外，武力不足以服人，同時亦不信柔弱可以制勝剛強。於是他**揚棄桓、文的武力主義與老子的柔道主義，創造其中庸主義**。由此推進其學問與修養，終能獲得社會一部分的熱烈支持。他逐漸改變其人生觀，認識人並非絕不講理的動物，人之異於動物者，是因其有特殊的理性，此種理性為人類共通的天性；人類苟能將此天性表露出來，自能成為人道，人道則為人類應守的

　　　　共同道德。換言之：道德之表現於形式者曰「禮」，存於觀念者曰
　　「道」，名於具體概念曰「仁」。[35]

作者為了區別起見，將前者稱作「仁學的字義說」，而將張深切的這種見解
稱作「仁學的動機說」。此說從階級意識出發，對之作心理學的解釋，最後
指出仁乃人類共通的道德理性，存於觀念者曰道，表現於形式者曰禮，名於
具體概念曰仁。

（六）彰顯孔子哲學的特點

　　張深切論述孔子哲學慣於運用比較的方法來凸顯孔子哲學的特點。書中
最明顯的是將孔子哲學與老子哲學、墨子哲學作比較，至於延伸到儒家之學
與他家之學就不在此列出。現在針對與孔子哲學比較的部分，指出其論點。

　　他說先秦學術有三大流，在思想上，老子的立場是自然主義、過激派、
重視原理論；孔子的立場是人道主義、保守派、重視目的論；墨子的立場是
神道主義、進步派、重視方法論；若能發揚光大此三大流派，必能建設偉大
的文化，可惜自儒家獨尊以後，排斥異端，棄而不用，以致衰微。

　　他對孔子與老子的哲學的對比興趣特高，而且書中反覆出現對比的分
析，故摘錄如下，以見其理解：孔子認定宇宙為未濟的，天工人必代之，提
倡勇為主義，根據史觀辯證法，而綜合先王及古聖賢之道，完成其人道主義
的學說，主張賢人政治，由修身齊家治國可以平天下，實現理想的大同主義
——世界統一主義；而老子認定宇宙是混成的，物有其自然生死存亡的原
理；人類須發現其原理，順其原理而行，不得違背自然，故倡為無為主義，
根據原理辯證法，綜合其研究的結論，完成其唯道是從的道德主義，否定先
王所立之道，而認識道紀，實施正治，深信學道為修身之大本，由此可能達
到人類自由平等的境地，實現其道德主義——世界自由平等主義。就人生觀
而言，孔子信天命，老子不信天命；孔子主剛毅，老子主柔弱；孔子重精

---

35 同上，頁497-498。

神，老子重物質；孔子發憤忘食，樂而忘憂，不知老之將至，老子則不悅生不惡死，獨泊然其未兆，如嬰兒之未孩，昏昏悶悶，保全其真；孔子雖重人為，卻極保守，但老子雖重自然，卻極積極；孔子肯宗教，信天命而不信鬼神，但老子非宗教而否定鬼神，否定神孕說。又說孔子以道為仁的總原則，老子以道為自然的總原則，前者創立人道主義（可謂唯人主義），以人為萬能，後者創立自然主義（可謂唯理主義），以道為萬能；前者主張順應人道，後者主張順應自然；前者根據歷史學與倫理學，重情，後者根據自然科學，重理；孔子學說是富有彈性的行為哲學、肯定現實，是男性的、陽性的、動性的，稍屬主觀的、觀念的，而老子學說是富有研究性的思想哲學、否定現實，是女性的、陰性的、靜性的，稍屬客觀的、科學的。它們是中國哲學的兩大潮流，看來背道而馳，其實未必盡然，兩條哲學路線雖不同，但道並行不相悖，兩者俱出於孔老以前的儒，因天性不同，感受性不同，從而其思想與創作態度亦隨之不同而已[36]。

（七）指出孔學的流弊

張深切撰寫《孔子哲學評論》是有他的現實對治感的，他要解答當今的中國為何成為科學落伍的國家。根據他的研究，由於西漢以後帝王獨尊儒術，排斥異端的關係，若再往前追溯，孟荀就有問題，他們把孔子的大乘學說弄成小乘，其中孟子是個關鍵。所以，此書目的其就在檢討儒學（以孔子為代表的儒家）在歷史傳承中的功與過，檢討孔子哲學的真實價值，並由此提出中國文化的自救方針。

依前所述，孔子是唯人主義，疏忽原理學，造成預想不到的過失。後世儒家受孔子學說的影響，一偏再偏，離道愈遠，孟子竟將孔學參雜其唯心論，改成孟子式的儒學，於是孔學變質了，荀子深恐孔學失去正統，乃努力推翻孟學，因過激之餘，竟將孔學改變成荀子式的唯物論；雖矯枉過正，卻也猶愈於孟學，然董仲舒一派出，尊孟而抑荀，藉政治力壓迫其他學派。此

---

36 同上，綜合摘述頁253-4、263、269、287、293-4、477中的相關言論而成。

時有膽敢反抗儒學者，即視為叛逆，訴諸當局，加以取締。因為儒學即帝王學、官方信奉之學，故反抗儒家，則等於反政府，反抗政府者，盡可以鳴鼓而攻之，格殺勿論。至於宋學其實是儒學、老莊學、陰陽五行學、佛學、程學的混合，所謂道學是一套空虛的理論，不切實的理學在科學顯微鏡下，終於無法掩飾其實體，自此沒落西山，而沒有批判的價值。他說孔子的人格太偉大了，讓弟子心服，但此種重情主義流傳之後，再經尊孔制度的實施，中國民族遂變成：重情不重理、重心不重物、重禮不重節、重舊不重新、重言不重行、重虛不重實、重形式不重內容、重個人不重團體、重家庭不重國家、重人為不重自然，此本為唯心論進展的必然後果，斷非孔子所能料。這一斷言，讓我們感覺到他還是不免戴著馬克思主義的眼鏡來批判孔學[37]。

五、結論

　　本文在此無法對張深切的《孔子哲學評論》作全面性的研究，因為其內容涉及整個中國哲學的批判，不得已僅取其有關孔子這一部分來作研究。從張深切的生平與遭遇中讓作者感受到他是位漢文化的民族主義者，他關懷中國如何自強，當前中國文化如何發展，於是回頭檢討固有的中國哲學，他發現歷史上主導中國文化發展的孔子一派儒學有功亦有過。經他研究，孔子有偉大的人格，開創了重情的人道哲學，但儒學自孟荀以後就走向自大而流於偏雜了。他在孔子哲學的研究上提出研究孔子應以《論語》為依據，立論精確，可是事實上在取材時又信賴《大學》與《中庸》，顯得前後不一。又說孔子語錄中有許多自我矛盾的話，應將孔學分前後期來處理，理論上是應該的，不過實際上有困難，因為有何證據顯示某句話一定是屬於某期？又為什麼不是屬於因材施教或義理層次上的問題呢？另外，他對顏淵、子貢的話作了負面的安排與解讀，實在令人難以苟同[38]。其次，孔子只有述而不作麼？

---

37 同上，頁95、180、213、234、535。
38 同上，頁101、118、526。

除非否定孟子「孔子作《春秋》」的說法。孔子與《易》有何關係？他反對胡適以《易》論孔學，可是有些時候他自己也將它作為解釋孔學的根據，持論不一，真意難明；與《春秋》的情形也相同，顯示他對傳統的經學少措意，難有定見。有關揭示孔子的基本理念方面，他提出不同模式的說明，足以開人心眼，若能提出更圓融的說法，豈不更好。至於「仁學的動機說」，另闢蹊徑，開拓了孔學的解釋空間，令人一新耳目。對孔子哲學的特點，他透過與老子哲學作比較，顯示孔學的特點，頗有獨到處。對孔學的批判，指出自孟子始偏向唯心論，令孔學失真，這是他站在實證的、科學的、辯證的觀點批判的結果，雖他後來自白不認同馬克思主義，可是思想上不免含有左派的觀點，這應是此書在白色恐怖時期受到查禁的真正原因吧[39]！

---

39 對此書受到查禁的原因，學者多所推測，有的歸諸不可解，有的說是對時局有所針砭，有的說是對儒官批判所致，衡諸時勢，不在於對儒學的批判，而在他不見容於肅清左派思想的當道。儒家思想在戰後臺灣五十年間的情況，可參考黃俊傑，《臺灣意識與臺灣文化》（臺北：正中，2000年9月），頁174-258。

參考文獻

Kathleen Freeman, *Ancilla to the pre-socratic philosophers*（Oxford: Basil Blackwell, 1962）.

王錦江，〈張深切兄及其著作〉，《臺灣風物》，第 15 卷 5 期（1965 年 12 月），頁 12-14。
　　另見陳芳明主編、吳榮斌策劃、張孫煜監製，《張深切全集》，卷 11（臺北：文經社，1998 年 1 月），頁 429-433。

巫永福，〈序之一〉，《張深切全集》，卷 1（臺北：文經社，1998 年 1 月），頁 15-21。

林安梧，〈張深切的「臺灣」「中國性」及其相關之問題〉，《鵝湖月刊》，第 24 卷 2 期（1998 年 8 月），頁 2-11。

林美容，《臺灣文化與歷史的重構》（臺北：前衛，1998 年 12 月初版第二刷），頁 77-82。

林純芬，《張深切及其劇本研究》（臺中：靜宜大學中文所碩士論文，2003 年 7 月）。

林慶彰編，《日據時期臺灣儒學參考文獻》，上冊（臺北：臺灣學生書局，2000 年 10 月）。

洪炎秋，〈悼張深切兄〉，《臺灣風物》，第 15 卷 5 期（1965 年 12 月），頁 5-6。另見《張深切全集》，卷 11（臺北：文經社，1998 年 1 月），頁 414-416。

范燕秋，〈近十年國內《臺灣史》通論著作研究回顧〉，《臺灣史料研究》，21 號（2003 年 9 月），頁 88-114。

徐復觀，〈一個『自由人』的形像的消失──悼張深切先生〉，《臺灣風物》，第 15 卷 5 期（1965 年 12 月），頁 7-8。另見《張深切全集》，卷 11（臺北：文經社，1998 年 1 月），頁 417-420。

張志相，《張深切及其著作研究》（臺南：成大歷史語言所碩士論文，1992 年 6 月）。

張志相編，〈張深切先生年譜〉（初稿），《張深切全集》，卷 3 附錄（臺北：文經社，1998 年 1 月），頁 2-36。

張志相編，〈張深切研究相關論著目錄一覽表〉，《張深切全集》，卷 3 附錄（臺北：文經社，1998 年 1 月），頁 43-46。

張深切，《孔子哲學評論》（臺北：中央書局，1954 年 12 月）。另見《張深切全集》，卷 5（臺北：文經社，1998 年 1 月），頁 61-536。

張深切，《我與我的思想》（臺中：張深切，1965 年 7 月再版）。另見《張深切全集》，卷 3（臺北：文經社，1998 年 1 月），頁 60-286。

清華大學中文系主辦，〈專題研討會：試論張深切的政治與文學〉（1992 年 3 月 28 日），見《張深切全集》，卷 11（臺北：文經社，1998 年 1 月），頁 478-494。

莊永明，《臺灣百人傳 1》（臺北：時報文化，2000）

連橫，《臺灣通史》（臺北：黎明，2001 年 4 月）。

郭德欽，〈摯友深切兄逝世週年話舊〉，《張深切全集》，卷 11（臺北：文經社，1998 年 1

月），頁450-453。

陳芳明，〈復活的張深切〉，《中國時報‧人間副刊第二十七版》（1998年2月12日）。

陳芳明主編、吳榮斌策劃、張孫煜監製，《張深切全集》，十二冊（臺北：文經社，1998年1月）。

陳健夫，《孔子學說新論》（臺北：文源，1967年5月臺灣再版）。

陳逸松，〈回憶文明批評家張深切先生〉，《張深切全集》，卷11（臺北：文經社，1998年1月），頁424-428。

黃東珍，《張深切《孔子哲學評論》研究》（臺南：國立成功大學中文所碩士論文，1999年6月）。

黃俊傑，《臺灣意識與臺灣文化》（臺北：正中，2000年9月），頁174-258。

黃英哲，〈《我與我的思想》解說〉，《張深切全集》，卷3（臺北：文經社，1998年1月），頁288-295。

黃英哲，〈孤獨的野人──張深切〉，《臺灣近代名人誌》，第二冊，頁193-206。

廖仁義，〈臺灣觀點的「中國哲學研究」──《孔子哲學評論》與張深切的哲學思想〉，《臺灣史料研究》，第2期（1993年8月），頁93-109，另見《張深切全集》，卷5（臺北：文經社，1998年1月），頁538-566。

第八章

祖國的辯證
——廖文奎（1905-1952）臺灣民族主義思想初探

吳叡人[*]

「中國對於世界究竟要負什麼責任呢？現在世界列強所走的路，是滅人國家的。如果中國強盛起來，也要去滅人國家，也去學列強的帝國主義，走相同的路，便是蹈他們的覆轍。所以我們要先決定一種政策，要濟弱扶傾，才是盡我們民族的天職。我們對於弱小民族，要扶持他；對於世界的列強，要抵抗他。如果全國人民都立定這個志願，中國民族才可以發達。若是不立定這個志願，中國民族便沒有希望。」——孫中山

「……行霸道之實而倡大同者，虛偽也。」　　　　　　　——廖文奎

---

[*]　中央研究院臺灣史研究所副研究員。

　　本文曾刊印於《思與言》，第37卷第3期（1999年9月），頁47-100。感謝《思與言》發行人魏千峰律師授權刊登於本書中，謹此致謝。

一、前言

　　如果民族是「想像的共同體」（imagined community），那麼到底是誰在從事關於民族的想像呢？在想像中，他們又是怎樣描繪民族的容貌呢？到底有多少可能的「民族」的想像呢？為什麼有些人會這樣想像，而有些人卻那樣想像呢？不同的「民族想像」之間一旦發生衝突，結果又會是怎樣呢？著名的印度籍「底層研究」（Subaltern Studies）理論家 Partha Chatterjee 提醒我們，Benedict Anderson 提出「想像共同體」的概念，正確地掌握到「民族作為一種意識型態的建構，是民族運動研究的核心問題。」[1]然而，Chatterjee 也批判 Anderson 未能發展這個洞見，便落入了和 Ernest Gellner 一樣急於尋找普遍規律的「社會學的決定論」（sociological determinism）之中，以致無法深入探究內在於建構民族意識型態的過程中，森然雜陳，甚至相互矛盾的政治可能性。如果不去檢視民族的想像過程中「想像的運作，創造的思想過程」，我們如何能理解民族主義的「迂迴曲折，被壓抑的種種可能性，以及尚未解決的矛盾」呢[2]？

1　Partha Chatterjee, *Nationalist Thought and the Colonial World: A Derivative Discourse*. (Minneapolis: University of Minnesota Press, 1986), p. 21.

2　Ibid, 21-2. 作者同時想指出，從方法論的層面而言，Chatterjee 對 Anderson 的這個批判，以及他在我們所引述的這部作品當中所細緻經營的印度民族主義意識型態史的經驗研究，其實也為我們提示了──或者說是重新提醒我們──以政治思想史的途徑進行民族主義研究的可能性與必要性。必須說明的是，筆者所謂「民族主義的政治思想史研究途徑」並非意指吾人應回歸 Hans Kohn 和 Carlton Hayes 那種純「觀念史」（history of ideas）式的早期民族主義研究取向，而是指涉一種較接近劍橋大學西洋政治思想史學者 Quentin Skinner 所倡導的研究方法：一種視思想／意識型態為政治不可分割的一部分，然後扣緊具體的歷史脈絡，探究政治思想與政治行動之關聯與意義的歷史的研究途徑（historical approach）。當然，我們無法在本文細究這個民族主義研究方法論的複雜問題，作者也希望以此為題另外為文探討。此處所提，無非是一個初步的思考與假設而已。關於早期民族主義的「觀念史」研究取向的兩本經典，請參見 Hans Kohn, *The Idea of Nationalism*（New York: Collier Books, 1969），以及 Carlton J.H. Hayes, *The Historical Evolution of Modern Nationalism*（New York: The Macmillan Company, 1951）. 關於 Quentin Skinner 的政治思想史方法論，請參見 James

　　當代臺灣國家認同的分裂，意味著兩種（或者更多）不同的「民族的想像」的衝突。它是Chatterjee所說的近代民族主義的「迂迴曲折，被壓抑的可能性與尚未解決的矛盾」的典型例證。所謂「臺灣獨立」的理念，正是一個被壓抑的可能性，源於一個尚未解決的矛盾。這篇論文想要探討的，是臺灣現代史上一位「臺灣民族」的先驅想像者的「想像的運作」與「創造的思想過程」。廖文奎（1905-1952），臺灣史上最早的專業哲學家之一，也是戰後第一個臺灣獨立運動理論家。雖然他在流亡中早逝，但他的《福爾摩沙發言》（*Formosa Speaks*）卻是戰後臺灣民族主義論述極重要的思想母體。然而，這位「戰後臺獨思想之父」的前半生，卻有漫長的時間曾是熱烈的孫中山信徒與反日中國民族主義者。從中國民族主義者到二二八事變之後反抗中國的臺灣民族主義者，廖文奎民族認同的辯證發展，印證了20世紀前半期中、臺之間「迂迴、曲折」的歷史糾葛。本文試圖藉由重構廖氏思想發展的內在歷程——一個臺灣現代史上被「壓抑的可能性」，追索戰後初期臺灣獨立主張的思想根源。它是對戰後臺灣民族主義的一個意識型態的研究，也是臺灣政治思想史的一次初步嘗試。義大利文化史研究先驅維科（Vico）曾說：「記憶即想像」（*"la memoria e la stessa che la fantasia"*），而思想史正是一種文化記憶——一種透過文本解讀，詮釋與歷史重建對過往人類意識的想像[3]。筆者的期待是，透過對廖文奎氏的語言與行動的哲學與歷史想像，這篇文字能多少揭露一點深埋在時間晦暗之中的臺灣先人的想像——對政治的想像，對臺灣的想像，對共同體的想像。

　　廖文奎[4]，本名廖溫魁，英文名Joshua Liao，1905年生於臺灣西螺的地主

Tully ed., *Meaning and Context: Quentin Skinner and his Critics*（Princeton: Princeton University Press, 1988），尤其是編者所寫的那篇精采的導言。

3　Giambattista Vico, *The New Science of Giambattista Vico*, trans. Thomas Goddard Bergin and Max Harold Fisch（Ithaca, N.Y.: Cornell University Press, 1986）, p. 819.

4　本文中關於廖氏生平的事實部分，大部分參考張炎憲教授的論文〈戰後初期臺獨主張的探討——以廖家兄弟為例〉，亦有部分參照廖氏著作內自述資料。張教授該文收於《二二八學術研討會論文集》（臺北：二二八民間研究小組，1991），頁279-303。這篇論文雖有少數錯誤（如誤以廖文奎為芝大社會學博士），卻是關於研究廖氏兄弟極重要的先驅之作，作者自

家庭，為三兄弟之次男。長兄廖溫仁，京都大學博士，專攻中國醫學史，是日本戰前著名漢學重鎮內藤湖南的學生。老三即日後在東京組「臺灣共和國臨時政府」的廖文毅。廖文奎自幼即習漢學經典，公學校畢業後，隨長兄赴日本京都，入同志社中學。在同志社中學就讀時，受到創立同志社的美國教會影響，萌生以西洋科學方法研究中國思想之志。1923年中學畢業之後，遠赴中國入教會學校南京金陵大學，專攻哲學。

　　1928年，廖氏自金陵大學畢業，再遠度重洋，赴美就讀芝加哥大學哲學系，入芝加哥學派實用主義（pragmatism）哲學大師George Herbert Mead與 James Hayden Tufts 之門，專攻哲學史。由於受到芝加哥學派「科際整合」的知識傳統的影響，他也涉獵不少當時流行的行為主義社會科學理論，如Mead的社會心理學，Charles Merriam 的政治學等。1929年，廖文奎在Mead和另一位芝加哥實用主義者E.A. Burtt指導下，以《現代唯心論及其批判者》（*Modern Idealism as Challenged by Its Rivals*）論文獲得芝大哲學碩士[5]。1931年8月，他在Tufts指導下，再以一篇融合社會心理學和比較思想史的論文《道德對法律：社會行為動因的歷史分析》（*Morality versus Legality: Historical Analyses of the Motivating Factors of Social Conduct*），取得芝大哲學系的博士學位[6]。這篇論文，在1933年由英國的Kegan Paul, Trench, Trubner出版社以《個人與共同體：社會行為動因的歷史分析》（*The Individual and the Community: A Historical Analysis of the Motivating Factors of Social Conduct*）為題出版，收在《國際心理學、哲學和科學方法叢書》（*International Library of Psychology, Philosophy and Scientific Method*）內，與維根斯坦、容格、艾德勒、皮亞傑、馬林諾斯基、羅素等當代西洋大家的作

其中獲益甚多。另外，作者亦參照了廖氏著作內自述資料。

5　Wen Kwei Liao, "Modern Idealism as Challenged by Its Rivals", M.A. Thesis, Department of Philosophy at the University of Chicago. Chicago, 1929.

6　Wen Kwei Liao, "Morality versus Legality: Historic Analyses of the Motivating Factors of Social Conduct", Doctoral Dissertation submitted to the Department of Philosophy at the University of Chicago. Chicago, 1931. 下文簡稱《道德對法律》。

品，以及中國梁啟超的《中國哲學史》英譯本，與蕭公權的《政治多元論》（*Political Pluralism*）並列[7]。

　　1934年廖文奎至南京，擔任中央政治學校、陸軍軍官學校、金陵大學等校哲學教授。1935年9月完成《比較公民訓練》[8]，以中央政治學校研究部叢書之一冊出版。1936年12月，整理在諸校授課講義，出版《人生哲學之研究》[9]。翌年，《孫中山之政治醫學：總理遺教綜論》[10]成書出版。透過這幾部書，廖文奎融合中西哲學而成的中國民族主義思想體系，逐漸成形。在這段時間，因同窗俞大絪（俞大維之弟）關係，結識俞大維，並因此與國府要人有所往來，據說曾代筆陳立夫之《唯生論》[11]。

　　1937年，日軍占領南京，廖氏辭去教職，舉家遷居上海專心著述。1938年因戰局惡化返臺，其英譯之《韓非子》則於翌年在香港出版。由於廖留美以及曾在中國任教經歷頗受日本特高警察注意，廖文奎於1939年再避居上海，直到日本戰敗。1945年8月，廖文奎召集若干旅居上海的臺灣人組「臺灣光復同志會」，後隨即更名為「臺灣革新協會」，以協助政府，重建家園為主旨。廖氏即以該會訓育部名義，負責教導隸屬於軍事委員會政治部的臺灣義勇隊第三支隊訓練班，而該會宣傳部並於11月發行《臺灣月刊》[12]。

7　Wen Kwei Liao, *The Individual and the Community: A Historical Analysis of the Motivating Factors of Social Conduct* (London: Kegan Paul, Trench, Trubner, 1933). 下文簡稱《個人與共同體》。

8　廖文奎著，《比較公民訓練》（南京：大承出版社，1936）。又本書於1946年由臺北大承出版社發行臺灣版。作者在本文所參照的是後者。下文簡稱《公民訓練》。

9　廖文奎著，《人生哲學之研究》（南京：大承出版社，1936）。下文簡稱《人生哲學》

10　廖文奎著，《孫中山之政治醫學——總理遺教綜論》（南京：大承出版社，1937）。下文簡稱《政治醫學》。

11　張炎憲（1991），頁283。本文作者曾將《唯生論》與《人生哲學之研究》加以對照閱讀，發現二書確實均以 Herbert Spencer 的「萬有演化」（cosmic evolution）概念為論證推衍的基本哲學架構。（關於《人生哲學之研究》的討論，請參照本文第二節。）儘管如此，在更充分的證據出土之前，作者不敢妄下斷語。前述發現，僅供參考。

12　《臺灣月刊》創刊號（上海：臺灣革新協會，1945），頁31-32。

這樣一個典型的「祖國派」，並且與執政的國府關係密切，十數年如一日以思想、行動獻身中國革命，並在終戰之時熱情高呼：「從此臺灣歸還祖國，河山復整，天日重明」的主流派「半山」，為何在終戰之後短短兩年之間，即視祖國如寇仇，而非必尋求臺灣獨立而後已？從戰後初期的歷史處境觀之，陳儀之失政，與二二八事變後國府之處置失當，當然是最明顯可見，而且確實也是促使廖文奎認同逆轉最重要的外部因素。然而，廖文奎不是普通的「祖國派」，他是一個哲學家──一個處處以抽象的論證為歷史與行動尋找「意義」與「正當性」的「理念人」（man of idea）。他的中國民族主義，是思辨的，哲學的，而且是體系的。如果他的中國認同，植根於堅實的意識型態基礎之中，為何他竟會在短時間內與這個認同決裂，「不惜以今日之我與昨日之我交戰」，並且成為一個以中國為直接對立面的民族意識型態最雄辯的理論家？廖文奎這種認同的「改宗」（conversion），在思想上的可能性何在？他如何由一個體系完整的信仰，跳躍到另一個對立的體系之中？從中國到臺灣，銜接過去與現在，廖氏兩個相對立的「民族的想像」的思想橋梁是如何形成的？答案顯然必須在廖文奎思想的內在發展歷程中尋找。

二、一個中國民族主義者的形成

關於廖文奎到芝加哥大學以前的思想狀況，我們所知不多。可以確定的是，他自幼即修習漢學典籍，漢文根底頗深。而在京都大學隨內藤湖南專攻中國醫學史的長兄廖溫仁，很可能進一步開啟了他對中國哲學的興趣。他真正開始研讀西方哲學，似乎是在入金陵大學之後。然而，在芝加哥大學的三年，是廖氏試圖會通東西哲學，形成自己的政治、社會思想的關鍵期。

（一）個人與群體：實用主義與民族主義

廖文奎在芝大的碩士論文《唯心論及其批判者》是對康德以來西方哲學的唯心論傳統的檢討。在他對唯心論及其批判者的處理中可以明顯地看到20世紀初美國實用主義哲學企圖超越「心／物」、「主／客」二元論的思想痕

跡。這篇思想史的習作，其實已經開始為廖氏日後結合西方思想與儒家哲學的努力鋪路了。然而廖氏個人的政治、社會思想雛形的出現，要等到他在兩年後完成的博士論文《道德對法律》。

《道德與法律》日後在倫敦出版時改名《個人與共同體》，這兩個標題合在一起，恰好適切地闡明了廖文奎終生關懷的課題：從道德和法律的對峙，來理解個人與群體的關係[13]。那麼，個人與群體間到底是什麼關係？廖氏師承芝加哥實用主義哲學自杜威、G.H. Mead以來一貫的思想，認為人基本上是生物的，也是社會的：「個人的體質受遺傳與環境決定，而他一生的走向與心理狀態，則大體上是由社會所決定。」[14]不管從生物學上或社會學上，群體都先於個人。然而，這並不意味廖氏是機械的決定論者。相反的，廖相信，「儘管個人基本上受到群體的制約，他還是可能成為群體的指導者」[15]。人是生物演化與社會化過程所創造的存在，但人仍舊保有自由。人除了受到保身、延種的自發性因素制約，和社會制度的規範之外，還具有自主的心靈活動的能力，使他能夠知覺、認識、判斷與推理，這些能力在道德領域中，發揮所謂「良心」（conscience）的功能。正是這個「良心」功能，確保了人的局部的自由[16]。

個人與群體的關係，最清楚地表現在道德行為與法律或規範性行為的衝突對峙之中。所謂道德行為（moral conduct），指的是「發自內在的，出於自己意志的自我表達」，這種行為是「遵循良心的命令，經過有意識的判斷與自決的結果」。相對的，所謂法律性的行為（legal conduct）則是「對外在規則的一種非自願性的遵守」，它的動機是經由威脅利誘的強制，從外部被強加於人身上的。個人由生至死，處於社會化的過程，恆受社會規範的制約，但當外部規範與個人內在良心產生衝突之時，個人可能選擇向外部規範屈服，或者試圖調和二者，或者隱遁，或者秉持良心向外部規範宣戰。這

13　二書除標題之外，內容完全相同。以下引文，均出自正式出版之《個人與共同體》。

14　《個人與共同體》，頁1。

15　前引書，頁xiii。

16　前引書，頁3。

裡，就涉及了個人是否有權對其社會的制度進行革命的問題。社會或群體的進步，經常就是源於內部良心與外部規範，或者道德與法律的對抗。然而，正因如此，社會進步也是偶然的（by chance），因為，只有極具創造力的少數先知先覺者才有能力與就規範決裂，並反過來引導群體，而這種先知先覺者，完全是可遇而不可求的[17]。

　　人是生物的、社會的，但人也是自由的；人的自由，是局部的、偶然的；社會的進步，是偶然的，不可預知的。經由這樣將個人自由、社會改造、革命與進步的問題結合，廖文奎其實是以道德哲學的語言，重述了其師Mead的哲學與社會心理學立場：人的自我，由消極的，被形成的「社會我」（"me", Mead也稱之為"generalized other"，中文一般譯為「概化的他人」），與主動的，創造性的「本我」（"I"）兩者共同形成；社會我制約人的行動選擇，但本我決定向環境反應的方式與題材，社會的進步，包括一切重大社會改革或革命，都是在自我的這兩個成分互動中產生，然而，進步的方向是無法預期的，因為，自我向未來的投射，充滿不確定性[18]。

　　廖文奎的基本思想受Mead的影響並不是本文的重點，我們關心的，毋寧是他如何在這樣的架構之下，詮釋理解中國近代思想，特別是孫中山的民族主義。廖在闡述了自己的論證後，將論文的絕大部分篇幅用來描述不同時空下思想家對這個問題的處理方式。他的目的，不僅在以比較思想史的方法間接印證自己的觀點，同時也具有知識社會學的意圖：個人是社會的產物，個人的思想也是群體所處歷史情境的產物，因此觀察這些思想家如何理解他們的時代，同時也在觀察他們如何扮演「先知先覺者」角色，如何以思想來領導他們的社會。值得注意的是，他從古希臘哲學出發，自西而東，自古而今，最後歸結到他所謂「現代中國思想家」，即朱熹、王陽明、黃黎洲，以及孫中山的思想之上。為何廖將此上下相距近千年的四位中國思想家並列處

---

17 前引書，頁3-4、299-302。

18 David L. Miller, *George Herbert Mead: Self, Language and the World* (Chicago: The University of Chicago Press, 1973), pp. 56-60.

理呢？

　　廖認為，這些思想家有一個共同目標，即「綜合性地重建本土思潮以對抗外來的思想。」由於他們面臨了類似的歷史情境，即「中國人與周邊民族逐漸增多的接觸與衝突使民族生存面臨危機」，他們因此懷抱一種「相同的社會心態」（similar social frame of mind），都意圖「創造一套系統性的教誨以便鞏固他們同胞的社會秩序和文化的統一。」當然，具體的歷史情境不同，使得他們的解決方案也有所不同[19]。由此，廖文奎將「道德對抗法律」的二律背反（antinomy），連結到中國「夷夏之別」的古典民族思想，從而指出了數百年來中國思想史中反覆出現的「漢族／道德 對抗 外族入侵／法律」的主題，也就是以「救亡圖存」為核心的中國民族主義。

　　在廖氏這個詮釋架構中，最重要的角色是孫中山。廖以為，在孫中山的政治社會思想當中，「東西方的理念首度非常和諧而有趣地相遇」[20]。然而，本文想理解的對象，是廖文奎而非孫中山，我們更感興趣的是廖文奎如何理解孫中山的民族主義思想。我們發現，廖在運用自己的詮釋方法將孫中山的民族主義「據為己有」（appropriate）的過程中，透露了關於他個人認同的重要線索。

　　廖認為孫中山政治思想的核心是他的《民族主義》，而《民族主義》的主要論旨，則是「公理對抗強權」這個二律背反，而「公理對抗強權」正是廖氏論文的「道德對抗法律」主題的延伸。從此一精神出發，廖將「公理對抗強權」再細分為三個二律背反的子題，這三個子題，即構成廖文奎詮釋孫中山民族主義的基本架構。第一個二律背反是「自決的民族主義對抗領土飢渴的帝國主義（self-determining nationalism versus territory-hungry imperialism）」：中國民族正面臨被淘汰的危機，必須通過生存鬥爭的考驗，才能避免亡國滅種的命運。但中國人的生存鬥爭不是人對自然的鬥爭，而是自決的民族主義對抗貪婪擴張的帝國主義的鬥爭。人類已經分化為多數的被

---

19 前引書，頁254。

20 前引書，頁279。

壓迫的弱小民族與少數的壓迫的帝國主義者兩個陣營，被壓迫者期待壓迫者同情是無用的，巴黎和會的結果證明威爾遜的「民族自決」只是強國利用弱國的幌子。中國必須和其他弱小民族結合起來追求自決。「民族」是天然力造成的，符合「王道」，而「國家」是武力造成的，是「霸道」的；帝國主義用政治力侵略他國，兼併領土，是霸道的，而弱小民族起而抵抗，是符合王道的。未來的戰爭，必然是民族主義對抗帝國主義之戰，也就是公理對強權之戰[21]。

　　第二個二律背反是「真正的世界主義對抗偽裝的帝國主義（real cosmopolitanism versus disguised imperialism）」：真正的世界主義，必須建立在平等沒有壓迫的國際秩序之上。作為被列強壓迫的弱小民族，中國現在沒有條件談世界主義。中國必須先恢復民族的自由、平等，才能夠談世界主義。換言之，世界主義必須立基於民族主義之上；以世界主義之名行壓迫弱小民族之實的列強，只不過是披上偽裝的帝國主義者罷了[22]。第三個二律背反是「道德主義對抗專制主義（moralism versus despotism）」：中國變強了以後，絕對不能重蹈帝國主義的覆轍。適者生存，所謂適者，非指強者，而是指能夠順應自然者。列強主張「強權即公理」以壓迫弱小民族，違背自然，終將被淘汰。一個民族要維持其永恆生命，必須維持崇高之道德性。就中國而言，她必須恢復固有的道德；她不但要對內實踐道德，也要將這些良好的德行推廣到與其他民族的關係之上。中國自古對外關係一直秉持「義」的原則，非但不滅人國家，反而實行「濟弱扶傾」之道，允許弱小民族自決。中國一旦強大之後，絕對不能模仿列強的霸道侵略，必須繼續「濟弱扶傾」這個良好的王道政策，協助弱小民族，共進世界大同，才符合自然之道，民族生命才有可能持續發達，否則中國是沒有希望的[23]。

　　廖文奎對孫中山民族主義的詮釋方式，有幾點值得我們注意。首先，廖

---

21 前引書，頁279-286。

22 前引書，頁287-289。

23 前引書，頁289-297。

運用一系列以「善對抗惡」為主題的二律背反，建構了一個高度理念化而且理想化的「中國民族」的形象：這個「中國民族」不是由具體的山川、土地、人民所組成，而是由一系列的中國──特別是儒家──的政治理想所構築而成的。「我」（I）與「他者」（Other）的分化，本來就是一種典型的認同建構策略，而廖文奎以「法律／強權／霸道／帝國主義」的理念型的「他者」來凸顯「道德／公理／王道／民族主義」的「中國特性」（Chineseness），這樣的「中國民族的想像」過程當中，我們彷彿同時看到了臺灣人廖文奎苦心建構自己的中國認同的過程。我們觀察到的，是臺灣人廖文奎在心中為自己構築了一個高度理想化了的「祖國」形象。廖透過孫中山民族主義對中國的「想像」，其實透露了他自己認同中國（identification with China）的心理過程。

　　然而，在另一方面，我們也注意到廖氏特別強調孫中山關於中國強大後對弱小民族的義務的主張。孫中山的《民族主義》共有六講，其中他對中國「濟弱扶傾」的警惕只出現在第三講與六講的最後幾頁，然而廖將孫前五講的主旨濃縮在兩節之中，卻將「濟弱扶傾」的主題獨立一節，詳加闡述。同時，他在本章結尾之前不憚其煩地整段引述孫中山的原文：

> 現在世界列強所走的路，是滅人國家的。如果中國強盛起來，也要去滅人國家，也去學列強的帝國主義，走相同的路，便是蹈他們的覆轍。所以我們要先決定一種政策，要濟弱扶傾，才是盡我們民族的天職。我們對於弱小民族，要扶持他；對於世界的列強，要抵抗他。如果全國人民都立定這個志願，中國民族才可以發達。若是不立定這個志願，中國民族便沒有希望。[24]

緊接著這段引文後，廖氏以這段話做結語：「這段話代表了孫中山公理對抗

---

24 孫中山中文原文見 孫中山著，《三民主義》（1925，出版者不詳），頁111。廖文奎英文引文見《個人與共同體》，頁296。

強權的主張的最高階段。他將中國人傳統的文化道德主義宣示於20世紀所有民族之前。」[25] 值得注意的是，廖文奎在日後其他場合，也曾反覆陳說孫中山對中國人要「濟弱扶傾」的叮囑。當然，「濟弱扶傾」確實是孫中山民族主義思想的一個重要主張，廖視此叮囑為「公理對抗強權」原則的必然結果也是正確的詮釋，然而為何他會對這一主題特別敏感，不但專章處理，而且反覆陳說呢？這會不會意味著廖文奎其實很清楚他先前對中國民族的「想像」，是高度理想化的，是有待實踐檢驗的，是一個尚待實現的承諾呢？為何廖氏為對孫中山這個承諾如此重視？這是不是意味廖的中國認同是有條件的，而在這個有條件的認同背後，還隱藏著一個存在於「中國民族」之外的，期待中國實現「濟弱扶傾」承諾的「弱小民族」呢？

（二）人與公民：行為政治學與國家認同

《道德對法律》（以及《個人與共同體》）之所以能夠兼治實用主義哲學和孫文思想於一爐，有一個根本的，思想上的因素：實用主義和孫文思想都同樣深受生物學，特別是達爾文進化論的影響[26]。本質上，這兩種思想都接受達爾文主義的「反物種的本質主義」（anti-essentialism of the species）——即物種在演化過程會產生變化，因此沒有不變的本質的主張；同時他們也都有將生物演化論應用到人類社會發展——亦即所謂「社會達爾文主義」——的傾向。廖之所以注意到孫中山思想之「生物學途徑」（biological approach），並非偶然。事實上，廖的芝加哥學派和孫中山思想，也在另一個他終生關切主題之上相會，那就是關於「公民訓練」的問題。

在孫中山對中國民族這個「病重」的「機體」的診斷中，中國最根本的病因，可以歸結到「喪失民族精神」之上。因為喪失民族精神，所以缺乏國家認同，人民如一盤散沙，國之不國，或認賊作父，或任外人宰割，因而中

25《個人與共同體》，頁296-297。

26 關於與達爾文主義與包括實用主義在內20世紀初期美國哲學的關係，參見Maurice Natanson, *The Social Dynamics of George H. Mead.*（Washington D.C: Public Affairs, 1956）一書中H.M. Kallen所寫的導論。

國要救亡圖存，首先要恢復民族精神，使人民產生公民意識，效忠國家——換言之，也就是要塑造、強化中國人的國家認同。然而一盤散沙的民眾是不會自動產生民族精神的，他們必須先被教育，才會產生民族精神。因此，廖氏稱之為「政治醫生」的孫中山，為重病的中國規畫了一個循序漸進的治療步驟，即經軍政、訓政而至憲政，逐步培養公民意識與民族精神。當廖文奎於1934年回到母校南京金陵大學任教時，南京政府已開始進行「訓政」，其中最關鍵的政策，就是如火如荼展開的「新生活運動」。

雖然孫中山診斷出中國之病在人民缺乏國家民族認同，因此必須灌輸人民以國家民族意識，然而他並沒有對這個「塑造民族」（nation-building）的政治工程，提出任何具體做法。廖文奎的《比較公民訓練》（1936），顯然就是為此而作的。必須說明的是，這本書嚴格而論不算是廖氏的著作，因為它基本上是廖氏譯寫自芝加哥大學政治系主任Charles Merriam 的著作《創造公民》（*The Making of Citizens*）的[27]。然而，從廖文奎引介 Merriam 這部作品的事實，我們卻得以掌握到他政治思想的另一個源頭：行為主義政治學。

被稱為「現代政治學之父」的Charles Merriam，是1920-1940年代盛極一時的「芝加哥學派政治學」（the Chicago School of Political Science）的創始人。所謂「芝加哥學派政治學」，其實就是行為主義政治學，因為Merriam和他在芝大政治系的學生們，在1920年代開始率先運用社會學、心理學概念，以及量化方法對政治行為進行研究，使政治學成為一個客觀的，具有細緻方法論的社會科學。當代最早使用隨機取樣方法所做的選舉行為研究 *Non-voting: Cases and Methods of Control*（1924），即出自 Merriam 和其學生H.F. Gosnell 之手。當代政治心理學先驅 Harold Lasswell 也出自 Merriam 門下。著名的選舉行為學者V.O. Key則是 Merriam 晚期的學生。芝加哥學派的行為主義受到杜威和G.H. Mead的實用主義影響甚深，因此有論者將之歸於廣義的「哲學的芝加哥學派」之中，與A. Small 和R. Park 的社會學與T.

---

27 Charles Edward Merriam, *The Making of Citizens: A Comparative Study of Methods of Civic Training*（Chicago: University of Chicago Press, 1931）.

Veblen 的經濟學，合稱「應用的實用主義」（applied pragmatism）[28]。

更值得注意的是 Merriam 寫作《創造公民》一書的背景。從 19 世紀末以來，美國政治學就十分關切社會控制和公民教育的問題，而這又和一波波的移民潮有關。一次大戰後，戰爭中激發的愛國主義，如何持續將新移民美國化的問題，以及在歐洲逐漸高漲的革命氣氛，使得運用政治學來教育公民，塑造認同的想法更重要[29]。Merriam 本人雖重視政治學的客觀與科學性，卻也對此深信不疑。他這本《創造公民》是他所主持的跨國比較研究計畫的總結報告，這個計畫的目的在研究不同社會灌輸公民效忠的方法和基礎[30]。Merriam 之所以進行此一研究，因為他想用理性的研究，來理解「政治行為非理性或無理性的成分」，以便真正有效塑造公民認同[31]。換言之，這是一個關於政治認同的比較經驗研究。在《創造公民》這篇總結報告中，Merriam 運用其他個案研究成果，探討兩個問題：政治效忠的社會基礎（如階級、種族、地域、宗教等因素與公民團結的關係），以及塑造政治效忠（即所謂公民訓練）的方法。

Merriam 透過比較分析所達成的結論，大致可歸納為以下三點：一、公民效忠受不同政治、社會條件或利益的制約影響，是可變的，而且是可塑的；二、對不同團體、地域或國家的效忠經常是同時並存，而且相互競爭；三、正因個人效忠是可變而且可塑的，並且不同群體總是在競爭個人對他們的效忠，因此國家的最重要功能，就是介入公民效忠的形成過程，有效調節公民之不同利益和認同之平衡，以確保公民對國家之效忠[32]。Merriam 關於政

28　Darnell Rucker, *The Chicago Pragmatists*（Minneapolis: Minnesota, 1969）.

29　Barry Karl, *Charles E. Merriam and the Study of Politics*（Chicago: The University of Chicago Press, 1974）, p. 112.

30　此一研究計畫的成員還有早期民族主義研究的權威 Carlton Hayes（負責法國），與著名歐洲政治理論家 Robert Michels（負責義大利）。Michels 後來退出。關於此一研究計畫始末，參見 Barry Karl , *Charles E. Merriam and the Study of Politics*.

31　Barry Karl, *Charles E. Merriam and the Study of Politics*, p. 171.

32　Merriam（1931），chapter 1.

治認同的行為主義理論對廖文奎有直接而深刻的影響。首先，它提供了對當代中國政治現實，特別是國家整合的困難（如階級衝突、地方主義等），一個經驗的，「科學的」理解架構。其次，這個理論不僅對中國的政治困境提供科學的解釋，也暗示了有行為科學根據的解決之道。如此，廖之譯寫引介Merriam此書的實踐動機就十分清楚了。

如果，實用主義哲學和孫中山思想的社會達爾文主義，向廖文奎提示了沒有任何機體──包括人類社會──擁有不變的本質的話，芝加哥學派的政治學，特別是Merriam的政治認同理論，則為廖提供了人類的政治共同體之所以形成，鞏固或分裂──也就是變化──的經驗依據。這個理論的一個特別重要的現實政治意涵是：如果政治處理不當，在適當的社會條件的組合下，地方主義演變為分離主義是完全可能的。事實上，在《公民訓練》的第三章陳述本書題旨之時，廖寫道：「初歐戰告終，愛爾蘭、埃及人民即要求離英，阿爾薩斯、洛林即請願歸法。前者何其悖，後者何其忠？此為吾人政治生活最緊要問題之一……」[33]這句話雖承Merriam之意，卻未見於原文。廖氏在原文之外，特意加入愛爾蘭與阿爾薩斯、洛林的地方主義與國家效忠的例證，應該不是偶然。證諸日後廖氏之好援引愛爾蘭與阿爾薩斯、洛林之事評論臺灣看來，一個合理的推測是，廖此時應已在思考Merriam的理論對中、臺關係的意涵為何了。

（三）生物學的民族論

在出版《比較公民訓練》後三個月，廖文奎又出版了《人生哲學之研究》（1936）。雖名為「人生哲學」之研究，然而這本書其實更像是廖氏個人截至目前為止所有社會、政治見解的體系化。他借用Herbert Spencer「萬有演化」（cosmic evolution）的概念，把實用主義哲學的社會演化論擴張到宇宙論的層次，然後在這個架構下，以大學八目為綱，從宇宙起源一直談到治國平天下。作為哲學的入門教材，我們無須苛求其思想深度，然而廖氏引

33《公民訓練》，頁22。

經據典、言必有本的哲學專業素養，在本書中依然隨處可見。基本上，廖氏在本書中複述了前面幾節中已經提及的觀念。我們較感興趣的，是他首度提出一個比較完整的，而且社會達爾文色彩更鮮明的，人類共同體（他稱之為「群」）起源形成演化的論述。

首先，廖文奎認為人類是生物的一種，求生存是其本能，但「凡人為群生始得以適生」，因此人是群生的動物。然而，如果共營生活源於人類生物性的本能，為何人類還會區分成許多不同的「群」呢？廖引證美國植物學家與社會學家華得（L.F. Ward）和英國人類學家基士（A. Keith）的學說，主張人類來自一脈。既然同出一脈，何以分化呢？廖以為，人雖同源，但為求生四散各地，其結果是環境的差異，導致了人種的分化：

> 夫人類之體質，可依氣候、地土、產物等，自然環境之差異，而改變，又可依衣、食、住、行等，文化之差異，而改變者。假使有人偶爾徙居於不同之自然及文化環境之中，不出數年其髮膚必生變異而漸與該處住民同化，如更過二、三代，則其子孫，之體質特徵若骨骼、頭顱、眼、鼻等，必漸與土民接近。故學者有信澳洲白人，雖不與土人混血，為以求生之異，不出五百年，必成一特殊之種族。[34]

廖認為人種主要應分為黃、白、黑三大類，而美洲紅人、印度棕色人與南洋群島之土人則是環境差異和異種融合而生，「故人類出自一脈，而後似分合無常，以至於今日」。今日民智開啟，交通發達，則似乎世界種族又有由分而合的趨勢了。

儘管如此，為何萬物之靈的人類之間，直到高度進化的今日，還不斷鬩牆相殘呢？廖承孫中山之觀點，以為人類團體之鬥爭，主要「不在人種之間，而在民族之間」，而且是被壓迫民族與壓迫民族之爭。然而民族何以產生？而民族之爭又何來呢？廖認為，所謂「民族」，其實是由各主要人種再

---

34 《人生哲學》，頁135-136。

繼續分化出來的，而造成這個分化的因素，還是因為環境的差異：

> 夫人類環境刺激愈增加又適生機能愈發達，則問題愈多且雜。於是人類
> 欲解決此問題以謀淑生之道，乃推動理智，其在客觀方面，則以使用外
> 物，發明器具，結群聚居……其在主觀方面，則以產生語言，發明文
> 字，創作藝術，整理知識。故俗稱為『文化』者，不問其屬主觀或客
> 觀，無非淑生之道，改進生命條件之應付是也。然則人類適生機能可大
> 同小異，但以環境之差異與夫問題之懸殊，其所造就之淑生之道以時
> 移，並因人異，各時各地人群之淑生之道之不同者，自不待言。**而文化
> 之不同，即民族分立之所以也。**故各群人類之淑生之道，如互齟齬，而
> 成水火，則成為人類內訌之緣故並自滅之武器矣。是以人類之分化鬥
> 爭，其故在文化之齟齬，而不在體質之差異。[35]

所以，根據廖氏的理論，人類同源，因適應環境差異分化為三大人種，在三
大人種之下，又再因適應環境之分化，再細分為無數不同的群體。在這個層
次，造成這些群體之間的分化，體質差異之成分少，而文化差異成分多了。
文化之差異，則因適應不同環境而生。這些在為適應特定環境以共營生活而
創造出共同文化的群體，就叫做「民族」。而所謂「國家」，則是因應這些
擁有特定文化之民族營共同生活的需求而生的，因為，「凡一群人之共生，
必有其特殊共同之事宜，有若是特殊共同之事宜，則有共同管理機關之必
要。」不同文化需要各自特殊之政體，廖氏此一的主張，非常接近民族國家
（nation-state）「同一民族，同一國家」，或「民族自治（national self-
government）」的理念。

　　廖文奎的民族形成理論，是典型的生物學，特別是法國生物學家拉馬克
（Jean-Baptiste Larmarck, 1744-1829）的環境決定論式的論證。值得注意的
是，在這個論證當中，文化和體質的關係，不是對立的概念，而是連續的

35　前引書，頁138。粗體為作者所加。

（continuum）——當處於特定環境時間愈久，文化差異仍有可能轉化為體質差異。廖之所以仍以文化界定民族，是因為從生物學角度而言，人種體質的變化所需時間甚長之故，而文化差異的形成，則需時較短。無論如何，這個有趣的生物學民族論，更直接而清楚地表達了廖文奎的中國民族主義思想中，反本質主義的色彩。

這樣的人類共同體——民族或者國家，或者「國族」——同樣受「物競天擇、適者生存」規律的支配，必須面對生存競爭的挑戰。然國族適生之道為何？廖氏借用 Mead「社會我」與「本我」的觀念，主張唯有在個體對國族之認同效忠（所謂「群我之心」），與個體自主的創造力之間取得平衡，使成員既得以充分發揮其創造力，而其創造之成果，也因其具有群我之心而能為國族之福祉服務，如此國族作為一個整體，才能不斷進步，因而不致在生存競爭中，被強者淘汰消滅。廖氏稱這個群與己，秩序與自由之間的平衡為「克己合群」。然而，欲達克己合群之境，則必須借助於適當的政治社會化過程，即所謂「化私人為公民」的「公民訓練」過程。

廖文奎認為中國國族機體已經病重，其原因不外乎喪失民族主義，使民心渙散，致受自然與人為力之壓迫，奄奄一息。幸而中國民族文化悠久，「群體生命強壯」，因此每在危亡之際，都會出現具有強大創造力之先知先覺，起而力挽狂瀾。當代中國的先覺者，當然是孫中山先生。這位「政治醫生」，提出三民主義思想，以治療百病叢生的中國，中國民族因此不僅得以免於滅亡，甚至還有機會強盛起來，與列強並駕齊驅。論證至此，廖文奎特別指出，所謂「克己合群」之道，在中國政治現實當中，除了個人與群體，自由與秩序的均衡之外，還有另一個緊要的意義：即每個個人所占據的社會位置與其能力必須名實相副。政治是管理眾人之事，以維持社會秩序與促進民眾福利為能事，「故官大責重，位高職難」，所以由能力強者，「負重要任務，管理艱難事業」，是「理之當然也」。是以為官長者必「先修身而後治人」。然而中國政治現狀則與此背道而馳，「缺少特殊天賦予專門才藝者，殊擅投機，爭官竊位，既難勝其任，自不能臧其事，僅知有官便做，乘勢發財」。廖氏將這種「官之不官」的亂狀，比擬為「亂臣賊子之橫行」，如今

中國如欲圖存救亡，必須效法孔子作春秋，倡「正名主義」、「以期在其位者，善謀其政，就其職者，能勝其任」[36]。廖氏對中國另一個古典政治「理想」──正名──如此強調，明顯透露了他對戰前中國政治現實的負面體認。

對內克己合群以治國，則對外何以平天下？廖文奎重提孫中山的警告：中國強大之後，絕不應重蹈列強帝國主義的覆轍。然而，何以證明中國強大之後，絕對不會實施帝國主義呢？顯然廖文奎對此不是完全沒有疑慮的。在論及所謂「三民主義之連環性」時，他就提出警告：「至於國族問題之解決，凡不慮及民權與民生者，縱不倡帝國主義之名，亦必行國家主義之實焉。」[37]換言之，若不實施完全的三民主義，則中國確實有可能在強大之後墮落為廖所謂「行霸道之實而唱大同者，虛偽也」[38]的帝國主義。

然則中國強盛之後，對外同樣會循「正名主義」之原則行王道的保證到底何在？廖如何卻除自己所提出的疑慮呢？他並沒有真正解答這個問題。他只是再次強調「世界大同」本來就是自古以來維繫中國民族結合的偉大政治理想，中國向來就不曾，因此未來也不會背離此一理想。廖還說：

> 然則世界大同與世界帝國何異？曰：「天下民族自決而共和共榮者，大同也；克服天下異族為自族之奴隸者，帝國也。」至其步驟，則有王道霸道之別。羅馬民族之所取者，霸道也；中國之民族之所取者，王道也。[39]

然而，對政治理想的空洞信念並不足以保證在政治現實當中「世界大同」不會變質成「世界帝國」。如此，廖文奎在《人生哲學》這篇基本上是對孫中山思想的注解的論文中，留下了一個重要的論證上「待解決的困惑」

---

36 前引書，頁107-109。
37 前引書，頁141。
38 前引書，頁142。
39 前引書，頁160-161。

（aporia）[40]；這個論證上猶待解決的困惑，唯有等待實踐來加以克服。

（四）弱小民族之內的弱小民族：中國與臺灣

　　到《人生哲學》出版之時，廖文奎已經發展出一套自己的中國民族主義論述。但是，廖文奎是臺灣人，那麼，「臺灣」在他這套中國民族主義論述裡面的位置在那裡？二次大戰終戰之前，廖氏似乎不曾為文直接處理此一問題——事實上，他似乎甚至不曾發表過直接議論現實政治（包括中國與臺灣）的政論性文字。如前所述，他的中國政治論，比較是理念性的，原則性的哲學式論述，我們很不容易找到他對臺灣問題的直接見解。然而，終戰之後，中國接收臺灣成為定局，從廖文奎與若干上海的臺灣同鄉組臺灣革新協會以後，他開始比較頻繁地發表對時局的見解。他在臺灣革新協會的機關刊物《臺灣月刊》創刊號（1945 年 11 月）上發表的文章，寫於終戰之初祖國派臺灣人士的光復熱潮之中，因此可以推斷和廖氏戰前的立場相距不遠。從這些文字之中，我們或者可以得到關於「祖國派」廖文奎對臺灣與中國關係的見解的一些線索。

　　在廖文奎對「中國民族」的「想像」中，臺灣的位置在那裡？一言以蔽之，臺灣人當然是中國民族的成員，但臺灣人是中國民族內部一個具有特殊性的成員。臺灣的這個有別於中國本土的特殊性是怎麼產生的？廖文奎在〈臺灣光復同志會宣言〉中，明確地指出，臺灣住民，雖與中國本土人民同屬「大明遺民」，然而數百年來連續受外族統治，「既受韃靼之蹂躪，復遭倭寇之宰割，國亡家破，艱苦備嘗」的痛史，是造成臺灣特殊性的根源。更進一步言，外族治臺所使用之統治策略，造成臺人和祖國同胞的區隔：

---

40 aporia，希臘文，指「迷惑」，「待討論的問題」或「邏輯上難以解決的困難」。在柏拉圖的對話錄當中，蘇格拉底就常用這種「提出令人疑惑的問題卻不加以解答」的方法來進行哲學論證。這種哲學上的「困惑法」（aporetic method）最典型的例證是詭論——如諸神同時喜愛與厭惡人的虔誠。然而本文僅取 aporia 之希臘文語意，指廖氏論正當中待決之疑惑，並非意指廖氏論證的方法襲自蘇格拉底。

……竊念吾臺承滿清二百年愚民政策，積弊甚深，加以暴日五十年之奴化統治，其流毒足使父子離心，兄弟鬩牆。其在島內，陽倡一視同仁，陰行挑撥分化，復在祖國沿海市鎮，暗流囚徒，擾亂治安，明置領事，包庇隱護。是以無賴奸商，平日則唯利是圖，有事則領館是匿，狐假虎威，多行不義，仍復高呼「臺灣」為其生地，遂使祖國同胞一聞「臺灣」，輒遠走趨避，興言及之，實堪痛心。而安分守己不忘祖國者，乃不得不聲明閩粵祖籍，以免同流合污。回憶甲午戰敗於敵者滿清，乙未割讓於敵者臺灣，邇來敗類每呼臺灣，而良民則認祖籍。曠視中外古今，種族之含冤受屈，飲恨吞聲，其有過於臺民者乎？[41]

廖文奎引日本政府在廈門置「臺灣籍民」事，描述了一個類似吳濁流所說的臺灣人在中日之間，進退兩難的「亞細亞孤兒」的困境。所謂「臺灣特殊性」，實源於祖國所難以理解的悲劇性的歷史。廖文奎因此是在向祖國喊話，懇求祖國體會、諒解臺灣人處境，而在他「曠視中外古今，種族之含冤受屈，飲恨吞聲，其有過於臺民者乎？」的悲嘆中，臺灣人作為「弱小民族」的主題，實已呼之欲出了。

無論如何，歷史之大錯已成，日本的外來統治不只造成所有臺灣人客觀處境之困難，也造成許多臺灣人主觀認同之混淆。日本威權的殖民統治，不只造就許多趨炎附勢，競相日化的臺灣人，其強勢的同化政策，也使一般臺灣人「語文不諳、思想錯誤」。換言之，在廖文奎的觀察之中，半世紀日本殖民統治確已造成臺灣人群體認同某種程度的改變。因此，「臺灣特殊性」的另一個意涵是，臺灣人身上屬於中國人的特性（Chineseness）已經減少了[42]。對中國民族主義者廖文奎而言，這樣的「臺灣特殊性」，其實無異於孫中山所謂的「喪失固有的民族主義」，因此是必須加以矯正改造的。戰後臺

---

41 《臺灣月刊》創刊號（上海，1945年11月），頁1。

42 身為一個具有強烈中國認同的臺籍人士，廖氏此一觀察，對於我們理解終戰之初的臺灣人認同狀況非常具有啟示性。

灣重建的當務之急，在廖的眼中，自然是「以文化教育為基本，矯正思想，推行國語，灌輸知識，闡揚文教」[43]。如用廖氏習用的行為政治學術語，就是要對國家認同已經偏差了的臺灣人實施「公民訓練」，重新灌輸對中國的認同與效忠。他在1946年9月，他返臺之後，發行臺灣版的《人生哲學之研究》與《比較公民訓練》，正是著眼於此。

臺灣原屬中國，臺灣人與祖國同胞本出一脈，都是中國人，但臺灣也是中國的失土，因此臺灣人在外來統治下又喪失了一定程度的「中國人特性」。因此，臺灣人對祖國負有一個重要義務，即接受公民訓練與心理改造，學習祖國文化，以成為真正的中國人。然而，我們必須注意的是，廖文奎絕不認為臺灣的特殊性只是單純意指文化上「劣勢的」（inferior）臺灣對文化「優勢的」（superior）祖國負有自我改造的單向義務而已。廖文奎認為，臺灣落入外族之手並非臺人之過。臺灣人的「中國性格」的失落，如果不是代祖國受過，至少也是歷史的作弄。從這個角度言，廖文奎的「臺灣特殊性」論述中同時包含臺灣作為一個受強權支配擺弄，「含冤受屈」的「弱小民族」意識。廖氏在先前的理論著作中之所以如此執著於孫中山對弱小民族「濟弱扶傾」的承諾，豈不正是因為他在〈臺灣光復同志會宣言〉裡悲愴的「臺灣痛史」論述中透露的，濃烈的弱小民族意識使然嗎？那麼，如果淡忘了祖國的臺灣人有義務向祖國學習如何重新成為「真正的中國人」，身為弱小民族的臺灣人也有權利要求如今以身為世界五強之一的祖國，實踐孫中山先生「濟弱扶傾」的承諾，協助臺灣，達成解放的夢想。「光復」的真正意義，對祖國派的臺灣人廖文奎而言，不是只有領土轉移的意義而已，而必須是「總理遺教之扶助弱小民族」理念的實現。

（五）自我否定的種子

這篇論文的主要目的，是想從思想發展的內在歷程尋找廖文奎認同轉變的線索，而在前面的幾個段落裡，我們已經嘗試重構出廖氏的中國民族主義

43《臺灣月刊》，頁2。

思想。在追蹤廖氏對「中國民族」的「想像的運作」與「思想創造的過程」中，我們發現，廖文奎的中國民族主義思想內部，確實埋藏著導致他未來認同逆轉的種子。

首先，是他思想中強烈的反本質主義成分，而這主要是受到現代生物學思想，尤其是達爾文主義的影響。在達爾文筆下，自然（nature）是不斷演化的，所以是持續變化的：經由所謂「物競天擇」（natural selection），以及其他演化機制如器官的「用進廢退（use and disuse of organs）」，環境影響的遺傳（inheritance of acquired character）等，生物機體緩慢地發生內在變化，以至成為全新的種類。這個想法，徹底推翻了在基督教哲學卵翼下，長期支配西方思想的亞里斯多德生物學的物種本質主義，也就是物種永恆亙古不變的主張[44]。達爾文主義深深地浸透了19世紀後半以來西方的社會、政治思想——即所謂的「社會達爾文主義」（social Darwinism），同時，經由西方帝國主義的擴張，也擴散到亞洲等地，對20世紀初期亞非殖民地的民族主義思想產生深遠的影響。

廖文奎的達爾文主義思想，同時得自西方與東方兩個達爾文主義的大本營：芝加哥學派的實用主義哲學和中國的孫中山思想。廖文奎對「民族」的定義，就是達爾文主義式的。民族是環境塑造出來的具有特殊文化的人類群體，這個概念暗示民族與一切其他物種一樣，都不具有神聖不變的本質，環境的變異，就可能導致民族的分化、變異，甚或死亡。法蘭西民族如此，英吉利民族如此，中華民族也無法超越此一生物學規律。孫中山的社會達爾文思想，更強烈地指出，國家或民族的死滅淘汰，有很大部分是政治因素所致的。最後，深受生物學影響的芝加哥學派行為主義政治學，更直指民族或國家認同的「建構性」（constructedness）——就此而言，我們可以說廖文奎的民族概念，不只是生物的，也是政治的。換言之，廖文奎的民族觀，是典型的「政治民族」（staatsnation）的概念：既是政治建構的產物，當然可以瓦

---

44 參見 Mike Hawkins, *Social Darwinism in European and American thought, 1860-1945: Nature as model and nature as threat*.（Cambridge: Cambridge University Press, 1997）, pp. 21-44.

解，也可能分裂。

第二個線索，是前節所提的「臺灣特殊性」論。臺灣是中國民族內部的成員，但她同時又擁有獨自的，有別於「真正的中國」的歷史與文化特殊性。在理論上，這個特殊性可以因與中國結合而被消化吸納，但也可能成為與中國分離的基礎。如果廖文奎的民族論本來就容許分裂變化的可能，則臺灣在現實中擁有的特殊性當然可能成為她自中國民族分離的經驗論據。

第三個線索，是我們已再三暗示的，廖文奎中國認同的條件性。哲學家廖文奎為自己構築的，是一個以「公理／王道／大同」的中國政治理想為內容的，高度理念化的中國認同；而弱小民族臺灣人的一員廖文奎則要求這個理念化的中國認同在現實中必須經由實現孫中山對弱小民族「濟弱扶傾」的承諾而得到落實。孫中山在《民族主義》第二講中曾指出過去強盛之時「亞洲之中，配講帝國主義的，只是中國」。接著，他說了一段耐人尋味的話：

> 所以那些弱小國家都怕中國怕中國用政治力去壓迫至今亞洲各弱小民族對於中國還是不大放心。這回我們國民黨在廣州開大會，蒙古派得有代表來，試看我們南方政府對外的主張，是否仍舊用帝國主義。他們代表到了之後，看見我們大會中所定的政綱，是扶持弱小民族，毫無帝國主義的意思；他們便很贊成，主張大家聯絡起來，成一個東方的大國。[45]

從前面對廖文奎思想的討論，我們有理由主張，臺灣人廖文奎在1930-1940年代，對於中國的南京政府，有類似於孫中山提到的1924年蒙古代表對廣州革命政府類似的期待。很明顯的，這是一種有條件的認同（conditional identification），它的完全實現，繫於中國當局是否在未來能一本中國固有的「名實相副」理念，實現她「濟弱扶傾」，真正解放臺灣的承諾。反之，如果中國不能實踐承諾，臺灣人有可能撤回（withdraw）他們對中國的認同。

---

45 孫中山（1925），頁25-26

三、從中國民族主義到臺灣民族主義

廖文奎在戰前苦心建構的，高度理念化、理想化的中國認同，在終戰後不久，就在陳儀統治下的臺灣的政治現實中，受到嚴厲的挑戰。與此同時，他政治社會思想中潛藏的分離因子，也被他所經驗的政治現實與歷史情境逐一誘發，終致將他的中國認同完全瓦解。在這個辯證過程當中，祖國變成帝國，臺灣由復興中國的薩丁尼亞，變成反抗中國殖民壓迫的愛爾蘭，而孫中山信徒，祖國派的臺灣思想家廖文奎，終於成為戰後福爾摩沙民族主義思想之父。

關於自己這段認同逆轉，廖文奎並未留下非常完整的文字紀錄，然而就作者目前所能看到的材料而言，廖氏思想的轉換，還是有跡可循。他從終戰後到1952年病逝於流亡地香港中間所寫的文字當中，有比較完整論證的幾篇文獻，可能是1946年以法文寫的〈Quo Vadis Formosa？（臺灣往何處去？）〉，1947年初在上海的英文周刊《密勒氏評論報》（*The ChinaWeekly*）發表的〈Imperialism Vs. Nationalism in Formosa（在臺灣的帝國主義與民族主義的鬥爭）〉[46]，以及1950年由臺灣在解放同盟在香港出版的 *Formosa Speaks*（福爾摩沙發言）[47]。遺憾的是，作者至今尚未能找到〈Quo Vadis Formosa？〉原文，在以下僅能以後兩篇論文為主，輔以其他間接的記錄，進行探究。

（一）祖國與帝國

廖文奎在終戰之後並未立即回到臺灣。在1946年9月返鄉探親之前，他都留在上海。他在上海的主要活動，可能是以臺灣革新協會以及臺灣同鄉會

---

46 Joshua W.K. Liao, "Imperialism Vs. Nationalism in Formosa", in *The China Weekly Review*, vol.104, no.7（Shanghai, Jan.18, 1947）, pp. 191-193. 本文同時由廖史豪譯為日文，發表於廖文毅主編的《前鋒叢書》第15號。參見《前鋒叢書》，第15期（臺北，1947年2月21日），頁3-12下文中簡稱「帝國主義」。

47 Joshua Liao, *Formosa Speaks*（Hong Kong: The Formosan League for Re-emancipation, 1950）.

宣傳光復、組訓臺胞之類的會務為主，但是另一方面，經由各種管道[48]，他似乎對陳儀治下的臺灣江河日下的情況，有相當清楚的掌握。然而，真正點燃他的怒火，並且促使他開始認真檢討他的中國認同的，應該是 1949 年 9-11 月的返鄉之旅。〈在臺灣的帝國主義和民族主義的鬥爭〉就是這趟幻滅的返鄉之旅的結晶[49]。

〈帝國主義〉一文是廖文奎對陳儀治臺的批判。所謂「在臺灣的帝國主義與民族主義的鬥爭」，指的是陳儀集團在臺灣據地稱王的「派系帝國主義」（factional imperialism）與善良而富於愛國心的臺灣人民（民族主義）的鬥爭。我們從標題一望即知這是廖文奎「法律／強權對抗道德／公理」的架構，但為什麼他要使用這樣的類比呢？一言以蔽之，因為陳儀治臺，徹頭徹尾犯了廖先前所指摘的中國政治「名實不副」的毛病，名為解放，實為占領，以致從公理墮落為強權了。因而臺灣同胞雖回歸祖國，「不但沒有享受到向阿爾薩斯──洛林人民回歸法國享有之自由、平等、博愛」，反而遭受壓迫、歧視與剝削[50]。

廖文奎這篇評論，也是以他一貫二律背反的思考方式推進的。他用一系列的對比，逐步描繪出一幅「在臺灣的大陸人統治集團」和「臺灣人」之間一場尖銳的「強權與公理」的對立圖像。首先，大陸統治者不守法，而臺灣人則富於守法的精神。例如，長官公署經常包庇貪污犯法的親信官員，但臺灣人檢察官寧可殺頭也要查辦到底；又如，大陸人坐公車不買票，引起守法

---

48 最重要的管道應該是終戰之後立即返臺，並且積極參與臺灣公共事務的廖家老三廖文毅。

49 這是廖本人在〈帝國主義〉一文所自述的心路歷程。〈Quo Vadis Formosa?〉的寫作日期不詳。在 1946 年 11 月出版的臺灣版《比較公民訓練》的封底廖文奎著作表中，已列有該篇。根據張炎憲教授論文中的間接引述，廖在該文之中已開始思考除了與中國統一之外臺灣未來出路，包括獨立，的可能性。然而引述內容過於簡略，看不出完整推論，因此難以據此論斷。作者推測〈Quo Vadis Formosa?〉應寫於 1946 年之中，但無法確定是否成於返鄉之後。在尚未找到原文之前，作者暫以〈帝國主義〉一文的敘述為本。

50 〈帝國主義〉，頁 191。廖在此處引「阿爾薩斯──洛林」與法國的關係批判中國接收臺灣的情形，已明顯暗示他認為臺灣對中國認同是以享有與中國其他地方人民一致的平等權益為條件的。

的臺灣民眾厭惡。第二，大陸官員貪婪而懶惰，但臺灣人秉性勤勉。廖諷刺
陳儀治臺只有兩項成就：臺灣人中文進步了──但這要歸功臺人勤奮自修，
還有臺灣各式飯館增加了──此則歸功大陸官員的好吃懶做。第三，中國大
陸低度發展，產業落後，科技人才少，而臺灣則高度發展，產業發達，技術
醫療人才遠勝大陸。最後，大陸統治者素質差，能力低，而臺灣人識字率高
居亞洲第二，素質高且能力強。如此，懶惰貪婪，目無法紀，而且素質能力
極差的大陸官僚集團，竟然來統治守法勤奮，素質高而能力強的臺灣人民，
並且視之為二等公民，處處歧視壓榨，其結果當然是臺灣各方面發展江河日
下，也難怪臺灣人怨聲四起，視大陸統治者為寇讎了[51]。

　　更糟的是，面對民意批評，陳儀集團不知反省，只知用文字遊戲和宣傳
口號來掩蓋真相。廖舉了幾個例子來說明這種大陸統治者「面子至上主義」
的政治文化。陳儀宣傳臺籍人士廣受政府晉用，已占全臺公務人員之61%，
事實上這些臺灣人幾乎全部都是基層公務員。教育處長吹噓光復後臺灣教師
與學生人數已大量增加，事實上人數雖增教育品質卻每下愈況。官方誇口實
施地方自治，事實上卻把地方資源壟斷一空，成為空頭自治。宣稱剛舉行的
國代選舉是「民主」，事實上卻是官方介入操縱的「官選」。口口聲聲說要
獎掖忠良，事實上卻大量拔擢投機的親日分子，壓抑真正的愛國者。廖文奎
舉其弟廖文毅在1946年8月參選國民參政員被做票落選一事為例，說明了陳
儀一幫人忠奸不分，只知排斥異己的作風[52]。

　　總結而言，陳儀一黨治臺，就是「名實不副」，名為解放，實則根本就
是占領，無怪乎林茂生所辦的《民報》要在社論批評這是「口說三民主義，
實行帝國主義」了。廖引申其意，感慨地說：「夠諷刺的是，當中國人才剛
把帝國主義的最後一絲痕跡從自己的土地上清除乾淨之時，他們派去解放臺
灣的人卻已經變成帝國主義者了──而且最糟的是，他們竟然是對一群與他

---

51 前引文，頁191-192。

52 前引文，頁192-193。

們同文同種的人民做出這樣的事。」[53] 然而，陳儀集團的帝國主義只是大陸人一小群官僚政客在臺據地為王的「派系帝國主義」而已，不能代表全部中國人。臺灣人也明白這點，所以今天臺灣人和陳儀集團的鬥爭，是「臺灣人的中國民族主義」和「陳儀集團的派系帝國主義」的鬥爭。

　　不過，陳儀終究最初是祖國政府派來解放臺灣的，如今解放不成，反而使臺灣再度陷入新的帝國主義之手，因此祖國有義務重新解放臺灣。這就是廖文奎的「臺灣再解放」思想的緣起，「再解放」的最初意義，是要求中國政府將臺灣從陳儀的「派系帝國主義」下解放，以補救先前用人不當之失。最初，這是一個體制內改革（reform）──而非革命──的構想[54]。但中國應該怎樣重新解放臺灣呢？一言以蔽之，就是撤換陳儀，實施臺人治臺。廖文奎指出，如讓陳儀再治臺幾年，臺灣將成為「像海南島一樣的地獄」，中國應盡速遵照將施行的憲法規定，真正賦予臺灣人自治權。在廖眼中，1947年的中華民國憲法，已經是臺灣人在體制內改革的「最後一線希望之光」（the last ray of hope）了。廖警告說，「在臺灣的民族主義和帝國主義的鬥爭將持續下去」，然而如果祖國政府不能採取斷然措施，重新解放臺灣，如果連中國憲法對臺灣人民的承諾都只是一紙具文，則祖國政府與陳儀集團的帝國主義何異？到那時，臺灣人的中國民族主義不無可能轉變為「臺灣民族主義」（Formosan nationalism）[55]。換言之，到那個時候，在臺灣的民族主義與帝國主義的對抗，將不再只是「臺灣人對抗一部分的中國人」，而是「臺灣人對抗全部中國人」的鬥爭了。

　　如同他在《個人與共同體》中透過一系列「中國公理 vs. 帝國強權」的對比建構理想化的「中國民族」的形象一般，廖文奎也在「帝國主義」一文中經由一系列的對比，建構了一個理想、積極而正面的「臺灣人」像。然而，這個「臺灣／公理」的正面形象，卻是建立在和「一部分的中國人（陳

53　前引文，頁191。
54　前引文，頁191、192。
55　前引文，頁193。

儀集團）／強權」的負面形象的對比之上。我們在前面曾指出，祖國派時代的廖文奎本來認為臺灣所具有的特殊性是負面的，因此也是必須加以改造矯正的。但是現在，臺灣的特殊性卻轉而變成正面的，而且這個正面的特殊性是在和「一部分中國人」的對比中產生的。在「部分中國人」與臺灣人的對比中，「臺灣」和「中國」同時在廖文奎的認同結構中發生了位移：中國由「大我」向「他者」（Other）移動，而臺灣則由「小我──地方」向「大我──國族」移動。

　　另一個值得注意的事實是，廖文奎在文中特別強調了臺灣人這個有別於「部分的中國人」的思想和行為模式與價值體系，是在和中國本土「不同的地理和歷史（a different geography and a different history）」環境之中產生的。他並且抱怨即使連許多同情臺灣人的大陸人，也不明白這個事實，也因此才會輕率地批評臺灣人的不滿陳儀，望治心切是「性急」[56]。如果我們回想廖文奎對「民族」的定義──「在特殊環境中形成的具有獨特文化的人類群體」，事實上一個「臺灣民族」的形象實在已經呼之欲出了。而如果不只是陳儀一幫人，連「大多同情臺灣人的大陸人」也不能理解臺灣人對「有誠意的政治」的渴望的話[57]，難道廖文奎沒有暗示「臺灣民族」已經發展出有別於整個中國民族的民族性了嗎？透過〈帝國主義〉一文的寫作，廖氏對「臺灣民族」的想像，以及他的認同轉換，已經接近完成。最後的臨門一腳，則有待於1947年年初之後，包括中國與國際的政治局勢的演變了。

（二）公理對強權

　　〈帝國主義〉一文的英文原稿發表於1947年1月18日上海發行的《密勒氏評論報》，恰好在這一天，廖文奎在臺北出席了《前鋒》雜誌社舉辦的一場由廖文毅主持的「青年座談會」。會中，廖文奎發言表示返鄉之旅「看見

56　前引文，頁193。

57　吳濁流先生語，日文原文為「誠意ある政治」。參見吳濁流，夜明け前の台湾：植民地からの告發（東京：社会思想社，1972），頁270-271。

鄉土的荒廢流淚不止」，公開主張根據大西洋憲章「臺灣人命運是可由臺灣人決定的！」[58]2月25日，廖文奎、文毅兄弟離臺赴滬，兩天之後，就發生了二二八事件。事件消息傳至上海之後，廖氏兄弟即參與旅滬臺灣同鄉六團體聲援臺灣人民活動，以及向南京政府請願要求立即廢止長官公署制度，實施臺灣自治。5月15日魏道明抵臺，接替陳儀主持臺政，6月臺北高等法院就發布通緝廖文毅廖文奎等三十名「內亂犯」。至此，廖氏兄弟對南京政府完全絕望，廖文毅先於1947年夏逃抵香港，廖文奎則於次年，在被上海吳淞警備司令部逮捕監禁百日釋放後，前往香港，與廖文毅會合，組織「臺灣再解放同盟」。

　　再解放同盟最初主張和中國民主黨派合作，追求在聯合政府下的聯邦中國（the United States of China under a coalition government）的臺灣自治[59]。然而隨著國共內戰轉劇，民主同盟被解散，此一構想成為明日黃花。由於廖氏兄弟本質上是美式自由主義者，不願與中共合作，於是在一番內部辯論後，「再解放同盟」在1948年夏正式確立「臺灣獨立」的主張，並在1948年9月首度向聯合國請願，要求託管臺灣並在臺灣實施公民投票達成獨立。1949年10月，中華人民共和國成立，國民黨政權敗退來臺，「再解放同盟」於12月派莊要傳赴日向美國占領軍指揮部（SCAP）遞交備忘錄，請求麥克阿瑟出兵驅逐國府，占領臺灣，協助臺人公投獨立[60]。1950年6月25日，韓戰爆發，杜魯門宣告「臺灣地位未定」以及「臺海中立化」，並派遣第七艦隊巡弋臺海。就在這個冷戰開端，國府偏安臺灣的背景下，廖文奎從1950年9-10月，接連發表了四篇英文論文，分別自歷史、經濟、政治局勢以及國際法等角度，有系統地論證臺灣人尋求自決獨立的正當性。10月底，「再解放同盟」將這四篇文章輯為一冊，作為向聯合國提出的備忘錄，並且在香港出版此書，定名為*Formosa Speaks*。

---

58 《前鋒》叢書第14期（臺北：前鋒出版社，1947年2月8日），頁11-12。

59 *Formosa Speaks*, p. 20.

60 Ibid, 21.

　　Formosa Speaks 是戰後臺灣獨立運動史上，第一本完整的臺灣獨立理論著作，也是日後廖文毅《台湾民本主義》（1956）的思想母體，它所提出的許多論證，對於 1960 年代以後的海外臺獨理論也有許多直接或間接的影響，但這些臺灣政治思想史的重要問題，必須另外為文探討，無法在此處理。儘管如此，我們仍不應忘記 *Formosa Speaks* 畢竟基本上是一份向聯合國請願的備忘錄，一份具有明確、立即而直接目的政治文書，而不是如簡文介的《台湾の独立》（1962），王育德的《台湾─苦悶するその歴史》（1962），史明的《台湾人四百年史》（1962），或者陳隆志的《臺灣的獨立與建國》（1971）一樣體系完整的著作。*Formosa Speaks* 的直接目的，是向聯合國請願，要求託管臺灣，並在臺灣實施公民投票以達到完全獨立。因此，它必須達成兩個論證目標：第一，證明中國政府領臺的缺乏合法性；第二，證明臺灣人有資格享有民族自決權。關於第一點，廖的論證策略是從國際法上批判中國領臺的依據，即〈開羅宣言〉。這部分，我們同樣希望另外為文討論。本文的重點不在全面地探討廖文奎氏臺灣民族主義的體系，而在追索他認同變化的思想歷程，因此我們比較關心第二個問題，因為，在他試圖回答此一問題的思考過程當中，我們可以觀察到他如何在過去思想的基礎上，完成了認同的轉換。

　　要證明臺灣人有民族自決權，必須證明臺灣人是享有民族自決權的適格的主體。換言之，必須證明臺灣人確實是一個「民族」。並且，因為臺灣人民族自決的目的，是要脫離中國人的殖民統治，因此必須證明「臺灣民族」是有別於中國民族而存在的實體。關於這點，廖文奎使用的最主要的論證策略是歷史敘述（historical narrative），亦即從臺灣人的歷史來證明臺灣民族的存在。*Formosa Speaks* 的第一章〈Formosa, Past and Present（臺灣的過去與現在）〉的主題，就是臺灣人的「民族史」（national history）。在這一章裡面，他同樣運用「道德／公理對抗法律／強權」思考模式來組織論述，然而此刻這個二律背反所組織的不是靜態的理念或行為模式，而是動態的時間──「公理對抗強權」如今成為界定臺灣歷史的主題，因為在廖氏筆下，臺灣人的歷史就是一部住民和外來統治者之間的漫長鬥爭史。

廖文奎在文章開始不久，就開宗明義地點出了這個主題：

因環境之力使然，這座島嶼從一開始就注定要變成種族之間的接觸與衝突的地點，而她的歷史也無非是一個拓荒民族為了追求自由與繁榮，而與他們不歡迎的入侵者與不公正的統治者間不斷的鬥爭。[61]

根據廖氏的環境決定論，民族是環境的產物。臺灣作為「海島」的地理環境，決定了島嶼上住民歷史發展的基調，也就是先來的拓荒者和與後到的外來入侵者之間不斷的鬥爭。廖氏所謂的拓荒者（pioneering people），指的是來自中國大陸的漢民族。這群漢族的拓荒者，彷彿「5月花號」的美國先民一般，為了追求「自由與繁榮」而渡海來臺，篳路藍縷，開闢草萊，並且在漫長的歲月中，與先後入侵的外族展開一次又一次的鬥爭。「臺灣人」，就是以漢族移民為主體，在這段歷時三百餘年克服自然，反抗異族的生存鬥爭中逐漸形成的民族。

既然臺灣史的不變主題是「反抗外族」，則臺灣住民與先後不同外族的衝突對立，自然成為最適當的歷史分期依據。廖氏將荷領臺時期到1950年的三百餘年，劃分出八個階段，每個階段都代表臺灣住民和一個主要外來統治者或入侵者的對抗，臺灣人的民族意識，就是在這一系列「我們」對抗「他們」，「公理」對抗「強權」的過程中鍛鍊出來的。

第一個階段，是臺灣對抗荷蘭人（1624-1661）。廖氏以郭懷一在1652年抗荷起事，作為臺灣人「第一次反抗不公正統治者的武裝解放鬥爭」[62]，亦即臺灣人反抗外來統治傳統的起點。這個選擇，有別於廖氏本人過去習用的「大明遺民」論，而將臺灣人的形成史向前推到明鄭之前，因而使臺灣人擺脫了過去「遺民」的消極宿命的悲情形象，而變成能夠積極行動，反抗外來統治的主體。第二個階段，是臺灣支持明鄭／對抗滿清（1661-1683）的時

---

61 Ibid, 2-3.

62 Ibid, 3.

期。從身為漢族的臺灣人的角度，鄭氏政權立足臺灣，當然具有合法性，因此這個階段是臺灣住民接納支持明鄭，對抗滿清異族的侵略。在廖文奎眼中，鄭氏王朝具有雙重意義：首先，雖然鄭氏政權以復明為號召，實質上它卻是在臺灣島上首度出現的獨立主權國家──廖稱之為「明帝國在臺灣」（the Ming Empire in Formosa）[63]；其次，這個主權國家的存在延續了臺灣人抗拒外來統治者的傳統──雖然這個傳統在此是以漢民族主義對抗滿清的帝國主義的形式出現[64]。如此，廖將鄭氏「反清復明」上接郭懷一抗荷，凸顯了明鄭「反抗」的意義。本來是漢民族主義象徵的「國姓爺」，因此也同時成為「弱小民族臺灣人」的象徵。

　　第三個階段，是「臺灣人對抗滿洲人（1683-1895）」。滿清打敗鄭氏王朝，據有臺灣，臺民遂淪陷於異族之手，然而臺民在滿清苛政之下「三年一小反、五年一大反」的造反傳統，則直接承續了郭懷一、國姓爺的抵抗傳統。廖文奎主張清代臺人反抗之頻繁，應歸功地下會黨所播下「大明愛國主義」種子的發芽，然而因缺乏「意識型態與組織的領導」，使以下層民眾為主體的臺灣民變經常以「分離主義起義」（uprising for secessionism）的形式出現。但廖氏也認為，清代三次最大的民變，朱一貴（1721），林爽文（1786）和戴萬生（1861）都以復明為號召，因此使失落的漢民族意識得以復興[65]。儘管如此，廖又提醒我們，這些漢族移民，在臺灣拓荒、克服環境的過程中，因為必須直接與原住民接觸、衝突，已經培養出了與「他們留在大陸的表親們」不同的集團性格：一種遠較中國本土人民更機警、節儉而且勤勞的性格[66]。

　　1895年滿清與日本簽訂馬關條約，割讓臺灣，是被一個異族出賣給另一個異族。為了同時反抗滿清的出賣與日本的入侵，臺灣人建立了亞洲第一個共和國「臺灣民主國」。廖文奎認為這是臺灣人在歷史上第二度獨立建國，

63　Ibid, 7.這個有趣的名稱不由讓人想起另一個充滿創意的當代政治修辭「中華民國在臺灣」。

64　Ibid, 8.

65　Ibid, 10.

66　Ibid, 9.

而其後的乙未抗日之役，則是一場「獨立戰爭」（war of independence）。臺灣
住民經由這場獨立戰爭，確立了他們對臺灣合法的所有權，因此日本領臺，
既不是從滿洲人，也非從滿洲人手中，而是由臺灣人之手取得臺灣的[67]。

　　第四個階段，就是「臺灣人對抗日本人（1895-1945）」。廖文奎認為日
本治臺是「經濟成功，道德失敗」[68]，雖臺人物質生活有所提升，卻實施種族
歧視，壓迫臺灣人，因此臺人抗日，史不絕書。前期臺人以武裝抗日，持續
乙未之役的精神，而以1915年西來庵事件江定、羅俊、余清芳的「大明慈
悲國」的失敗告終。廖氏稱此事件是日據時期臺灣人最後一場「獨立戰
爭」[69]。武裝不成，則林獻堂、蔣渭水據威爾遜「民族自決」之非武裝抗日繼
之而起，不絕如縷。如是，臺人反抗外來統治的精神基礎，在日據時代，由
「復明」意識進入「弱小民族自決」的階段。

　　1945年中國接收臺灣，臺灣人為什麼沒有反抗？首先，臺灣人在戰後
得知將被交給中國時，對於未來在中國統治下獲得失落已久的自由寄予很高
的期待。廖在此第三度引阿爾薩斯——洛林的類比，來說明臺灣人未曾言明
的期待：「一旦和中國統一，臺灣人希望享有物質繁榮與精神自由，享有和
中國人民一樣的自由、平等、博愛，就像阿爾薩斯——洛林的人民享有和其
他法國人民同樣權利一樣。」[70]換言之，「和全中國人民一樣享有相同的自
由、平等、博愛」，是臺灣人戰後加入中國一個未曾言明——因為未被徵詢
——的重要條件。另外，廖也指出，臺灣人和朝鮮人一樣，為了對抗共同敵
人日本，自然會向同文同種，有深厚歷史淵源的中國求援。終戰之初，臺灣
對中國的期待，毋寧更接近孫中山在《民族主義》所描述的，中國周邊的蒙
古等弱小民族對強大鄰國中國的期待。

　　當然這個期待是落空了，取日本而代之的不是「自由、平等、博愛」，
而是另一個帝國主義，這就是臺灣人反抗史的第五個階段：「臺灣人對抗陳

67　Ibid,11.

68　Ibid,12.

69　Ibid, 13.

70　Ibid, 14.

儀（1945.10-1947.5）」。廖說開羅會議把臺灣人「從一個奴役送到另一個奴役之下」，然而這個新的奴役，亦即陳儀集團的統治，其惡劣甚於日本帝國主義：「期待孔夫子的王道來取代武士道的霸道的臺灣人，突然發現他們被驅趕到國民黨的『搶道』（Way of Bite）之下。」[71]因此，臺灣人除反抗之外，別無選擇。二二八的起事，直接承繼了臺灣先人反抗不公的外來統治者的歷史傳統。廖氏認為在3月8日蔣介石派兵來臺鎮壓以前的「七日民主」當中，臺灣人其實以自己的力量短暫地解放了自己的國家，恢復了鄭克塽降清以來長期喪失的獨立[72]。然而，短暫的解放之後，臺灣再度淪入中國政府的控制，從1947-1949年，國府先後派遣魏道明和陳誠主臺，然而換湯不換藥的統治，只有加深了臺灣人對中國政府的厭惡與反抗的決心。這段時間，就是廖氏歷史分期中，第六、第七期臺灣人分別對抗魏、陳二氏統治的階段。到了這兩個階段，臺灣人已經從與陳儀一派的對立，發展到了和整個國民黨政權的對立。

　　1949年10月，中華人民共和國成立，國民黨敗逃臺灣。「中華民國」政府的遷臺，使臺灣被「偽裝」（disguised）成中國，但也又把臺灣再度轉化成一個主權國家──雖然是在一個繼承而來的國名之下[73]。儘管如此，「中華民國在臺灣」顯然不具備鄭氏「明帝國在臺灣」的正當性：因為後者是臺灣反抗異族傳統的一環，而前者卻是流亡來臺的異族專制政權；後者是反抗的主體，而前者卻是壓迫的主體。然而現在臺灣人不但要承受中國國民黨的直接壓迫，也要面對中國共產黨併吞臺灣的野心，因此臺灣人現在面臨的，是一個「三角鬥爭（triangular struggle）」：他們必須推翻占領者國民黨，並且阻擋共產黨的侵略[74]。換言之，到廖氏寫作本文的1950年，臺灣歷史的發展已經進入臺灣人對抗中國人的階段了。

　　透過這樣的歷史論述，廖文奎建構了一個「臺灣民族」的圖像：「臺灣

71　Ibid, 15.

72　Ibid, 16.

73　Ibid, 19.

74　Ibid, 21.

人」是在特殊的地理、歷史環境中，不斷克服自然與人為的生存障礙（開拓荒野與反抗外來統治）過程中演化而成的民族。然而，這個論述並未直接處理「臺灣民族」論的反對者最常用，而且或許是對外人最有宣傳力量的批判——從血統、種族而論，臺灣人根本就是中國人。事實上，依據廖氏的民族理論，人類群體在適應不同環境過程中，本來就有可能產生體質與血統的變異。因此，當他在「過去與現在」的中提及臺灣的漢族移民因環境影響已產生與中國本土人民不同的群性之時，其實已經暗示了這個可能性。然而，廖文奎要等到 *Formosa Speaks* 的最後一章〈Formosa's Demand for Independence（臺灣要求獨立）〉一文，才明白地陳述他的主張。

　　針對中國人宣稱臺灣人與中國人血統相同，因此是中國不可分割的一部分時，廖文奎如此答覆：

> 事實上，包括已經漢化者在內，非漢族的原住民就占臺灣人口近十分之一。至於其他的人，雖然漢人的血統占多數，但是從過去以來持續地吸收荷蘭人、西班牙人和滿洲人的成分，以及近來經由和日本移民的通婚而吸收日本血統，這是不爭的事實。因此，不論從種族心理或生理特徵而言，臺灣本地人和中國人之間的差異，如果不是更甚於美國人與英國人之間，以及巴西人與葡萄牙人之間的差異，至少也是差不多的。[75]

不過，我們必須記得廖文奎基本上認為區隔民族的基礎在文化而不是種族或體質，後者只是長期適應環境差異可能發生的客觀的生物學事實而已。因此很明顯地，他之提出「混血民族論」比較是基於「被迫應戰」的政治考量。否則，他不會在講完上述那段驚人之語後，又接著說：「甚至相同的民族也可以分成不同的國家，就好像不同民族可以合組一個國家。」[76] 他更嘲弄中國說：「既然人類可以追溯到同一個祖先，中國還不如鼓吹建立一個包括所有

75　Ibid, 51.

76　Ibid, 51.

民族的世界聯邦算了。」[77]

　　回答了這個問題之後，廖文奎的「臺灣民族」像於是清晰而具體地出現了。臺灣人是以來自中國大陸的漢民族移民為主體，結合南島語族的原住民，並與荷、西、滿、日通婚，在海島拓荒與自然環境爭鬥，並與外來侵略者鬥爭的過程中，逐漸演化形成一支體質、民族性均有別於中國人的民族。貫穿臺灣民族發展史的主題，是反外來壓迫，追求自由繁榮，因此，臺灣民族的民族主義，是一種反抗帝國主義壓迫的弱小民族民族主義。歷史上，每個外來統治者都對臺灣民族意識的形成，發揮了一定的作用，而使之最後瓜熟蒂落的臨門一腳，是中國對臺灣的帝國主義壓迫。弔詭的是，臺灣民族意識的母體——漢民族意識——的發源地，「祖國」中國，卻扮演了臺灣歷史中最近的一個壓迫者的角色，這使臺——中關係產生逆轉，「祖國」終於變成「敵國」，變成臺灣人界定「自我」最終極的「他者」。

四、結語

　　社會學家 Liah Greenfeld 曾提出一個富於洞見的論證，解釋為何美國人決定脫離英國而獨立。她指出，直到獨立前夜，大多數美國的英籍移民其實仍然以身為英國人為榮。他們會選擇分離主義，並不是因為他們已經發展出分離的美國認同，而是因為他們的英國認同太強。這個命題並非詭論，因為英國民族主義的內部就蘊含著一個「朝向分離的驅力」（a drive for sescession）[78]。Greenfeld 說明，英國民族認同從形成之初，就提供了兩種不同類型的效忠（loyalty）：一種是具體的，物質的，它指涉一個具體的現實，體現在「領土、生活方式和特殊的政治制度之中」；另一種是理想主義的或抽象的，表現在所謂「民族價值」（national values）之上。Greenfeld 指出，

77　Ibid, 52.

78　Liah Greenfeld, *Nationalism: Five Roads to Modernity*（Cambridge, MA: Harvard University Press, 1992）, p. 412.

第二種，也就是理想主義的效忠，本質上就容易導向不滿與反叛，「因為，對理想的認同越強烈，對理想實現狀況的不完美，也就更敏感，更不能忍受。」最重要的英國「民族價值」，就是「自由（liberty）」，表現於政治上就是「自治（self-government）」，這意味著，理想主義式的英國認同的內部，早就蘊含了分離的種子。英裔美國移民，脫離故國山川，所賴以維繫認同者，其實是祖國文化的核心價值，也就是自由的追求。18世紀後期英國開始對有自治傳統的美洲殖民地緊縮控制，使英裔美洲人發現現實當中的祖國，不僅不尊重子民的自由，反而企圖剝奪他們的自由。這導致了美洲人強烈的不滿，他們選擇分離與獨立，是為了維護他們所珍視的民族價值，也就是自由[79]。

在探索過廖文奎氏前後半生的認同變化歷程後，我們發現 Liah Greefeld 對美國獨立的解釋，對於我們理解廖氏的個案，頗具啟發性。廖在前半生，傾其中西學養，為自己建構了一個以「道德／王道／天下大同」等中國古典的「民族價值」為核心的高度理念化的中國認同。這些古典的中國政治理想，在廖文奎所生存的20世紀前半葉的現實當中，具體表現在孫中山反帝與濟弱扶傾的民族主義之上，成為維繫廖的中國認同最重要的支柱。他後來對中國的幻滅與轉向，正因為中國的政治現實徹底的背棄了這些民族理想之故。如同美洲人選擇獨立以保存其珍視的自由理想，廖也選擇脫離祖國來維護他對「反帝、反壓迫」理想的堅持。雖然本文只是對廖文奎氏之個案研究，但在戰前類似廖氏以「理念」建構中國認同，以致終戰之後因接觸現實的中國而產生認同危機的臺灣人確實在所多有。Greenfeld 的思考，也許提供了一個理解戰後一部分臺灣人認同轉向的可能架構，值得深入探討。

其次，從本文的廖文奎氏的個案研究中，我們還發現了另一個線索，或許可以協助吾人進一步理解終戰前後臺灣人認同的狀況，也就是關於「弱小民族」的問題。從《台灣總督府警察沿革誌》以及其他材料中，我們發現「弱小民族」的意識似乎是聯繫戰前與戰後初期島內島外各派「臺灣解放」

79　Ibid, 412-413.

構想的公因數[80]。戰前臺共依第三國際路線提出的「臺灣民族」論，蔣渭水民眾黨「求臺灣人全體之解放」，或議會請願運動的「愛爾蘭路線」，都已經有臺灣作為一個待解放的弱小民族的形象。而在中國的各派臺灣人運動當中，不分是否是「祖國派」──即臺灣解放必須繫於祖國解放的主張者──或獨立派，幾乎一律高（麗）臺（灣）並稱，直接以「弱小民族」向中國政府與民眾訴求[81]。在廖文奎所屬的「祖國派」之中，則雖團體不同，但都和廖有志一同，特別注意孫中山（以及國民黨的）「濟弱扶傾」的承諾[82]。日本學者近藤正己曾指出，戰前旅華的臺灣人對於中國，同時懷抱「祖國意識」與「棄民意識」[83]。筆者以為，這個中國認同中微妙的二重性，其實在祖國派身上表現得最清楚。這個與「祖國意識」並存的「棄民意識」，就是臺灣人對身為「弱小民族」的自覺。

---

80 「臺灣解放」是臺灣抗日民族運動者用來描述其運動目標的慣用語，例如民眾黨的前身臺政革新會原稱「解放協會」，而其綱領為「期實現臺灣人全體之政治的，社會的，經濟的解放」。蕭友山在戰後初期所寫的《台灣解放運動的回顧》（臺北：三民書局，1946）更直接以「臺灣解放運動」概括稱呼整個日據時期的民族運動。所謂「解放」者「殖民地（臺灣）解放」也，這一左翼語詞之在臺灣流行，當與一次戰後席捲世界各地殖民地的弱小民族自決論，特別是列寧的民族自決理論有直接關係。而所謂「臺灣解放構想」，是日籍學者若林正丈的概念，用以描述臺灣抗日民族運動中各派對於如何解放臺灣所提出的各種政治構想。參見若林正丈〈臺灣抗日民族運動當中的「中國座標」與「臺灣座標」〉，收在黃康顯主編，《近代臺灣的社會發展與民族意識》（香港：香港大學校外課程部，1987），頁287-306。

81 如南京的「中臺同志會」，張深切的「廣東革命青年團」與丘琮的「臺灣民主黨」等皆是。參見台湾総督府警務局，台湾社会運動史（台湾総督府警察沿革誌第二編：領臺以後の治安状況）（東京：龍溪書舍復刻版，1973），第一章第四節，在支青年学生の思想運動。

82 例如，組臺灣義勇總隊，與國府關係密切的李友邦在1938年寫的〈中國抗戰與臺灣革命〉一文中，除指出臺灣革命與祖國抗戰之密不可分外，還在結尾說了這樣一段話：「我們臺人為實踐可能達到的理想並希望掙脫異族的統治於最近的將來計，除真誠接受祖國抗戰所給予我們的有利諸條件外，尤盼中國政府和人民督促，號召與執行被壓迫民族革命導師 孫中山先生的詔示：『對弱小民族要扶助他』，『聯合世界上以平等待我之民族共同奮鬥！』，收於李友邦著，《李友邦先生文粹（2）：臺灣革命運動》（臺北：人間出版社，1991），頁9。

83 近藤正己，《総力戰と台湾──日本植民地崩壊の研究》（東京：刀水書房，1996），頁545-546。

　　這個不分「左右統獨」的臺灣人共同擁有的「弱小民族」意識，意味著「臺灣」作為一個「想像的共同體」的出現。這個臺灣人對臺灣的「共同想像」，是一種政治的集體意識，它應該和「左右統獨」的政治解放的路線、策略與制度構想加以區分[84]。這個弱小民族的集體意識，是廖氏兄弟組「臺灣再解放同盟」初期與謝雪紅一派合作的基礎。兩派因關於如何解放臺灣的具體政治構想歧異而分道揚鑣，尋求社會主義中國協助的謝雪紅，組臺灣民主自治同盟試圖以「臺人治臺」訴求容納臺灣人的弱小民族意識，而向美國陣營求援的廖氏兄弟則將弱小民族論推向分離主義的極致。本文的討論，已經說明了戰後臺獨是戰前弱小民族論的延伸與發展，而最初由廖文奎建構的臺獨論述，更是祖國派的弱小民族論的變奏；然而我們必須記得，戰後初期的統一左派，不是源於中國民族主義，而和獨派一樣源於臺灣人的弱小民族意識。統獨同源，這不是歷史的詭論，它只不過印證了康德（Immanuel Kant）的警語罷了：

　　從人類扭曲的質地之中，如何能產生筆直的事物呢？[85]

84　若林的「臺灣解放構想」分類是以「革命／改良」與「與中國統一／分離」這兩組政治指標為依據，因此他所討論的幾種「左右統獨」的解放構想所涉及的主要問題是臺灣解放的政治策略與制度設計，而這與臺灣人認同的問題雖然相關，但卻不應混為一談。「解放構想」有可能在一定程度上反映出構想者的情感認同，但它在本質上是一種基於政治現實的理性選擇，而集體認同雖然也涉及理性選擇，但主要還是植基於情感、習慣等非理性（irrational）或非關理性（non-rational）的因素，因此遠較政治路線的選擇更為複雜，而這兩者也未必重合。Louis Snyder早就指出，族群民族主義運動中的自治派與分離派之對立，往往非關民族認同之衝突，而是運動路線的溫和派與激進派之分。而Grodzins更是一針見血的指出，聯邦主義的制度選擇根本是一種充滿妥協意味的「敵視性的合作」（antagonistic cooperation），而非集體認同的表徵。以「解放構想」來類推臺灣人的認同狀態，必然陷入化約主義的謬誤。參見Louis L. Snyder, *Global Mini-Nationalisms: Autonomy or Independence*（Westport, 1982），以及Ivo D. Duchacek, "Antagonistic Cooperation: Territorial and Ethnic Communities", *Publius*, vol.7, no.4（Fall, 1977）, p. 28.

85　本句德文原文是：　"Aus so krummem Holze, als woraus der Mensch gemacht ist, kann nichts ganz Gerades gezimmert werden." 引自Isaiah Berlin, *The Crooked Timber of Humanity: Chapters*

廖文奎在1952年，以四十七歲的英年病逝於香港流亡旅次之中。他並沒有來得及將他的臺獨主張，發展成一套像他的中國民族主義一般從形上學、本體論到政治學兼備的體系。他的臺灣民族主義，是實踐的，應用的，而且是宣傳的，因此也充滿了無可避免的漏洞、空白與矛盾。然而他是一個Hannah Arendt說的「黑暗時代中的人」（man in dark times），他見證了一個黑暗的時代，並且在黑暗與困阨中，倉皇記錄了一個臺灣知識分子的思考、幻滅與夢想。他的思考、幻滅與夢想，如一道薄芒，在黑暗中稍縱即逝，卻為他的後來者留下了一個「政治的可能性」。1950年，他在香港寫信給 *Formosa Betrayed* 作者 George Kerr 時說：「……關於臺灣問題，用講道理來解決還是勝過訴諸武力。沒有理由找不到可以滿足各方的方案……我深信，時間是在我們這一邊的。韓國的愛國者等了三十五年，我們不用等那麼久的……」[86] 可是黑暗時代才剛開始，戰爭的陰影籠罩臺海，並沒有任何方案能被各方接受，而廖文奎在流亡中為解放故國臺灣的焦首苦思，彷彿 Walt Whitman 絕望的詩：

什麼地方正被圍城，而又徒勞無功地嘗試解圍？[87]

只是，他殘缺不全的思想，其實正執拗而緩慢地滲透到歷史之中，他所構想而被壓抑、遺忘的「政治的可能性」，在他死後的歲月中，一直被思考、辯論或者批判。如此，則我們似乎又聽見了流亡早逝的臺灣人思想家在黑暗中的獨白：

然而我仍將我的一篇詩歌

---

in the History of Ideas（New York: Vintage Books, 1992），正文前引文。

86 George Kerr, *Formosa Betrayed*（Irvine, CA: Taiwan Publishing Co, 1992）, pp. 459-60.

87 本句原文如下：“What place is besieged, and vainly tries to raise the siege?” Walt Whitman, “What Place is Besieged?”, in Walt Whitman, *Leaves of Grass*（New York: Bantam Books, 1983）, p. 9.

（一篇，但創作自矛盾之中）我獻給民族，
我在他體內留下反叛（呵，隱伏的暴動權力！呵，
不能止息，不可或缺之火焰！）[88]

參考文獻

不著撰人，《臺灣月刊》創刊號，上海：臺灣革新協會，1945。

不著撰人，《前鋒》叢書第14期，臺北：前鋒出版社，1937。

台湾総督府警務局，《台湾社会運動史（台湾総督府警察沿革誌第二編：領臺以後の治安状況）》，東京：龍溪書舍復刻版，1973。

李友邦，〈中國抗戰與臺灣革命〉，收於李友邦著，《李友邦先生文粹（2）：臺灣革命運動》，臺北：人間出版社，1991。

近藤正己，《総力戦と台湾——日本植民地崩壊の研究》，東京：刀水書房，1996。

吳濁流，《夜明け前の台湾：植民地からの告發》，東京：社会思想社，1972。

若林正丈，〈臺灣抗日民族運動當中的「中國座標」與「臺灣座標」〉，收入黃康顯主編，《近代臺灣的社會發展與民族意識》，香港：香港大學校外課程部，1987。

孫中山，《三民主義》，出版者不詳，1925。

張炎憲，〈戰後初期臺獨主張的探討——以廖家兄弟為例〉，《二二八學術研討會論文集》，臺北：二二八民間研究小組，1991，頁279-303。

廖文奎，《比較公民訓練》，臺北：大承出版社，1946。

廖文奎，《人生哲學之研究》，南京：大承出版社，1936。

廖文奎，《孫中山之政治醫學——總理遺教綜論》，南京：大承出版社，1937。

廖文奎（Liao, Joshua W.K.）著，廖史豪譯，〈臺灣に於ける帝國主義と民族主義との鬪爭〉，《前鋒叢書》，第15期，臺北：前鋒雜誌社，頁3-13。

廖文奎，《Quo Vadis Formosa?》，出版地、年份不詳。

蕭友山，《台湾解放運動の回顧》，臺北：三民書局，1946。

Berlin, Isaiah. *The Crooked Timber of Humanity: Chapters in the History of Ideas*. New York: Vintage Books, 1992.

Chatterjee, Partha. *Nationalist Thought and the Colonial World: A Derivative Discourse*. Minneapolis: University of Minnesota Press, 1986.

Duchacek, Ivo D. "Antagonistic Cooperation: Territorial and Ethnic Communities." *Publius* 7.4 (1977): 3-29.

Greenfeld, Liah. *Nationalism: Five Roads to Modernity*. Cambridge: Harvard University Press, 1992.

Hawkins, Mike. *Social Darwinism in European and American Thought, 1860-1945: Nature as Model and Nature as Threat*. Cambridge: Cambridge University Press, 1997.

Hayes, Carlton J.H. *The Historical Evolution of Modern Nationalism*. New York: The Macmillan Company, 1951.

Karl, Barry. *Charles E. Merriam and the Study of Politics*. Chicago: The University of Chicago Press, 1974.

Kerr, George. *Formosa Betrayed*. Irvine: Taiwan Publishing Co., 1992.

Kohn, Hans. *The Idea of Nationalism*. New York: Collier Books, 1969.

Liao, Joshua. *Formosa Speaks*. Hong Kong: The Formosan League for Re-emancipation, 1950.

Liao, Joshua W.K. "Imperialism Vs. Nationalism in Formosa." *The China Weekly Review* 104.7 (1947): 191-93.

Liao, Wen Kwei. *The Individual and the Community: A Historical Analysis of the Motivating Factors of Social Conduct*. London: Kegan Paul, Trench, Trubner, 1933.

＿＿＿. "Modern Idealism as Challenged by Its Rivals." M.A. Thesis. University of Chicago, 1929.

＿＿＿. "Morality Versus Legality: Historic Analyses of the Motivating Factors of Social Conduct." Diss. University of Chicago, 1931.

Merriam, Charles Edward. *The Making of Citizens: A Comparative Study of Methods of Civic Training*. Chicago: University of Chicago Press, 1931.

Miller, David L. *George Herbert Mead: Self, Language and the World*. Chicago: The University of Chicago Press, 1973.

Natanson, Maurice. *The Social Dynamics of George H. Mead*. Washington D.C: Public Affairs, 1956.

Rucker, Darnell. *The Chicago Pragmatists*. Minneapolis: Minnesota, 1969.

Snyder, Louis L. *Global Mini-Nationalisms: Autonomy or Independence* Westport: Greenwood Press, 1982.

Tully, James, ed. *Meaning and Context: Quentin Skinner and His Critics*. Princeton: Princeton University Press, 1988.

Vico, Giambattista. *The New Science of Giambattista Vico*. Trans. Thomas Goddard Bergin and Max Harold Fisch. Ithaca, N.Y: Cornell University Press, 1986.

Whitman, Walt. "Still Though the One I Sing." *Leaves of Grass*. New York: Bantam Books, 1983.10.

＿＿＿. "What Place Is Besieged?" *Leaves of Grass*. New York: Bantam Books, 1983. 9.

第九章

陳紹馨的哲學思想

張政遠*

　　陳紹馨（1906-1966）被視為「臺灣第一位社會學家」及「臺灣社會學界的先驅」。他生於臺北，1929年入讀位於日本仙台的東北帝國大學，1932年畢業後曾於同校出任助教，1936年回臺[1]。本文的目的是指出他在東瀛的七載歲月留下了不少線索，可以讓我們更全面地了解他的生涯與思想。我們會先簡述吉野作造（1878-1933）及新明正道（1898-1984）的思想，以把握兩者與陳的思想脈絡；之後探討陳紹馨的思想，特別從勞思光的「文化哲學」問題意識入手，追蹤陳對黑格爾「市民社會論」的論述；最後嘗試檢討陳紹馨思想在今天的意義。

---

*　香港中文大學日本研究學系講師。

1　有關陳紹馨的生平，可參考：
　　（1）中央研究院社會學研究所專頁：http://www.ios.sinica.edu.tw/ios/sociologists/shaohsingchen/
　　（2）國立政治大學民族臺灣專頁：http://da.lib.nccu.edu.tw/ft/?m=2304&wsn=0609
　　（3）國家圖書館臺灣歷史人物小傳明清暨日據時期專頁：http://memory.ncl.edu.tw/（該專頁把「陳紹馨」誤植為「陳邵馨」）

一、引言

　　陳紹馨尚未出生，臺灣已進入了日治時期（1895-1945）。其入讀的「東北帝國大學」創立於1907年（前身為「第二高等學校」，即今天的東北大學），是日本的第三所現代大學。日本的首間大學為「帝國大學」（前身為「第一高等學校」，後來改名為「東京帝國大學」，即今天的東京大學），於1877年創立；第二所大學則為「京都帝國大學」（前身為「第三高等學校」，即今天的京都大學），於1897年創立。其他的帝國大學包括「臺北帝國大學」（國立臺灣大學）及「京城帝國大學」（首爾國立大學）等，總共有九所。在當時的社會，入讀大學談何容易。陳之所以能夠順利入讀東北帝國大學，除了天資及後天努力等個人因素外，這亦與東北帝國大學的學風不無關係。

　　東北帝國大學的創校理念為「研究第一」及「門戶開放」。事實上，該校是日本第一所錄取女生的大學，陳所就讀的「法文學部」亦有積極聘用外籍教師，如黑利格（Eugen Herrigel）[2] 及洛維特（Karl Löwith）[3] 等。「法文學部」的「學部」，即今日「學院」（Faculty）之意。該學部成立之前，東北帝國大學已有理學部、農學部、醫學部、工學部。為了一改「重理輕文」的學風，該校便於1922年設立「法文學部」。東北帝大特別針對擁有獨立文學部、法學部及經濟學部的東京帝大及京都帝大，認為要培育有廣泛教養的人才，就要避免學科過度細分。因此，創立時的「法文學部」綜合了文、法、經三科，直至到了戰後才被分拆為三個獨立的學院[4]。

　　東北帝國大學的法文學部為講座制。文學方面，學部成立時有史學、哲學、印度學、心理學等講座，後來增加了倫理學、美學、文化史、中國學

2　黑利格（1884-1955）在仙台時曾跟隨弓道大師阿波研造（1880-1939）研習弓道。參考 Eugen Herrigel, *Zen in the Art of Archery*（London: Routledge & K. Paul, 1953）。

3　有關洛維特在仙台的經歷，參考《一九三三，一個猶太哲學家的德國回憶》（臺北：行人，2007）。

4　http://www.sal.tohoku.ac.jp/history.html

（支那学）、教育學、社會學、史學、宗教學、西洋文學、國文學等[5]。法學方面，先後設立了憲法學、民法學、國際法學、刑法學、政治學、商法學、社會法論等講座[6]。經濟學方面，講座數目相對較少。曾於東北帝國大學任職的阿部次郎（1883-1959）如此憶述：「（法文學部）創立當時是很自由的，有法、文、經的學科。開設經濟學講座的原因，是由於要具備一些必要的經濟知識才可以做法學科的學問，這就是說本來並沒有打算設立經濟學部。」[7]

　　陳紹馨所屬的社會學講座於1925年7月設立。東北帝國大學當時本來有意邀請德國現象學家謝勒（Max Scheler, 1874-1928）出任講座教授，但由於謝勒在法蘭克福大學獲得了教職，結果改聘關西學院教授新明正道（1898-1984）出任首位專任教官，並於1926年4月上任[8]。新明生於臺北，畢業於東京帝國大學政治學科。新明曾任日本社會學會及日本社會史學會會長等要職，對日本社會學學界的影響力不容忽視。新明師承吉野作造（1878-1933）。吉野生於仙台以北的小鎮古川，同樣是現代日本重要思想家之一。吉野作造及新明正道二人重視哲學思想，但卻沒有埋首在自己的專家領域。陳並沒有只顧社會學，他本來對人文科學亦有研究，對臺灣早期哲學發展有一定的貢獻。

　　本文的構成如下：在第二節，我們先簡述吉野作造及新明正道的思想，以把握兩者與陳的思想脈絡；在第三節，我們會探討陳紹馨的思想，特別從勞思光的「文化哲學」問題意識入手，追蹤陳對黑格爾「市民社會論」的論議；第四節為總結，檢討陳紹馨思想在今天的意義。

5　http://www.sal.tohoku.ac.jp/history.html

6　http://www.law.tohoku.ac.jp/about/

7　參考《東北大學法文學部略史》。引用自：http://essentia.exblog.jp/15062983/

8　參考《東北大学文学部・文学研究科の歩み》（仙台：東北大学文学部同窓会，2006），頁133。

二、吉野作造及新明正道的思想

（一）吉野作造

　　吉野作造是現代日本「民本思想」的奠基者。他見證了時代的變遷——明治初期，日本重視「文明」（civilization），希望加入「一等國」的行列；但大正時代以後，日本重視「文化」（culture）[9]。如何在現代化的同時，成功地保留文化傳統？這可以說是現代日本知識分子最關心的問題。當時，日本出現了全新的憲法及政治制度，democracy 思想亦流傳到日本。所謂democracy，其字面意義是主權在於人民，但很多人對「民本」與「民主」的區分不求甚解。吉野指出：

> **民本主義**這詞，在日文中是極為新的用例。一向以來，我們用以往使用的**民主主義**，有時又用**民眾主義**、**平民主義**的稱呼。但**民主主義**，根據社會民主黨的用法，容易與「國家主權在人民」這個危險學說混為一談。另以，**平民主義**會引起一些誤解，令平民與貴族對立，把貴族視作敵人，平民才是朋友。從文字上看，**民眾主義**沒有以上缺點，我嫌它沒有「重」於民的意思。[10]

更重要的問題是，民主主義與現代日本憲法有明顯的分歧。1889 年公布的《大日本帝國憲法》，保留了「萬世一系」的天皇作為君主（統治者）、人民作為臣民（被統治者）的型態。在這制度下，人民根本沒可能推翻天皇，亦沒有可能推翻天皇制。吉野留意這個問題，因此鼓吹「民本主義」，強調「民本主義」才是憲政精神所在。

9　佐藤弘夫等編，《概說日本思想史》（京都：ミネルヴァ書房，2005），頁 251-253。

10　參考〈憲政の本義を説いて其有終の美を済すの途を論ず〉（1916），收入《吉野作造集》（近代日本思想大系 17）（東京：築摩書房，1976），頁 68。強調來自原文。

吉野意識到「民本主義」與「民主主義」的分別，這區分非常重要。勞思光亦強調「民本主義」與「民本主義」之分。勞指出：

「民本」與「民主」的區別甚為明顯。如果我們說：國以民為本，因此國家的主人應該了解人民的重要性，這就是「民本主義」。如果我們說，只有人民方是國家的主人，一切名義不同的政治領袖，只是人民的代表，則這就是「民主主義」。其根本差異在於人民有無行使其改變政府之權力的合法形式；民主主義下必有，民本主義下則不必有。[11]

傳統中國已有「民為貴，社稷次之，君為輕」的民本思想，但勞指出：「我們如說，孟子有民主思想或孔子主張民主，便是輕率附會了。」[12]吉野則認為，「民本主義」的本質為人格主義，與基督教傳統有莫大關係[13]。我們可以說，有關「民本」的問題已不只限於特殊的傳統東方社會或西方社會，而是一個普遍的哲學問題。

表面上，吉野作造與陳紹馨在思想上並沒有什麼直接的關係。然而，我們可以說，吉野絕對不是一位不問世事的「象牙塔學者」，而是關心社會與政治的現代知識分子。除了論述民本主義，吉野亦有撰文支持民眾示威運動，贊同女性的政治參與。他雖於大學任教，但卻主張大學所擁有特權應被廢止。重視學問但不屈就權威，這種風骨影響到後輩新明正道和陳紹馨。

（二）新明正道

在〈哀悼陳紹馨博士的逝世〉一文中，新明指出：「陳君本是因為知道我在才以東北大學為入學志願，入學後卻因我不在而一時之間相當沮喪。」[14]

11　勞思光，《中國文化要義新編》（香港：中文大學出版社，1998），頁112。

12　同上，頁114。

13　有關人格主義，參考拙論，〈論人格概念：謝勒與阿部次郎〉，《東亞傳統與現代哲學中自我與個人》（臺北：臺灣大學人文社會高等研究院，2015），頁187-205。

14　http://www.ios.sinica.edu.tw/cll/diary/vp070517.html

事實上，新明因出國關係，直接教導陳的時間只有一年。由此可見，二人的師生關係並沒有想像中的密切。後來，陳成為了助教，二人從師徒關係一變成為同事關係。新明憶述：

> 陳君在畢業後立即成為助理，到昭和十一年辭職為止共在職四年。當時我也剛返國，正值充滿活力的時期，對知識社會學和意識型態論抱持興趣，以其為中心進行講課及專題研討的同時《知識社會學諸相》（知識社会学の諸相）及《意識型態的系譜學》（イデオロギーの系譜学）等著作也陸續公開。陳君雖是專攻法學與經濟學的學生，但他反倒在許多專題研討會中一直幫助我，不但擔任討論的指導，還在日本社會學會大會發表報告，也在社會學相關的雜誌發表論文等，持續出色的表現，使陳君的名聲響遍全國社會學界。[15]

陳紹馨放棄了留日發展，回臺幫助父親經營農場，新明認為這是日本學界的一大損失。新明曾說：「對日本東北的社會科學來說，陳君是此地最初培育出的優秀研究者。如果他就這樣在日本繼續學術生涯，現在就是與大道安次郎等並列的人物，應該足以成為日本的社會學先驅之一。」[16]然而，陳紹馨結果並沒有完全脫離學界，他後來在1942年加入臺北帝國大學，並發展了立根臺灣的社會學研究。

　　新明的社會學研究，深受齊美爾（Georg Simmel, 1858-1969）的哲學所影響，非常關注當時在歐洲出現的文化危機。除了現代德國哲學，新明亦有留意現代德國社會學。新明的《國民革命之社會學》，早在1938年已被譯成中文。該書旨在討論費也（Hans Freyer, 1887-1969）的社會學。他在該書的序中如此說：

---

15 http://www.ios.sinica.edu.tw/cll/diary/vp070517.html

16 http://www.ios.sinica.edu.tw/cll/diary/vp070517.html

自希特勒發動國民革命以後，德國社會學之面目為一新；風靡一時之形
式社會學，便失去其昔日之威勢，代之而稱霸者，為國民社會主義之社
會學。屬於此種國民社會主義社會學之諸體系，係反映德國新社會之狀
態，此當值得注意者。在此種社會學方面，誠然頗多迎合時代之理論，
但在學問上卻非不值得討論之。如漢斯・符萊翊（Hans Freyer）之社會
學者，在其構成與內容方面，均為超群拔萃之傑作，頗有足為討論之學
說的意義。[17]

新明認為，國民社會主義以「民族的國家」（völkische Staat）為基礎。國家
本身不是目的，而是民族發展的手段。他引用了希特勒的說法：「國家為達
到目的之手段。」「不能盡職於其目的之國家者則為畸形兒。」國家教導者
羅森堡（Alfred Rosenberg, 1893-1946），當然也有類似的主張：「國家非為
我等高人應跪伏於其前之獨立偶像。國家非為目的，不過為維持民族之手
段。」這些主張當然欠缺深度，但新明卻提及了黑格爾的立場：「民族之權
威為優越於國家之權威者。否認此點者，如其在國家自身，則國家即為民族
之敵人。」[18]對民族權威的重視，這與「民主主義」有一定的關聯。但是，國
民社會主義很明顯是反對「民主主義」的。民族國家巧妙地把「民族」與
「國民」等同，如納粹德國限定德意志血統者方可成為國民，其他民族
（如：猶太人）則不能成為國民，這些都是現代德國民族主義的根本問題。

　　陳紹馨曾研究黑格爾的哲學，他亦切身體會到「民族」與「國民」的差
異。筆者認為，陳研究黑格爾的動機是希望從中找到線索，支持一個並非以
單一民族來成就的現代國家。市民社會與國家有何分別？現代德國的路向是
否應該追隨？當時的日本有沒有可能成為一個包容其他民族的現代國家？這
些都是陳所關心的問題，亦是當時困擾學者們的真問題。

　　第二次世界大戰後，費由於曾經支持希特勒政權，結果失去了大學教

---

17 新明正道著、袁業裕譯，《國民革命之社會學》（長沙：商務印書館，1938），頁1。
18 同上，頁9。

籍。新明在日本也有相似的命運，他被裁定「公職不適格」，結果也失去了東北大學教授的身分，直至1951年才復任。戰後，新明與陳各有不同的發展，但二人仍有保持交流。新明說：「我記得較清楚的是昭和三十四年陳君再次赴美，回國的途中特地到仙台看我，當時我記得他好像贈送我 Parsons 的 *Social Systems* 當禮物。」[19]

三、陳紹馨的思想

　　從黑格爾到柏森斯，我們不難發現一個重要的線索：陳紹馨一直思考的問題，本來就與勞思光的「文化哲學」有重疊之處。

　　勞思光指出，他的工作計畫是先清理傳統哲學思想，再探討20世紀的世界哲學思潮，最後歸於新的文化哲學的提出[20]。在《中國文化要義》的初版（1965）中，勞思光說明了「文化」的特性不能以「環境」、「需求」或「能力」來解釋。繼而，他指出「文化現象」有別於「文化精神」。「文化精神」是一種「自由意志」或「自覺心」，它是一個能動的主體。「一個文化之所以成為如此的文化，其方向是由自覺的價值意識決定；這個方向『表現』在經驗事象中，而並非源生於經驗事象。經驗事象受價值意識的鑄造，而成為『文化現象』，價值意識本身卻不是一個被決定的現象；它是自決的『文化精神』。從『文化精神』到『文化現象』是一活動歷程。」[21]他認為：「研究文化現象的工作，即是人類學家，社會學家、心理學家們所從事的工作。但當我們從自由意志一面來觀察文化的時候，我們所研究的題材，在實質上，已有了極大的變化。我們所研究的，已經不是這些現象本身，而是在現象背後的『文化精神』。」[22]這裡，勞思光為「文化理論」作了一個新的定

19 http://www.ios.sinica.edu.tw/cll/diary/vp070517.html

20 劉國英、張燦輝合編，《無涯理境：勞思光先生的學問與思想》（香港：中文大學出版社，2003），頁276。

21 勞思光，《中國文化要義》，頁6。

22 同上，頁4。

位：

在經驗事實的層面上，有文化現象之研究；在自覺活動的層面上，有文
化精神之研究。前者生出有關文化問題的經驗科學，後者則生出文化哲
學。這兩種研究各有不同的工作領域；彼此也不能取代。但另一方面，
二者也並不排斥。一個文化問題的研究者，如果具備了適足訓練及智
慧，他常可使兩層面的研究互相補助，而形成一個完整的文化理論。23

然而，在《中國文化要義新編》的序言（1998）中，勞思光作了如此的申
明：「這本書中所表達的文化哲學觀點，基本上與我的《少作集》中的觀點
相同；就思想特色講，都是屬於黑格爾模式的理論。這應看作我的早期思
想；與我寫《中國哲學史》第三卷時的中期思想已不全同，跟我近二十年來
的晚期思想更是大異。」24 勞思光所提出的黑格爾模式（Hegelian model），主
張文化現象背後有一個支配性的文化精神。「依 Hegelian model 的想法，人
所以創造某文化，必定先肯定其價值，至於在史中的現實阻礙，即所謂歷史
的惰性，則只是一消極的干擾而已。」25 他尤其反對馬克思模型（Marxist
model）的文化哲學，把一切的文化活動都還元為生產或勞動活動。晚年，
他日漸了解到黑格爾模式的限制。文化精神可以「外化」到文化現象，但與
之相反的「內化」是否可能？勞思光嘗試提出柏森斯模型（Parsonian
model）去指出我們實際生活的世界才是唯一的實在，人的需要或社會制度
可以「內化」成價值觀念。勞思光認為，黑格爾模式仍然有一定的有效性，
特別可以用來解釋文化的「創生」；但文化仍有另一活動，即所謂「模
仿」，這是難以用黑格爾模式來說明的。

　　值得注意的是，勞思光經常引用日本的例子，來說明「模仿」在現代化

---

23 同上，頁5。

24 同上，頁xii。

25 勞思光，《中國文化路向問題的新檢討》（臺北：東大圖書公司，1993），頁24。

的角色。勞思光自問：「我們可說，在中國，現代文化的壓力造成一段衰亂的歷史。反過來看日本的一面，情況卻大不相同。現代文化的侵入，在日本造成『明治維新』的局面。日本不但未因此進入衰亂，反而逐漸成為當時東亞唯一強大國家。它不曾成為西方侵略的對象，卻成為東方的侵略者……中國與日本境遇為何如此不同呢？」[26] 日本有別於中國，她在現代化的學習歷程上特別強調模仿。「我們現在就舉一個文化史的例子來看。日本當初的漢化運動，並不是先清算自己的傳統。從中國吸收進來的東西與它原有的，譬如像武士道的精神，仍然可以共存，這當然有個改變內部傳統的過程，可是這不叫『脫胎換骨』，是慢慢發展的。明治維新西化時，情況也很類似，西方文化對它雖有影響，但這種影響是『長成的過程』，不是『代換的過程』，先模擬後調整。」[27] 勞甚至主張，文化史上最典型的模擬的例子是日本。他指出：

> 日本與中國同受西方壓力，日本的明治維新與中國自強運動也差不多同時，然而日本的維新並不認為要脫胎換骨，把傳統信念、價值都丟到茅廁去，日本文化是很自覺地在模擬。由文化眼光看明治維新，他所改變的主要是效率層面、技術上的東西，至於當時的日本憲法（作為根本理念）則仍是皇權欽定的憲法……日本至今的生活仍然有許多保留傳統的地方，他沒有代換的意思，但他模擬得越深，內部自然會有些改變、調整。[28]

勞認為，日本和中國差不多同一時期遭受西方文化之壓力，但兩者的際遇卻有很大的差異。他說：「日本從明治維新以來，沒有一個哲學家、思想家理論，主張日本文化要脫胎換骨，要重新改造……日本學得西方文化成績，是

---

26 勞思光，《危機世界與新希望世紀》（香港：中文大學出版社，2007），頁89-90。

27 勞思光，《思辯錄》（臺北：東大圖書，1998），頁176。

28 勞思光，《中國文化路向問題的新檢討》，頁56。

通過一逐步的調整、反應而來。二次大戰以前，日本有若干傳統文化在西化過程中都並沒有改變，中國人因此瞧不起日本，總認為它的西化是表面的、零碎的。其實，倘就學習歷程講，日本的方式才是自然的過程。」[29]

　　作為一位留日學生，陳紹馨親身見證了當時日本的西方過程[30]。另外，作為一位學者，陳紹馨視文化作為其研究的對象。什麼是文化？他指出：

> 「文化」在一般用例有「較高」或「較時髦」的意思，但現代社會科學上「文化」係指一般人們的生活方式（way of life），較高的生活方式不過也是生活方式的一種而已。較高的文化是華麗顯著的現象，屬於上層人們；一般人們的生活方式則係平凡的日常性的事實。社會生活還未進步社會科學還未發達以前人們祇能看到華麗顯著的現象而已，社會生活進步社會科學發達以後人們就知道鮮豔的文化並不是無根草，必須有它的土壤，而一般人民的平凡的日常生活方式就是它的基礎。[31]

我們可以說，陳是一位社會學家，他的關心是「文化現象」；勞思光則是一位哲學家，他要研究這些現象本身背後的「文化精神」。文化哲學大可以向社會學借鏡，但社會生活中的各種文化現象亦有其哲學理論可談。陳紹馨與勞思光的關懷雖然不同，所受的學術訓練亦大異，但他們卻是殊途同歸——

29　勞思光，《中國文化路向問題的新檢討》，頁191-192。

30　例如，洛維特指出：「日本人起初是頗為單純地尊崇我們的概念體系，花上多年時間苦心及耐心地研究，但卻沒有具體的目標；這些研究並未能影響他們的態度。他們讀黑格爾的德文原典，柏拉圖的希臘文原典，休謨的英文原典；他們之中最少有一位研讀希伯來文的《舊約聖經》。在我教授哲學的地方——位於仙台的大學〔即：東北大學〕——我有一位同事研究中世紀德國文學的原典，即使是我也看不懂……他們有些自稱是日本的「黑格爾主義者」、日本的「康德主義者」和日本的「現象學家」。他們的哲學期刊的目錄所討論的問題，幾乎與我們在學術刊物發表的東西一樣。」Karl Löwith, "The Japanese Mind-A Picture of the Mentality that We Must Understand if We Are to Conquer," *Sämtliche Schriften*, vol. 2 (Stuttgart: Metzler Verlag, 1983), p. 556.

31　陳紹馨，〈文獻委員會應有的工作〉，頁27。

勞談柏森斯模型，以補黑格爾模型的不足；陳則重視柏森斯的社會學，這明顯是針對黑格爾哲學。

我們要注意，陳並非從一開始便反對黑格爾哲學的。相反，當陳在東北帝國大學任職助教時，便曾在該校的《文化》雜誌（1933年創刊）發表了專文討論黑格爾的市民社會論[32]。黑格爾的市民社會論，可以說是其精神哲學的顯現。眾所周知，黑格爾在《法哲學原理》中討論了三種人倫共同體，即：家族（family）、市民社會（civil society）及國家（state）[33]。當中，家族是市民社會與國家的基礎，而國家則是倫理理念的實現。陳引用黑格爾的原文來說明家族的特徵：「家族以自然的方式，而且本質上以人格的原理分為眾多的家族。這些家族分別是一般獨立的、具體的人，因此互相對峙。⋯⋯這產生了差別的段階。」[34]在家族中，家人建構了一個共同體，因此並沒有單獨存在的個人。然而，在市民社會中，個人獨立存在，各自行使自己的自由，如言論、出版自由等。表面上，市民社會強調個人，國家強調整體；但國家有必要保護個人的自由，否則國家便會失去市民的監察。黑格爾甚至認為，市民社會的成員有權利及義務參與國家的運作，例如向法院起訴、到庭陳述[35]。

陳注意到黑格爾以前已有不少哲學家論及市民社會。他論及的哲學家有：博單（Jean Bodin, 1530-1596）、霍布士（Thomas Hobbes, 1588-1679）、洛克（John Locke, 1632-1704）、休謨（David Hume, 1711-1776）、史密斯（Adam Smith, 1723-1790）、盧梭（Jean-Jacques Rousseau, 1712-1778）及費

---

32 陳紹馨，〈ヘーグルに於ける市民社会論の成立〉（分上、下兩篇），《文化》，第3卷，1936。

33 在18世紀，英語civil society通常意指state，參考T.M. Knox, "Translator's Foreword," *Hegel's Philosophy of Right*, Oxford: Oxford University Press, 1967, pp. x-xi.

34 陳紹馨，〈ヘーグルに於ける市民社会論の成立〉（上），頁378；參考黑格爾《法哲學原理》第181節。

35 陳紹馨，〈ヘーグルに於ける市民社会論の成立〉（上），頁383；參考黑格爾《法哲學原理》第221節。日本於2009年正式施行「裁判員制度」，並於同年進行了有「裁判員」參與的公審。

格森（Adam Ferguson, 1723-1816）等。當中，陳更有專文討論費格森的市民社會論[36]。陳亦有注意康德對黑格爾哲學的影響，特別是黑格爾不滿康德哲學從形式的法則出發，但由於形式與質料是不可約化的，因此形式的人倫法不可推出具有質料的法與義務。陳如此論述：

> 對圖賓根時代的黑格爾來說，康德哲學及法國大革命是兩件偉大的事情。他愛讀康德的著作並受到很大影響，但早在伯恩時代已對康德哲學抱有懷疑。他不滿康德的倫理理性主義中個人道德與民族人倫出現對立，故此嘗試把兩者作綜合統一。特別是在謝林及荷德林的影響下漸漸把興趣從康德哲學轉移到浪漫主義。在〈論自然法之各種科學處理方式〉（1802）中，他批判康德的自然法論。康德從人倫中應然的形式法則出發。由於康德視形式與質料〔原文為資料，下同〕是絕對的存在，從形式的人倫法不可導出法與義務的質料。在同論文中，黑格爾亦批判了霍布士的自然法論。霍布士從作為自然事物的人與其他人之間所產生的經驗的、外在的關係出發，但不可以從原子「個人」綜合出「全體」。黑格爾就是要消除康德及霍布士的二元論對立，並嘗試把握民族生活的有機統一。[37]

陳紹馨強調市民社會論的重要性，但亦洞察到它未能解決所有問題。在現代社會裡，市民有自由擁有資產，累積財富；但與之同時，這很容易出現「富者越富、貧者越貧」的現象。陳注意到，黑格爾的理論絕非空中樓閣，而是要回應當時的世界，特別是英國在1815年因為生產過剩而出現經濟恐慌等現實問題。為何黑格爾把視線轉到英國？陳指出，這是由於當時的德國仍然是一個農業國，並沒有在英國出現的各種深刻問題[38]。當國內的矛盾深刻

---

36 陳紹馨，〈アダム・ファーグスンの市民社会論〉，《文化》，第2卷第8期，頁931-960。
37 陳紹馨，〈ヘーグルに於ける市民社会論の成立〉（下），頁676。筆者認為，陳的分析與謝勒批判康德的形式主義倫理學可謂異曲同工。
38 陳紹馨，〈ヘーグルに於ける市民社会論の成立〉（下），頁683。

化，資本家便會尋求新的市場。黑格爾已明確指出，生產過剩產生了嚴重的社會矛盾，結果會引發殖民主義[39]。我們可以說，跨國商貿活動本來是經濟發展的「目的」，但結果成為了殖民擴張的「手段」。這顯然不僅是19世紀的問題，而且也是當今世界的根本問題。陳紹馨準確地把握了黑格爾市民社會論的核心，其分析在今天仍頗具參考價值。

四、結語

陳紹馨曾在日本仙台的東北帝國大學留學並工作，這些都發生在日治時期。我們要了解，日本占領臺灣後，逐漸將臺灣資本主義化，因而亦產生了臺灣人、原住民與日本人之間的民族對立[40]。然而，陳本人便印證了學問不分疆界的事實。他的身分是臺灣人與否，這和他的哲學、社會學思想可以說並沒有直接的關係。正如當年嘉義農林棒球隊進軍甲子園，球員們是原住民、臺灣人或日本人，本來都不重要。陳生於民族主義高漲的年代，但沒有認同極端的愛國主義。假如陳留在日本發展，說不定可以開創一場跨文化哲學運動。

除了「民族之爭」，陳紹馨亦經歷了「學院之爭」。在現今的大學，學系都自成一派，各學院分道揚鑣，哲學與社會學、人文學與社會科學的交流談何容易！然而，陳本人頗受東北帝國大學法文學部的理念影響，反對學科的過度專門化。他後來更明確地指出，「自19世紀以來科學研究尊重分化、專門化。此種步驟對科學的進步有過偉大的貢獻，但物極必反是常理，分得太微細太厲害就會我卻了中心點，離心運動之後不得不來一個向心運動。」[41]他補充：

---

39 陳紹馨，〈ヘーゲルに於ける市民社会論の成立〉（下），頁683；參考黑格爾《法哲學原理》第243-248節。

40 黃俊傑，《臺灣意識與臺灣文化》（臺北：臺大出版中心，2010），頁18-19。

41 陳紹馨，〈文獻委員會應有的工作〉，收入《修志方法論集》（臺北：方法研究會出版，1954），頁26。

所謂綜合的立場實質上可以說是對從來的專門化的某種限制或糾正：各
門專門科學不應以自己的理論為一個完整的體系，必須知道它是對象之
一方面的說明；必須知道分化是一個全體之一之一部分的專門化，如離
心運動過甚而與全體脫離關係，則會變成一套畸形的理論；社會科學研
究的目的在於了解具體實在的生活，分化專門化祇是為達成此目的的手
段而已。[42]

由此可見，陳紹馨思想的根本態度就是跨越各種學科偏見，要回到現象本
身。單看這一點，亦充分點出了他的思想在今天的意義。很多社會學（或社
會科學）所關心的問題，本來就涉及了一些具有普遍意義的哲學問題。人文
科學與社會科學，本來就有不少對話的空間。

　　最後，我們亦要指出，陳的哲學思想含有一個非常重要的訊息，即學問
本來就不是抽象的理論，而是與當今世界的種種問題絲絲入扣。當然，我們
可以抽象地研究市民社會這個概念，但在生活世界中有很多具體的問題不容
忽視，如市民社會的過度商業活動引發貧富懸殊，全球化處境下跨國商貿活
動帶來了社會不公義，甚至最近臺灣的反服貿運動等。大學裡的知識分子，
如何回應當今世界的種種問題？陳以身作則，向世人展示他不是一位徘徊在
象牙塔裡的學者，而是一位勇於面對當今世界的社會知識分子。

---

42 同上，頁27。

參考文獻

吉野作造，《吉野作造集》（近代日本思想大系17），東京：築摩書房，1976。

佐藤弘夫等編，《概說日本思想史》，京都：ミネルヴァ書房，2005。

陳紹馨，〈アダム・ファーグスンの市民社会論〉，《文化》，第2卷第8號（1935），頁931-960。

_____，〈ヘーグルに於ける市民社会論の成立〉（上），《文化》，第3卷第4號（1936），頁377-403。

_____，〈ヘーグルに於ける市民社会論の成立〉（下），《文化》，第3卷第6號（1936），頁675-709。

_____，〈文獻委員會應有的工作〉，收入《修志方法論集》，臺北：方法研究會出版，1954，頁1-34。

勞思光，《中國文化路向問題的新檢討》，臺北：東大圖書公司，1993。

_____，《中國文化要義》，香港：中文大學出版社，1998。

_____，《思辯錄》，臺北：東大圖書公司，1998。

_____，《危機世界與新希望世紀》，香港：中文大學出版社，2007。

黃俊傑，《臺灣意識與臺灣文化》，臺北：臺大出版中心，2006。

新明正道，《國民革命之社會學》，長沙：商務印書館，1938。

劉國英、張燦輝編，《無涯理境：勞思光先生的學問與思想》，香港：中文大學出版社，2003。

Hegel, Georg Wilhelm Friedrich, *Philosophy of Right*. Oxford: Oxford University Press. 1967

Herrigel, Eugen, *Zen in the Art of Archery*. London: Routledge & K. Paul. 1953

Löwith, Karl（洛維特），*Sämtliche Schriften*, vol. 2. Stuttgart: Metzler Verlag. 1983

_____，《一九三三，一個猶太哲學家的德國回憶》，臺北：行人，2007。

第十章

郭明昆對西方人類學理論的
接受與利用

葉純芳、橋本秀美[*]

1931 年，來自臺灣臺南麻豆的郭明昆從日本早稻田大學文學部畢業，畢業論文是〈《儀禮‧喪服》考〉。1933 年，郭明昆進入早稻田大學研究所就讀，在津田左右吉教授的指導下，從事中國社會史的研究工作，作為大學畢業論文的延伸，撰寫了〈《喪服》經傳考〉。1934 年 6 月，郭明昆受日本外務省文化事業部派遣，至中國留學。滯留北平的近兩年時間，對郭明昆來說，是研究的轉捩點。1934 年 12 月撰成的〈甥姪稱謂と漢族稱謂制の側面史〉，為郭明昆其後一系列深刻周詳的漢族稱謂研究奠定了完整的理論基礎。由於郭明昆的研究成果主要用日文發表，長期以來未被學界重視，但他的漢族稱謂研究即使在今日仍有極高的參考價值，他的論證有不可駁倒的說服力。郭明昆有效地利用西方人類學理論的分析方法，同時不為其學術框架所限，對他研究的成功賦予了鮮明的獨特性。

* 葉純芳為北京大學中國古代史研究中心副教授，橋本秀美為北京大學歷史學系教授。

　　本文分析整理郭明昆參考、利用西方人類學理論，建立其獨特成就的具體情況。為便突出郭明昆的特點，本文也會論及與郭明昆幾乎同時，由中國留美研究漢族稱謂的馮漢驥。相信本文的分析對當今學界認識留學、引進西方理論等問題也有不可忽視的借鑑意義。

一、郭明昆的生平與學習研究背景

　　郭明昆，筆名郭一舟，1905 年（明治三十八年）12 月 25 日生於臺南麻豆。父親郭就，又名郭大錦，生於清同治六年（1867），卒於日治大正三年（1914）。營商有阿片煙館、豆油製造業、藥鋪「文德號」，大正三年，日治政府曾授紳章。母親李氏，育有四子，長男郭明泉，曾任公學校訓導，亦為麻豆地區第一位就讀臺北國語學校畢業生；次男明賜、四男明堂，皆為訓導；明昆為其三子。

　　1895-1945 年，是臺灣歷史上的「日治時期」。即使日本在此時期的臺灣執行義務教育，甚至在統治後期施行「皇民化運動」[1]，但是傳統的私塾仍存在於臺灣，當時許多臺人父母讓子女在課餘時間到私塾跟著漢文老師學四書五經，作詩寫文，奠定了最基本的漢文基礎。雖然殖民政府的政策並不希望殖民地的人民受到太高的教育，高等教育主要針對在臺日人而設置，仍有少部分優秀臺灣青年受過高等教育。1913 年（大正二年）4 月，郭明昆進入臺灣公立臺南廳麻豆公學校就讀，1919 年畢業。在學期間，品德、學業皆得到師生們的讚賞，並獲頒日本皇族閑院宮、北白川宮所設的獎學金。6 月 30 日，進入臺灣總督府立商業專門學校預備學校就讀，由林茂生[2]（1887-

---

1　皇民化運動，由總督府主導，自 1937 年起，至 1945 年止，倡導臺灣人全面日化，要求臺灣人說國語（日語）、穿和服、住日式房屋、放棄臺灣民間信仰、廢漢姓名改日本姓名，並動員臺灣人積極參與戰時工作，效忠日本天皇。

2　林茂生，1887 年 10 月 30 日，生於臺南府城。1908 年 1 月由英國教士會資助到日本入京都「同志社中學」深造，畢業後考進第三高等學校，該校畢業後又順利考入日本最著名的學府——「東京帝國大學」，主修東方哲學，專攻「陽明學說」。1916 年，畢業於東京帝大文

1947失踪）教授英語及數學。郭明昆在生前所寫的最後一篇文章中，曾提到林教授在課程中所提出「歐洲語時間觀念發達，華語空間觀念發達」的概念，對他研究華語形體觀念有相當的影響。

　　1925年（大正十四年）3月，由府立商業專門學校預科畢業，4月，留學日本，進入第二早稻田高等學院文科就學。1928年（昭和三年）4月，進入早稻田大學文學部哲學科社會哲學專攻就讀。相對於醫科、法科的留學生，他的選擇在當時是一條孤獨而毫無利益可言的道路。在早稻田大學，郭明昆深受研究社會哲學專業的關與三郎教授、東洋哲學專業的津田左右吉（1873-1961）教授的影響。1931年3月，大學畢業，畢業論文〈《儀禮・喪服》考〉，在研究視角、分析方法上，津田左右吉的影響相當明顯。4月1日，任臺南州立臺南第二中學校教職。1933年（昭和八年），受津田左右吉的邀約，辭去臺南第二中學之教職，至東京早稻田大學研究所就讀，研究中國社會史。進入研究所後，先撰寫〈喪服經傳考〉，算是畢業論文的延伸，隨即撰寫〈祖父稱謂考〉，在研究〈喪服〉經傳的基礎上，將重點轉移到社會結構、家族關係的研究上。

　　1934年6月至1936年2月，受日本外務省文化事業部派遣至中國留學，是郭明昆學術的重大轉折點。滯留北平期間，結識北京大學社會史家陶希聖、郁達夫等眾多學者、文人，遊歷華北各地的同時，也專心致志於中國家族組織的調查研究。1934年12月，在北平撰成〈甥姪稱謂と漢族稱謂制の側面史〉，大量參考西方人類學的英文著作，並對西方學者的研究方法進行徹底的分析，形成獨特的研究風格。自此之後，郭氏一系列關於漢族稱謂研

究的文章：〈伯叔母嬸考〉、〈姑姨舅妗と漢族稱謂制の側面史〉、〈福佬話方言に於ける親族稱謂の二三について〉、〈父母稱謂考〉、〈稱呼と命名の排行制について〉都以此篇為重要基礎。

1936年2月回日本後，歷任第二早稻田高等學院臨時講師、早稻田大學講師、第二早稻田高等學院專任講師、教授。1943年2月22日，妻黃春過世。11月22日，偕子女搭乘從神戶出發的「熱河丸」客輪，返臺灣途中，在溫州被美軍潛水艇擊沉，全家罹難[3]。郭氏享年僅三十九歲。

郭明昆的學術生涯，若從進入研究所的1933年算起，至其去世才十年而已。然而從在津田門下研究〈喪服〉經傳開始，在此基礎上，轉而研究漢族親屬稱謂，全面參照西方人類學理論，加上對歷史文獻的深層分析以及對方言、俗語的廣泛了解，推出一系列空前絕後的精闢研究，是在一段非常特殊的歷史背景下，郭明昆這一既聰慧也有強烈個性的臺灣人留下的心靈軌跡。

二、郭明昆學術介紹

郭明昆英年早逝，在其身後二十年，才由友人李獻璋將其所有的學術論文，匯集成《中國家族制及語言研究》一書出版。其中有關中國家族制度的九篇、關於中國語言的三篇，另收雜筆若干篇。

關於中國家族制度的九篇，在我們看來，還可以分為三類：其中兩篇關於《儀禮·喪服》研究；五篇是通過稱謂的分析，討論家族制度；最後兩篇

3　以上郭明昆之生平資料，以李獻璋所編「郭明昆教授略歷」為主（參見《中國の家族制及び言語の研究》，頁5-7。據李獻璋的「附註」所言，此略歷根據郭明昆生前自撰年譜、戶籍謄本、昭和十一年2月27日的親筆履歷書、論文刊載日期、早稻田大學教員任免記錄以及戰時災害保護法麻豆街長的照會文書等，一一調查、歸納而成），又參考林慶彰編，《日據時期臺灣儒學參考文獻》（臺北：學生書局，2000，頁393-394）、臺南縣文獻委員會編，《臺南縣志稿》（臺南：臺南縣文獻委員會，1960年3月，卷8，〈人物志〉，頁86）、莊永明著，《臺灣紀事》（臺北：時報文化出版公司，1989年10月，頁1070-1071）等資料整理而成。

則討論親屬稱謂，重點集中於語言現象的探討。本章簡要介紹前兩類的成果。

（一）《儀禮‧喪服》的研究

郭明昆就讀早稻田大學的畢業論文是〈《儀禮‧喪服》考〉。之後，他進入早稻田大學研究所就讀，在津田左右吉教授的指導下，從事中國社會史的研究工作。當時，在中國的學術界正瀰漫著顧頡剛等人的疑古思想；在日本，社會學研究成為學術界的新浪潮。9月，作為畢業論文的延伸，郭明昆撰寫了〈《喪服》經傳考〉。

作為結果來看，郭明昆在開展漢族稱謂研究之前，對《儀禮‧喪服》做了詳盡的考證，為他的研究奠定了良好基礎。似乎郭明昆在研究的最初，就已經規畫好延續《儀禮‧喪服》的研究方向；但實際的情形，恐怕是一個剛剛受到老師啟蒙的學生，偶然地選擇《儀禮‧喪服》作為題目，在研究的過程中，愈來愈深入，愈來愈有興趣，最後才發展成為漢族稱謂研究的規模與一系列作品。郭明昆在〈《儀禮‧喪服》考‧緒言〉[4]中說：

> 中國的法律制度，直接使用喪服制度來表述親屬關係親疏等級。唐代甚至有用法律強制實行喪服制度的嘗試。因此，喪服禮在中國思想史及社會史上是一個值得研究的題目。我們研究〈喪服〉禮，一方面要用〈喪服〉禮作為一個實例，來研究儒家所說的禮，究竟屬於何種性質、具有何種思想史意義；另一方面，需要通過分析〈喪服〉禮的組織，來了解家庭生活的狀態，也要思考是在何等社會背景下，才會產生如此繁瑣的〈喪服〉禮討論。（頁1-2）

從這一段話，可以看出郭明昆雖然研究的是〈喪服〉禮，但已經開始展現出

4　郭明昆撰，李獻璋編，《中國の家族制及び言語の研究》（東京：早稻田大學出版部，1962年9月15日）。

對家族制度、社會史強烈的興趣。不過，在這兩篇有關〈喪服〉經傳的研究論文中，直接討論解決的是文獻的問題。將《儀禮‧喪服》當作史料看待，首先要確定它的成書時間，才能將〈喪服〉的內容放在適切的歷史脈絡中來看待，也才能對親屬稱謂關係的演變做出準確判斷。郭明昆認為，雖然《荀子‧禮論》中所敘述喪服的制度不完全，但一定是與荀子所處時代實際的情形相符合，且《荀子》撰成的時間大體可考，作為檢討〈喪服〉的根據最適當。在此前提下，他否定了《儀禮》與周公孔子的密切關係，並透過喪裝、喪期、服喪者三方面的分析比較[5]，認為〈喪服〉經文大約是《荀子‧禮論》以後、戰國末期的儒家所編寫。

　　古代的經學家都相信〈喪服〉經文是聖人周公或孔子的述作，傳文則是如子夏等賢者所作，並將〈喪服〉經、記、傳視為一個整體來理解。郭明昆的〈喪服經傳考〉則認為作為中國上古社會史的重要史料，這些內容必須分別看待：因為經文簡略，傳文常常過度解釋，或與經文矛盾、或錯誤解讀，與經文形成不太相同的系統。將「傳」獨立分別看待，才能了解傳文作者獨特的思想與立場。最後，經由他的分析，認為「記」是成於漢代諸儒之手，「傳」則推斷為漢武帝時期的作品。

　　在對《儀禮‧喪服》做了時代的界定之後，郭明昆的漢族稱謂研究，就在此基礎上展開。

（二）漢族稱謂的研究

　　李獻璋在完成郭明昆論文集編輯後，為本書所寫的〈編者後跋〉中說：

5　郭明昆最重要的觀點是，《荀子》裡面出現的喪服只有齊衰、小功、緦服三種而已。後來在齊衰中分出斬衰，小功中分出大功，才形成〈喪服經〉的五服。對國君要服三年之喪，在《孟子》與《荀子》中都有記載。但是講解君臣關係的所謂「從服」，則大概是《儀禮‧喪服經》的新說，這也是〈喪服經〉後於《孟》、《荀》之後的一個證據。喪服本來是屬於私生活的禮儀，是儒家提倡久喪之禮和極端之孝來規範親子的關係。而把君臣間的道德看成與父子關係同樣重要，這樣的思想在戰國末期開始流行。

對於親族制度來說，旁系親屬的稱謂比起直系親屬稱謂，更能體現其特色。因此，他撰寫了〈祖父稱謂考〉作為〈喪服〉制度到親族稱謂研究的過渡之後，就陸續發表甥姪、伯叔姆嬸、姑姨舅妗等一系列縝密的論考，最後，又完成〈父母稱謂考〉。研究甥姪稱謂，包括旁系同輩親屬的昆弟——兄弟、叔伯兄弟、表兄弟、堂兄弟以及婿；研究姑姨舅妗稱謂，包括從他們各自的配偶、岳父母與妻的姊妹、家舅姑與夫的兄弟。最後加上排行制的文章，中國親族稱謂的研究，可謂全部被郭君囊括於此了。（頁560-561）

　　李獻璋認為郭明昆進行這一系列的家族稱謂研究，一開始就有全盤的規畫，因此，編輯《中國の家族制及び言語の研究》一書時，將這六篇按討論對象的順序排列。就編輯角度、或讀者要了解親屬制度而言，這樣安排自然是合理的。但當我們要分析討論郭明昆如何建立他的學術體系，則必須依照撰寫時間先後順序觀察這些文章。本文暫不討論不直接涉及家族制度的〈福佬話方言中的親屬稱謂二三事〉、〈稱謂與命名的排行制〉二篇，剩下五篇的撰寫時間依序是：〈祖父稱謂考〉（1934年3月）、〈甥姪稱謂と漢族稱謂制の側面史〉（1934年12月）、〈伯叔母嬸考〉（1935年5月）、〈姑姨舅妗と漢族稱謂制の側面史〉（1936年8月）、〈父母稱謂考〉（1938年1月）。

　　正如李獻璋所言，郭明昆將漢族稱謂的研究做得相當全面，尤其他對旁系親屬稱謂的分析，周詳縝密，精闢深入，達到空前絕後的境界。如果從人類學、社會史的角度來看，郭明昆最重要的發明，就在論證漢族社會從「旁系併合制」到「旁系制」的演變，他認為：

　　一、上古時代，同胞兄弟與平行堂表兄弟（父之兄弟之子、母之姐妹之子）不分，但交表兄弟（父之姐妹之子、母之兄弟之子）要分開，稱為「甥」、「姪」，即羅維所說的「旁系併合制」（羅維及有關術語，參第三章介紹）。

　　二、在《儀禮》與《爾雅》的時代（戰國末年），平行堂表兄弟從同胞兄弟分開，即羅維所說的「旁系制」。

　　三、漢代，有內外兄弟、中表兄弟、中外兄弟的稱呼；唐代，有表兄弟的稱呼；從母昆弟稱為姨兄弟、從父昆弟稱為堂兄弟，同輩稱謂有明顯父系大家族的特色。

　　四、姨兄弟被歸納為表兄弟，所以稱謂與宗族情況完全一致。

　　五、大家族衰退後，「堂兄弟」改稱為「叔伯兄弟」。

　　六、大排行、小排行所反映家族不同。大排行是旁系併合制與旁系制的過渡；由於社會家族型態的改變，小排行愈來愈盛行，更趨向於旁系制。

　　郭明昆與其他學者最大的不同，可以總結為分析深度與知識廣博兩方面：他在開始研究家族制度之前，投入大量時間與精力，深入分析〈喪服〉經傳，因而能夠運用自如，自然是其他人類學家做不到的。不僅如此，透過對〈喪服〉經傳的研究，他面對其他歷史文獻也能夠謹慎仔細的分析文獻本身的性質，因而避免其他人類學家僅從文獻表面討論問題的弊病。從知識廣博面來說，他對歷代的文獻資料涉獵廣泛，如：各代正史、《顏氏家訓》、《恆言錄》、《通俗編》、《證俗文》等討論親屬關係常用資料外，還包括許多不屬於經典的各種各樣的文獻，其中有可能是前人已引用過的資料，而郭明昆都能一一加以核實分析，所以不會為前人以訛傳訛之論所誤。他又積極參考當時中國出版的方言資料，如《吳歌甲集》、《廣東方言》、《近現社會概況調查》、《河南諺語集》、《客方言》等，也直皆採訪各地漢人，蒐集方言中的稱謂訊息。再加上他精通日語之外，甚早熟悉英文，能夠利用擅長英文的優勢，閱讀西方人類學家的研究成果，使他的研究建立在堅強的理論基礎上，這些都促使他的漢族稱謂研究具有獨特性。

三、對西方人類學理論的吸收與討論

（一）引用西方人類學論著的具體情況

　　在研究〈喪服〉經傳的兩篇論文中，郭明昆儘管引用到一部英文著作（C.S. Burne, *Handbook of Folklore*），還談不上參照西方理論。在開始重點研

究親屬稱謂的第一篇文章〈祖父稱謂考〉，說明分析親屬稱謂必須區分二人稱的對稱和三人稱的他稱（頁89），在其註（註17，頁93）中，他引用到Rivers的一段話，出處是：「Hastings, *Encyclopaedia of Religion and Ethics*, Vol. vii. p. 701.」今按：這是James Hastings主編，1915年由Charles Scribner's Sons出版的*Encyclopædia of Religion and Ethics*中，W.H.R. Rivers所撰寫的詞條 "Kin, Kinship" 的第二節「The Terminology of Relationship」。Rivers是一位當時很重要的人類學家，詳見下文介紹。郭明昆又提到「Westermarck, *The history of human marriage*, vol. I. p. 252.」今按：這是一部當時很著名的人類學著作，1891年出版一卷本，1921年出版第五版（修訂版）三卷。郭明昆看到的應該是三卷本。郭明昆在後來的幾篇文章中都引用到這部著作。可以認為他在1934年3月撰成這篇文章時，已經開始吸收西方人類學的論著，但仍然局限於分析方法的細節，尚未參照西方人類學的基本理論框架。

　　1934年6月前往北平留學之後，12月在北平完成的〈甥姪稱謂と漢族稱謂制の側面史〉（以下簡稱「〈甥姪〉」）中，我們看到郭明昆大量引用西方人類學著作，這個轉變，令人矚目。如上所見，郭明昆徵引西方著作的出處，並不完整，我們先就這篇文章所引用的資料，核查出處，按出版先後，羅列如下：

　　1. 專著*The history of human marriage*（Edward Westermarck 撰），1891年London, New York: Macmillan出版一卷本，1921年London, Macmillan and Co., Limited出版第五版（修訂版）三卷。

　　2. 論文 "Classificatory Systems of Relationship"（A.L. Kroeber 撰），見*The Journal of the Royal Anthropological Institute of Great Britain and Ireland*, Vol. 39,（Jan. - Jun., 1909）, pp. 77-84。

　　3. 專著*The History of Melanesian Society*（W.H.R. Rivers 撰），Cambridge University Press 1914年出版。

　　4. 專著*Primitive Society*（Robert H. Lowie 撰），1920年Boni & Liveright出版。

5. 專著 *Social Organization*（W.H.R. Rivers 遺稿，W.J. Perry 編），1924年 London: Kegan Paul, Trench, Trubner & Co., Ltd. New York: Alfred A. Knopf, Inc 出版。

6. 論文 "The Chinese Family: Organization, Names, and Kinship Terms"（Ching-Chao Wu 撰），見 *American Anthropologist*, Vol. 29, No. 3, pp. 316-325，1927年。

7. 論文 "A Note on Relationship Terminologies"（R.H. Lowie 撰），見 *American Anthropologist* Vol. 30, Issue 2, pp. 263-267，1928年。

8. 詞條 "Relationship Terms"（R.H. Lowie 撰），見 *Encyclopædia Britannica* 14th ed.,Vol. XIX，1929年出版。

9. 詞條 "Kinship"（R.H. Lowie 撰），見 *Encyclopaedia of the Social Sciences*.（Edwin R.A. Seligman 主編），Macmillan 1930年出版。

10. 專著 *Chinese Civilization*（Granet 撰，Kathleen E. Innes、Mabel R. Brailsford 譯），1930年 London: Kegan Paul, Trench, Trubner & Co., Ltd. New York: Alfred A. Knopf, Inc 出版。

11. 論文 "Chinese Relationship Terms"（T.S. Chen、J.K. Shryock 撰），見 *American Anthropologist*, Vol. 34, No. 4（1932），pp. 623-664。

12. 論文 "Process in the Chinese Kinship System"（Kroeber 撰），見 *American Anthropologist*, Vol. 35, No. 1（1933），pp. 151-157。

最早閱讀郭明昆這篇論文，看到他引用 *Encyclopædia Britannica* 亦即《大英百科全書》的詞條作為重要的依據，懷疑他未能深入了解西方學術，採用簡便的方法。經核查有關英文資料之後，才知道實際情況並非如此，郭明昆參考引用的都是當時西方人類學界最新、最標準的文獻資料，他對人類學理論的參照利用應該算較全面。

據筆者對早期人類學臨時得到的粗淺了解，儘管摩根（Lewis H. Morgan）《古代社會》（*Ancient Society*）（1877年出版）對當時思想界帶來巨大影響，但作為專業研究的人類學主流，很早即告別摩根他們主觀推論的方式，逐漸追求研究的客觀性和分析的精密性。英國科學家（人類學、民俗學、神經醫

學、心理醫學）W.H.R. Rivers曾經參加1898年托雷斯海峽（Torres Strait）諸島的探險隊，至1908年前往美拉尼西亞進行專業調查，1914年出版兩卷巨著 *The History of Melanesian Society*，第一卷為詳細的調查記錄，第二卷是分析討論。同年出版的講義 *Kinship and Social Organization* 可以視為該書的一種提要。1921、1922年的講義，在1922年Rivers去世之後，經Perry的調整，1924年出版，書名叫 *Social Organization*。在美國，Franz Boas被視為人類學學科的奠基人。美國第一個人類學博士課程、美國人類學學會，都由Boas參與建立，人類學作為一門獨立的學科，開始具有自己的規模和一套日漸成熟的研究方法。眾多美國著名人類學家均出Boas門下，後來在加州大學柏克萊分校執教的Kroeber和Lowie是其代表。Kroeber和Lowie都選擇美國或美洲土著作為深入研究的對象，在思想上Boas的影響較大，形成他們學術的特點。Lowie在1920年出版的 *Primitive Society*，是首次從專業人類學的角度綜述原始社會的著作，頗有淘汰Morgan *"Ancient Society"* 的氣勢。儘管同年Rivers撰寫發表在 *American Anthropologist* 的書評嚴厲指出，Lowie討論問題時參考徵引的現象範圍狹窄，忽視太多相關不同情況，而且在Boas的影響下，Lowie創立的文化傳播理論過於單薄，但正如Rivers也認同，其意義重大，影響深廣。呂叔湘在1931年即翻譯全書，不幸書稿毀於戰禍，至1934年重譯，1935年出版。可以確定在1934年郭明昆撰寫這篇論文時，沒有看到漢譯本，但也能了解當時中國學界已經很重視Lowie這部書。Lowie是非常勤奮的讀書家，生平撰寫發表過大約兩百篇書評，評論對象包括1914年出版Rivers的 *Kinship and Social Organization*、*The History of Melanesian Society*、*Encyclopædia of Religion and Ethics* 中Rivers撰寫的詞條 "Kin, Kinship"。Lowie也善於理論思考，故其有關稱謂的分析概念，不僅郭明昆參考利用，大都為後來的人類學家所因襲使用。

　　郭明昆在〈祖父稱謂考〉中引用 *Encyclopædia of Religion and Ethics* 中Rivers撰寫的詞條 "Kin, Kinship"，而Lowie專門為該條寫書評。Lowie的 "A Note on Relationship Terminologies" 雖然是一篇短文，而師兄Kroeber在 "Process in the Chinese Kinship System" 中也引用參考（Kroeber用「AA30:

264,1928」這種十分簡略的形式提示Lowie該文）。與Lowie該文發表的第二年出版的 *Encyclopædia Britannica* 第14版詞條 "Relationship Terms" 及第三年出版的 *Encyclopaedia of the Social Sciences* 詞條 "Kinship"，可以視為一系列作品，反映Lowie對相關問題比較成熟的觀點，是當時最新、最重要的學術論述。*Encyclopaedia of the Social Sciences* 是當時美國相關諸學科的學會組織第一次合作編纂的重要作品，*Encyclopædia Britannica* 早期的詞條都是獨立的學術論文，第十四版又對第十三版進行全面換稿，不能與後來的同類工具書等同視之。

綜觀之，1934年郭明昆掌握的人類學資料，既包括稍早1924年去世的Rivers在1914年問世的經典個案研究 "The History of Melanesian Society" 及相關理論分析，又較全面吸收1928、1929、1930年出版的Lowie討論親屬稱謂的重要論考，1929年出版法文原書、第二年出版英譯本的Granet *Chinese Civilization* 也看到，最晚的Kroeber "Process in the Chinese Kinship System" 見1933年的 *American Anthropologist*，在1934年當時可以說是最新的。應該承認，郭明昆掌握了西方人類學近二十年的發展趨勢，並且跟蹤到當時最新、最前沿的觀點。

郭明昆在1934年在東京撰寫的〈祖父稱謂考〉中，只引兩種英文人類學論著，同一年到北平之後撰寫的這篇〈甥姪〉引用如上十幾種人類學論著，其間差異顯然。具體而言，郭明昆在〈祖父稱謂考〉中引兩種英文材料，是為了強調區分二人稱的對稱和三人稱的他稱；而在〈甥姪〉論述同一問題，郭明昆仍引同一條Rivers撰寫的詞條，而不取原來引用的Westermarck書，另引1929年Lowie的詞條、1914年Rivers的專著。不妨推測，郭明昆到了北平之後，才認真學習這些西方人類學著作，儘管在東京已經開始接觸。

還有一點值得注意的是，接下來郭明昆陸續撰寫的〈伯叔母嬸考〉、〈姑姨舅妗と漢族稱謂制の側面史〉、〈父母稱謂考〉三篇論文中引用的西方人類學論著，都不出這篇〈甥姪〉所引範圍外。可以認為郭明昆在1934年在北平撰寫這一篇，以為吸收參考西方人類學已經足夠了，後來再也沒有關注西方人類學的新成果。

（二）羅維的四類型

如上所述，在郭明昆當時，人類學已經有數十年的積累，而通過分析親屬稱謂來研究該社會的親屬制度，經過Rivers、Lowie等的研究，逐漸形成較成熟的方法論，而以Lowie 1920年代後期發表的幾篇文章乃為當時最成熟、最完善的理論成果。郭明昆看到這一點，所以很重視Lowie的論著，在〈甥姪〉「緒言」的開頭，郭明昆大段引用Lowie的話（引自詞條"Relationship Terms"，郭明昆翻成日文）來說明親屬稱謂研究的重要性，可見其推服。既然如此，郭明昆採用Lowie的四分法作為討論親屬制度的理論框架，也就自然：

一、世輩制（generation system），直系與旁系沒有區別。

二、旁系併合制（collateral merging system），只有一部分旁系與直系有所區別。

三、旁系制（collateral system），所有旁系都加以區別。

四、直系制（lineal system），所有旁系是一個系統，直系是一個系統。

通過分析研究，郭明昆得到的結論要點，如見上文第二章，此不重述。另外，在稱謂的分析方法上，郭明昆也充分吸收Lowie等人有關分析概念的最新理論，例如摩根以來學界習慣應用的classificatory / descriptive的對立概念，郭明昆不僅準確吸收Lowie的批評和糾正，還能進一步細分更複雜的情況（〈甥姪〉註7，第282-283頁）。可見郭明昆已經完全掌握人類學理論，並且能夠駕馭、利用。就結論來說，正如郭明昆自己說：戰國末年亦即《儀禮》、《爾雅》反映的親屬制度中，伯叔父也叫兄弟之子為姪，說明「由旁系併合制進入旁系制，具有十分重大的社會史意義」（頁245）。然而我們也不得不告白，縱觀郭明昆的研究，完全無法理解旁系併合制進入旁系制究竟有何實際意義。在此，不得不懷疑郭明昆採用Lowie的四分理論，純粹作為分析工具借用而已，郭明昆自己投入主要精力研究的重點即在具體材料的分析。至於郭明昆表述旁系併合制轉進旁系制的「重大社會史意義」，似乎在配合人類學理論，逢場作戲而已，自己並沒有太大興趣。我們願意這樣總結

郭明昆對西方人類學理論的利用：郭明昆借用人類學的理論框架，分析漢族複雜的稱謂現象背後的親屬制度，獲得之前的學者完全無力做到，後來的學者也沒能超越的成功；但他的興趣以及研究的方向、目標，卻與西方人類學截然不同，因此他的成果不能被歸納在西方人類學範疇內。我們在此看到郭明昆學術的獨特性。

（三）對羅維的微詞

歐洲人類學家的主要調查對象是美拉尼西亞、非洲等土著，美國人類學家的主要調查對象是美洲土著。中國與歐洲一樣，作為「發達文明」，很難吸引西方人類學家的研究興趣，他們對中國的情況也缺乏了解。然而討論理論問題，自然無法完全迴避中國的情況，於是在西方人類學的著作中，經常出現有關中國非常簡短、充滿錯誤的敘述。

當時西方人類學家能夠利用的有關中國的信息非常有限，郭明昆指出在 Lowie 撰寫 *Encyclopædia Britannica* 的詞條 "Relationship Terms" 時，提到的有關漢族稱謂的文獻資料只有如下兩種：

1、Ching-Chao Wu, "The Chinese Family: Organization, Names, and Kinship Terms," *American Anthropologist* Vol. 29（1927）

2、F.W. Baller, *A Mandarin Primer*（1911）

後一種居然是學漢語的教材，未免令人驚異。前一種發表在美國人類學最權威的專業期刊，作者「Ching-Chao Wu」，很可能是 1901 年出生，1923 年赴美就讀明尼蘇達大學、芝加哥大學，1928 年返回中國大陸，歷任金陵大學、清華大學教授，1949 年後不僅沒有逃到臺灣，還積極迎合極左社會，卻被打成右派，1968 年淒涼去世的吳景超。因為文章末尾註記作者單位「University of Minnesota」。如果這種推論不誤，可以說是就讀美國大學學社會學的中國青年，為美國人類學界提供了有關中國親屬稱謂的基本材料。

可惜，在郭明昆看來，Ching-Chao Wu 的這篇文章幾乎亂寫，郭明昆毫不掩飾對這篇文章的鄙視。我們親自瀏覽 Ching-Chao Wu 這篇文章，發現整篇對中國家族制度、親屬稱謂做一通俗介紹而已。沒有參考任何歷史文獻，

也沒考慮地區差異，作者不分古今與東西，全憑他個人的印象，輕鬆告訴你渾然一體的「China」的情況，知道郭明昆的鄙視並不過分。在20世紀人類學的學術領域裡，只有一種人可以不深入調查各地不同習俗，不蒐集分析各種文獻，僅憑自己印象，描述一個社會、文化的現象，那是被採訪的土著（informants）。筆者懷疑*American Anthropologist*刊登這篇留學生作文，是作為土著用英文自述的原始資料，並不是作為研究論文。十分有趣的是，郭明昆在〈甥姪〉註52（頁291），引用Ching-Chao Wu一段話（大意謂：中國人稱呼姐姐、哥哥，都要結合幼名，稱「某某姐」、「某某哥」），指出這種情況並不普遍（較普遍的情況是加排行，稱「二哥」、「三哥」等），又推測「恐怕是Wu氏介紹自己老家的習慣而已」。接著又說：「根據Wu氏的這段介紹，我們可以了解在當代中國某些地區，對直接稱呼真名的避諱心態，已經相當淡化。」郭明昆儘管鄙視Ching-Chao Wu這篇文章，仍然從中獲得這一處有價值的信息，換言之，郭明昆認為這篇文章作為學術論文十分糟糕，但作為土著自述還有一定的參考價值。我們似乎應該承認，郭明昆這種認識十分透徹，眼界不在*American Anthropologist*編者之下。

Lowie僅根據一本很簡略的漢語教材、一篇極淺陋的中國人自述，分析漢族親屬稱謂，推論其性質為「bifurcate merging system（旁系併合制）」，居然符合郭明昆自己研究的結論，令其嘆服Lowie的「洞察與卓識」（〈甥姪〉，頁236）。然在其註中（註14，頁284），郭明昆接著指出，在正文引用顯示Lowie「洞察與卓識」部分的下文，雖然現在沒有引用，Lowie的論述還是混亂。郭明昆評論說：「一來為這兩種膚淺、亂寫的參考文獻所害，二來由於這一老大國稱謂制十分puzzling的樣態，以Lowie高深的學識，也只能困惑無解。」郭明昆的評論有點抽象，是因為他沒有具體說明Lowie混亂的觀點。在半年後仍在北平撰寫的〈伯叔姆嬸考〉（頁135-136）中，郭明昆才敢詳引Lowie的下文，加以評論，接著回東京之後撰成的〈姑姨舅妗と漢族稱謂制の側面史〉中（註81，頁226-227），也引同樣的原文，詳加評論。

郭明昆評論的要點在，「姑父」、「姑母」、「舅父」、「舅母」、「姨父」、

「姨母」等稱謂不會用來直接稱呼對方，附有「父」、「母」出於修辭上的必要，並不反映親屬制度；Lowie 及 Kroeber 等忽略這一點，所以始終懷疑漢族親屬制度在類型上或許要歸世輩制。當 Lowie、Kroeber 等分析漢族稱謂時，失於辨別不同稱謂類型，因而沒能準確分析漢族稱謂制，這是郭明昆在〈甥姪〉註 7（頁 283）、註 35（頁 288），〈姑姨舅妗と漢族稱謂制の側面史〉正文（頁 194）、同註 81（頁 226-227），〈伯叔姆嬸考〉（頁 135-136）等多處反覆指出的問題。但在此我們應該注意，如在上文第（一）節開頭介紹，郭明昆在留學北平之前，在東京撰寫的〈祖父稱謂考〉中，曾經說明分辨「直接叫呼稱謂」與「他稱稱謂」的必要，並出註（註 17）以 Rivers 和 Westermarck 的論述為根據，後來在〈甥姪〉的註 70（頁 293）更補充 Lowie 和 Rivers 另一部專著。換言之，要注意分辨「直接叫呼稱謂」、「他稱稱謂」等不同性質，這一點不僅 Lowie 等西方學者早就知道，郭明昆其實也是從他們那裡學來的。問題是，「當我們研究漢族稱謂時，只分『直接叫呼稱謂』與『他稱稱謂』是遠遠不夠的，至少還要將『他稱稱謂』細分為『白話說明稱』和『文言記述稱』。」（〈甥姪〉，頁 279）在研究方法的理論層面上，Lowie 他們的認識並沒有問題，只因漢族稱謂的複雜性、特殊性，在分析漢族稱謂時，需要更複雜的分析過程。這一點，即便是郭明昆，也只有做過深入研究、具體分析之後，才發現的。Lowie 他們根本不了解具體情況，自然無法想到這些問題。

在仔細閱讀之前，將郭明昆的書從頭到尾翻看一遍，表面上看最吸引人的恐怕是〈甥姪〉註 68（頁 292）的這段話：

> 美國那些學者們，不做實地調查，只從偶然旅美的漢人講過、寫過的內容獲得皮相的認識，據以討論漢族稱謂制，因而對稱謂的具體用法，連「群盲摸象」程度的體會都沒有。打個比方，簡直像從太平洋彼岸，用望遠鏡窺視漢族稱謂制一樣。

美國人類學家的問題在於，沒有像對美國土著一樣對中國進行實地調查，僅

憑淺陋不堪的兩三種資料推論漢族稱謂。反過來說，他們的理論框架、分析思路，在郭明昆看來，總體上可以接受的。因此在〈甥姪〉中，始終沒有直接表述對Lowie的批評。寫完〈甥姪〉（1934）之後，一方面對Lowie他們的理論框架、分析思路已經完全掌握，另一方面對漢族稱謂的具體分析積累了豐富的經驗，對相關問題有全盤的把握，所以在〈伯叔姆嬸考〉（1935）、〈姑姨舅妗と漢族稱謂制の側面史〉（1936）就敢具體指出Lowie的不足。

（四）不可容忍的T.S. Chen論文

第（一）節表列〈甥姪〉引用的西方人類學論著，已經看到其中具有核心意義的是1928、1929、1930年Lowie分別發表的三篇論文，除了1930年英文版Granet *Chinese Civilization*不屬於純粹人類學論著外，更晚的研究資料是T.S. Chen、J.K. Shryock撰"Chinese Relationship Terms"（1932）和Kroeber撰"Process in the Chinese Kinship System"（1933），後者在前者的基礎上撰寫，關係非常密切。這兩篇都發表在*American Anthropologist*，是當時最新的專業研究成果，而且題目直接涉及郭明昆研究的內容，郭明昆不得不重視。

與Ching-Chao Wu的文章不同，T.S. Chen、J.K. Shryock的文章根據文獻材料，系統梳理各種稱謂，有分析，也有表，儼然是人類學研究論文的體裁，所以Kroeber也稱「材料豐富，分析精闢」。稍後馮漢驥發表"The Chinese Kinship System"（Harvard Journal of Asiatic Studies, Vol. 2, 1937。今未見原書，僅據漢譯本《中國親屬稱謂指南》，1989年上海文藝出版社），在《導論》中稱「自那（摩根）以後，湧現了不少雜錄，一些包含在法律文獻中或語言學入門書中，另一些包含在詞彙著作中。然而，除了一本以外，沒有哪一本值得重視。這就是Ｔ·Ｓ·切恩和Ｊ·Ｋ·施賴奧克的著作」，指的就是T.S. Chen、J.K. Shryock的文章。T.S. Chen、J.K. Shryock的文章末尾標註的作者單位是「University of Pennsylvania」，而馮漢驥也在University of Pennsylvania攻讀人類學博士課程（1933-1936），或許直接認識作者也未可知。

　　然而 T.S. Chen、J.K. Shryock 的這篇論文，在郭明昆眼裡，是輕薄庸愚到無法忍受的程度。〈甥姪〉篇幅不短，在李獻璋編的論文集中占 65 頁，而只有到第五節「結語」之前，第四節末尾才第一次提到 T.S. Chen、J.K. Shryock 論文，而且一提就加嚴厲批評。其實郭明昆也不是為了批評而批評，在此真正的批評對象是 Kroeber 的論述。只是因為 Kroeber 的論述以 T.S. Chen、J.K. Shryock 論文為材料基礎，所以不得不分辨 T.S. Chen、J.K. Shryock 論文的不妥。在此，我們不妨推測，在郭明昆眼裡，Kroeber 是值得重視的人類學家，他的論述失實，有必要糾正。至於 T.S. Chen、J.K. Shryock 論文，意義不大，本來可以忽視，為了說明 Kroeber 的錯誤，順便提到。

　　不過，到了第五節「結語」，郭明昆大段引用 T.S. Chen、J.K. Shryock 論文「導論」開頭第三句到第九句（郭明昆譯成日文，占六行），對其表示完全不認同。T.S. Chen 他們或許只想說明研究漢族稱謂的條件與研究原始土著稱謂不同，研究原始土著必須從實地調查開始，而總結調查結果編出來的稱謂資料集，也不過中國現成的《辭源》、《中華大字典》那種水平，所以人類學者可以跳過實地調查，直接進入分析研究。若以人類學家主要從事的美洲、美拉尼西亞土著研究為標準，會有這種想法，是可以理解的。郭明昆的情況跟他們相反，他並不是人類學家，對美洲、美拉尼西亞土著研究沒有興趣，然投入大量時間調查各地漢族的稱謂習慣，對歷史文獻中有關稱謂的記載也進行了縝密的分析研究，最後完成〈甥姪〉這一重大成果。考慮到這種情況，就知道當他看到 T.S. Chen 他們說只要用《辭源》、《中華大字典》就可以研究漢族稱謂時，完全無法接受，純屬必然。郭明昆在此具體說明 T.S. Chen 他們用這種輕易的態度分析漢族稱謂帶來的種種失誤，並強調細心分析文獻資料、實地調查各地習慣的重要性。後來在〈父母稱謂考〉單獨糾正 T.S. Chen、J.K. Shryock 論文的失誤（正文頁 119 並註 45），則嚴厲批評他們未能分辨「叫呼稱」、「說明稱」、「記述稱」等不同用法，是 T.S. Chen 他們確實忽略仔細分析各種稱謂具體使用情況的重要性。

　　郭明昆細心分析文獻資料、實地調查各地習慣，建立他精闢的漢族親屬稱謂研究，達到無人可以企及的高度。筆者雖然不研究這些問題，但完全相

信在郭明昆的研究面前，T.S. Chen他們的論文簡直是兒戲。最大的問題並不在理論框架或分析概念，而在具體現象——包括歷史文獻、當代民俗兩方面——的準確理解。現在看到T.S. Chen他們驕傲地宣稱「用《辭源》、《中華大字典》足以研究」，我們也不禁替郭明昆罵一聲「別逗了」。

（五）交表婚等問題

順帶一提交表婚問題。因為美拉尼西亞等很多原始土著都有交表婚現象，所以人類學家接觸漢族稱謂，很容易想到這些稱謂反映交表婚制度。T.S. Chen他們的論文、日本加藤常賢的〈舅姑甥稱謂考〉（〈甥姪〉註17云見《支那古代家族制度研究》，正文頁268則稱「『朝鮮支那文化研究』所收」。按：此文發表於1929年出版《京城帝国大学法文学会第二部論纂第1輯：朝鮮支那文化研究》，即郭明昆所見。李獻璋編輯體例，引用文獻之出處盡量改註單行本，所以註17改註1941年出版的《支那古代家族制度研究》，而在正文中忘了修改，所以有歧異。）都認為漢族早期有交表婚習俗。Lowie則不像他們那麼草率，指出假設有levirate婚與sorerate婚並行，即可解釋相關現象。（見〈父母稱謂考〉頁99-101）對此問題，郭明昆在多篇文章中，反覆表示懷疑。除了對加藤的觀點提出邏輯上的問題（〈姑姨舅妗と漢族稱謂制の側面史〉註28）外，對Lowie的推論也提出別的可能性（頁99-101）。但他並沒有提出自己的觀點，而表示保留的態度。如在〈姑姨舅妗と漢族稱謂制の側面史〉「結語」的末尾，他說：「漢族原始的旁系併合制自然與其原始社會組織密切相關，而這方面問題今均保留未解決狀態。因為目前我們仍然缺乏對漢族原始社會組織的準確知識，與其急於做出武斷的結論，不如待之將來慎重的研究。」（頁212）在〈父母稱謂考〉第二節末尾亦云：「應當以稱謂制的型態論層面為主，結合社會組織、婚姻制度而考察問題，但在今日對漢族原始社會缺乏準確的學術知識的情況下，恐怕只能滿足於如上猜測。」（頁102-103）在此我們不僅看到郭明昆的慎重以及追求客觀精確性的治學態度外，也應該看到此類問題的本質。親屬稱謂不過是稱謂，早期漢族稱謂更無法知道具體使用情況，單憑幾個漢字是無法了解

當時的社會制度的。反過來看，加藤他們的推論無疑屬於草率的武斷。

四、與馮漢驥研究的比較

　　Ching-Chao Wu 談不上研究，T.S. Chen 也不知是留學生還是華裔，在此我們再拿馮漢驥與郭明昆做一簡單比較。如上所述，馮漢驥在 University of Pennsylvania 攻讀人類學博士課程（1933-1936）。出生在 1899 年，早年就讀於教會學校，畢業於美國聖公會辦的武昌文華大學，工作八年之後，1931年去美國留學，此時年過三十，不能說很年輕。郭明昆出生晚馮漢驥六年，而從早學日文、英文，馮漢驥開始留美的 1931 年已經讀完早稻田大學了。郭明昆在臺灣、日本學人文科學，又留學北平一年半，通過英文書刊學習西方人類學的理論與方法。同一個時代，有截然不同的兩個背景，一個用日文、一個用英文分別撰寫的漢族稱謂研究，其內容究竟有如何差異，令人好奇。

　　郭、馮兩位同時都提出類似的問題，西方的學者或許能夠提出一套研究的方法理論，但他們都無法善用中國豐富的古典文獻資料——或許是真的不知道有這些資料存在，所以導致他們的研究有不少的遺漏與錯誤。例如馮漢驥對 T.S. Chen、J.K. Shyrock 的論文給予較高評價，如見上文，但仍然承認《中華大字典》、《辭源》等提供的材料「不夠翔實，不大可靠」，所以也需要拿歷史文獻來補充更多材料。

　　馮、郭兩人使用的歷史文獻互有出入，但同樣以《爾雅・釋親》與《儀禮・喪服》為核心資料。馮漢驥對兩部書的成書年代：《爾雅》直接採用內藤虎次郎的說法，並認為「〈釋親〉部分很可能完成於約公元前二百年」[6]；而《儀禮》和《禮記》這兩本書則產生於公元前一到五世紀（周至漢）。他認為：

6　內藤虎次郎，〈爾雅新研究〉：「釋親以下，至於釋天各篇，《公羊春秋》發達，禮學盛行之時代，即從荀子前後，至於漢后蒼、高堂生之時所製作也。」（《先秦經籍考》，中冊，頁162-184）。

簡單的喪服制早在周代以前可能就產生，只是到了儒家手中變得複雜起來。為了保持家族的穩固性，他們不僅將喪服制複雜化，也將親屬制度進行規範化，因為有嚴格的等級分別的喪服制，要求具有區別性強的親屬稱謂系統，以避免喪服等級與親屬身分不服的情況發生。

所以《儀禮》也與《爾雅》相同，都是非一時、一人，經過長時間逐步完成的。在此，他得出與郭明昆相反的結論：

> 與《儀禮·喪服傳》記錄的系統相比，《爾雅》系統在許多方面都是前後矛盾的。一些古代學者天真地試圖以《儀禮》系統來修正《爾雅》，他們認為《爾雅》系統與儒家劃分親屬的標準不符。他們沒看到，《爾雅》實際上代表的是中國早期的親屬制，而《儀禮》代表的則是後期的親屬制，為使《儀禮》系統與喪服制保持一致，對它已經進行過訂正，使之趨於合理。
>
> 毋庸置疑，在儒家思想的影響下，對《爾雅》系統已進行了一定程度的人工處理，但其人工處理的程度遠不如《儀禮》。（頁40）

這段話與我們一般對《爾雅》晚於《儀禮》的認知有差距，所根據為何，馮漢驥沒有說明。不過，他認為《爾雅》所產生的矛盾，是因為還未經過太大程度人工處理的中國早期的親屬制，〈喪服〉則已經過儒家的「頑強地滲透於中國的社會結構」，變得複雜但有系統的親屬關係。

相較馮氏的說法，郭明昆的研究方法就嚴謹許多，以下舉他對「甥」的分析來說明〈喪服傳〉與〈釋親篇〉的時代先後。郭明昆認為，「舅」、「姑」、「甥」、「姪」是一套反映漢族家族制度特色的稱謂，其中「甥」最早是男子對己之姐妹之男子的稱呼，僅限於男性長輩對男性小輩的稱呼。後來擴大範圍，也可以稱呼姐妹之女子，但仍然限於男性長輩對小輩的稱呼。再後來，女性長輩對姐妹之男子、女子，都可以稱「甥」了。〈喪服·緦麻章〉的「甥」屬於第二個階段，被稱呼者包含男女，但稱呼者僅限男

性[7]。〈喪服傳〉為了說明這一情況，用「謂吾舅者，吾謂之甥」這樣一句。因為無論男女都稱己母之兄弟為舅，所以「謂吾舅者」包括己之姐妹之男子與女子，而「吾」既然是「舅」，必須是男性。可見「謂吾舅者，吾謂之甥」對〈喪服篇〉而言，非常恰當，達到必要的說明作用。反觀《爾雅》則僅僅附在〈釋親篇〉的最末節（「婚姻章」，也是〈釋親篇〉的最後），似乎是最後的附錄，而且恐怕要代表著多種的涵義[8]。男性對己之姐妹之男子、女子的稱呼，在「妻黨章」另有「男子謂姊妹之子為出」一句。〈釋親篇〉在這句後只要再多寫上「亦為甥」三個字，「謂吾舅者，吾謂之甥」這句話就完全沒有必要了，除非「謂吾舅者，吾謂之甥」還包含同輩在內的更多種關係。再加上〈喪服傳〉另有「謂吾姑者，吾謂之姪」相同筆法的文句，為〈釋親篇〉所無，那麼「謂吾舅者，吾謂之甥」，可以視為〈釋親篇〉從〈喪服傳〉中抄錄出來的。（頁285）也就是說，《爾雅·釋親篇》的成書比《儀禮·喪服》要來得晚。

　　關於此點，馮漢驥在「外甥」條下有云：「《爾雅》列了稱謂『出』，在後文又列了『甥』。『出』可能比『甥』古老，因為，在《儀禮》裡只用了『甥』而未用『出』。」（頁103）他以為《爾雅》早於《儀禮》，沒有考慮《爾雅》這種訓詁彙編必須以具體訓釋的長期積累為前提才能編輯。

　　又，「姪」這個稱謂，馮漢驥認為：

> 「姪」如《爾雅》所用，是女子稱呼兄弟之子的稱謂，《儀禮》中的用法與此同。「姪」作為男子稱兄弟之子的稱謂始於晉代（265-420），最早起源於中國北方，隨後擴展開來。

7　郭明昆分析〈喪服經〉的「報」純粹說明兩者之間互相服同樣的喪。不方便分別列兩條的情況，就用「報」來說明雙方向的服喪關係。女性長輩從其姐妹之子看是「從母」，從母對甥的喪服規定應該是〈小功章〉的「從母，丈夫婦人報」。

8　在「妻黨章」中就有「姑之子為甥」、「舅之子為甥」、「妻之昆弟為甥」、「姊妹之夫為甥」等多種涵義。

這裡，他直接採用《顏氏家訓・風操篇》的說法：

> 案《爾雅》、〈喪服經〉、《左傳》，「姪」名雖通男女，並是對姑之稱。
> 晉世已來，始呼「叔姪」，今呼為姪，於理為勝也。

郭明昆認為「晉世已來」的時間推斷太晚，顏之推只是隨口說說，沒有根據。那麼，是什麼時候開始有「叔姪」的概念呢？郭明昆認為「姪」與「甥」一樣，經過逐漸擴大使用範圍的過程。第一階段，稱者與被稱者皆限制為女性，「姪」字從女，說明被稱者為女子，《釋名》「姑謂兄弟之女為姪」，保留古義。第二階段，被稱者包括男女，故〈喪服傳〉「謂吾姑者，吾謂之姪」，姪男姪女都稱父之姐妹為姑。第三階段，稱者也可以包含男性，不僅是姑，連伯父、叔父也稱兄弟之子女為姪。〈大功章〉的「姪，丈夫婦人，報」，正如〈喪服傳〉云「謂吾姑者，吾謂之姪」，屬於第二階段，但郭明昆還推測編纂〈喪服經〉的時代，作為當代的語言習慣，已經進入第三階段。就此問題，他指出〈喪服〉經文不完整的現象。有「夫之昆弟之子」、「夫之昆弟之婦人子適人者」、「昆弟之子」而無「昆弟之女子子」；有「夫之昆弟之子、女子子之長殤中殤」而無「昆弟之子、女子子之長殤中殤」。郭明昆推論，在〈喪服〉編者平常使用的語言習慣裡，「昆弟之子」、「昆弟之女子子」都已經是「姪」，所以有時以為「姪，丈夫婦人，報」可以包括「昆弟之子」、「昆弟之女子子」，才產生經文的缺漏。〈喪服傳〉特意用「謂吾舅者，吾謂之甥」，「謂吾姑者，吾謂之姪」等句子限制稱者的性別限制，反過來說明當時平常的語言習慣已經不分男女，所以才必要明確範圍。

　　雖然同樣立足於分析古典文獻材料來探討稱謂制度，但郭、馮二氏有很不相同的走向，馮漢驥仍在摩根理論的框架中論述，雖然加入西方人無法解讀的中國古代史料，不僅未加以分析，也輕易誤信別人的成說。很大一部分只是將《辭源》這類二手資料還原為一手資料。這跟郭明昆一方面對歷史文獻進行深入細緻的分析研究，另一方面對當代各地習俗進行實地調查，追求

對相關稱謂具體使用方法的準確理解，相差太遠。或許可以說，馮漢驥沒有經過研究分析中國歷史文獻的專業訓練，也沒有條件回到中國大陸調查各地習俗，所以只能根據文史常識核查歷史文獻，是在研究條件上不如郭明昆。這一點我們都很容易理解。至於人類學理論，馮漢驥只會套用當時學界通俗的說法，不如郭明昆對理論問題也進行深入尖銳的批評，在美國大學的人類學專業還不如郭明昆的自學，則當如何理解呢？筆者認為，這是一個有關留學的盲點。郭明昆因為是自學，離美國、歐洲都很遠，所以只能靠自己讀書，因而不得不自己思考。他閱讀Lowie（筆者感覺Lowie愛拽文，較難懂）對Morgen、Kroeber的理論批評，無法不自己思考這些理論問題，經過掙扎奮鬥，等到他全明白了，他可以對相關各種理論問題都有自己一套有根有據的見解，這是圈外自學的優點。馮漢驥在美國的人類學專業，周圍的老師、學生都在運用屬於常識的理論和方法進行研究，他自然也要跟他們一樣撰寫學位論文，在這情況下，很難有機會對本專業的理論問題進行根本性的反思或批評。理論是要用的，不是要反思的，這是在圈內學習的缺點。

　　Kroeber在"Process in the Chinese Kinship System"中，講到漢族稱謂的豐富、複雜性遠遠超過西方或英語的，用過兩個比喻，其一曰：我們好像缺乏超過十的數字概念，超過十的加法、乘法必須借助用手指掐算的民族。其二曰：漢族始終要用鐘表，知道確切時間，我們寧願看太陽知道時間，不想為維持鐘表正常運轉投入精力。並且指出，面對指稱關係複雜的漢族稱謂，我們只能靠先上去、後下去一個一個算關係的方法，才能準確描述同一關係。例如「堂弟」，沒有一個英語詞可以指稱相同的親屬關係，只能說是父親的兄弟的兒子而且是比自己年輕的。馮漢驥的"The Chinese Kinship System"，如上所述，對歷史文獻的分析並不可靠，理論上也沒有創造性論證，在本質上與T.S. Chen他們的論文差不多少（儘管也有馮漢驥不認同交表婚，顯示其慎重等事例）。T.S. Chen他們的論文羅列大量（約兩百）稱謂詞，每一稱謂詞後附詳細描述，例如：

　　63. T'ang ti（father's brother's son, younger than the speaker）.

　　64. T'ang ti fu（wife of 63）

這就是Kroeber所說先上去、後下去一個一個算關係的方法。馮漢驥完全因襲這種方法，羅列比T.S. Chen他們更多的稱謂詞。較T.S. Chen他們的論文更好的是，將大量稱謂詞系統梳理，分章合理，眉目清楚，查詢方便，一目了然。這樣看來，漢譯本書名改稱《中國親屬稱謂指南》，比起英文原書名，更能體現本書的意義所在。

五、郭明昆的獨特性與悲慘的結局

日治時期的臺灣儒學家[9]，或生於日治時期之前，或卒於日治時期之後。而郭明昆（1905-1943）的一生，則是與日本統治臺灣（1895-1945）相終始的。他的整個人生，可說是一部臺灣日本殖民史。雖然他是比較特殊的例子，卻極能代表此時期的學術背景與特色。

從小受的是日本教育，在學校說日文，私底下與家人、朋友以福佬話交談。青年時期赴日留學，深入學習西方社會學、人類學等理論，又特別欣賞津田左右吉教授的學問，吸收津田分析先秦史料的方法。由於學習勤奮，成績出色，受到津田的賞識，畢業後留校擔任研究與教學的工作。他更在1943年受到日本外務省文化事業部派遣，到中國留學。他是在日本教育下培養出來的知識分子，表面上，他是個道道地地的日本人，從個人到學識，整個被日本人接受與承認，他撰寫的日語論文比一般日本人寫得更典雅。

1936年被派遣到北平留學，他才開始學北京話。結識北平的眾多學者、文人，又接觸大量從外地來北平的人，他大開眼界，對民族文化的強烈興趣被激起了。從〈甥姪〉開始，他在論考中經常強調漢族歷史文化的複雜性以及作為「同鄉人」體會各地習俗的重要性。然在〈甥姪〉中，理論問題占據較大比重，至於〈伯叔姆嬸考〉以下，理論問題沒有新的討論，而對有關歷史文獻、方言、民俗的具體考釋越來越多，一發不可收拾，繁瑣到令讀者厭煩，自己卻樂此不疲的狀態。

9　根據林慶彰老師編輯《日據時期臺灣儒學參考文獻》所列舉儒學人物。

　　同時，對自己的母語福佬話的興趣也非常強烈，仍在北平的 1935 年即撰〈福佬話方言的研究〉，是用閩南話寫的閩南話研究。郭明昆可謂書寫閩南話的先驅。1937 年撰〈福佬話方言における親族稱謂の二三について〉，1939 年撰〈福佬話方言における及と與について〉，則都用日文書寫，似乎都沒考慮會有什麼讀者，但內容卻很充實，可以看出郭明昆自己很投入。

　　郭明昆的漢族親屬稱謂研究，若以〈儀禮喪服考〉、〈儀禮經傳考〉為前期準備，〈祖父稱謂考〉算是試探性成果，在北平撰寫的〈甥姪〉一下子達到理論頂峰了。他在短時間內，學習、掌握西方人類學的理論與方法，經過一番自己的思考，作為分析方法利用人類學概念，收到空前絕後的輝煌成功。隨後幾年，他也陸續撰寫、發表相關論考，但大體框架以及參考、利用西方著作則停滯在〈甥姪〉階段，再也沒有新的發展。相反的，他對歷史文獻、方言、民俗的具體考釋越做越多，越來越豐富，似乎對西方理論已經玩膩，覺得方言、民俗乃有無窮的樂趣，更何況自己的方言！可是，郭明昆雖然是臺灣人，臺灣當時是日本殖民地，他自己受過日本教育，甚至是早稻田高等學院教授，反對日本殖民固然無法想，連福佬話研究都找不到知音，郭明昆的心中應該是矛盾與迷茫。1943 年郭明昆喪失妻子，九個月後郭明昆從神戶出發，返臺灣途中沉沒大海。回想郭明昆治學的經歷，不能不說是一個悲劇。

　　令人欣慰的是，郭明昆留下的著作，至今仍然散發著迷人的光芒。〈儀禮喪服考〉、〈儀禮經傳考〉的主要觀點，可以說是發揮津田的方法分析〈喪服〉經傳的重要成果，獨特又有說服力，相信今後繼續會被眾多學者參考。〈甥姪〉一篇，可以視為一種藝術品，確實是空前絕後。並不是留美、留歐的臺灣學者，在東京和北平研讀英文論著，充分吸收西方人類學的優點，結合自己對文獻、民俗的深度理解，雕琢出這一篇。假使 Lowie、Kroeber 能看懂日文，他們應該為之拍案叫絕；假使 T.S. Chen、馮漢驥能看懂日文，他們應該無地自容。說這是奇蹟、奇葩，都不為過。有關福佬話的研究，是民族文化運動的先驅，令人振奮。

　　最後，我們對郭明昆的好友李獻璋表示最誠摯的謝忱。是他真誠的友

情，使郭明昆的遺稿在其去世二十年之後，得以匯集出版。我們深信，如果沒有李獻璋編輯的這部論文集，我們不可能注意到郭明昆這一令人既高興又傷感的臺灣人。

參考文獻

日語文獻

郭明昆撰，李獻璋編，《中國の家族制及び言語の研究》，東京：早稻田大學出版部，
　　1962年9月15日出版。

加藤常賢撰，〈舅姑甥稱謂考〉（載1929年出版《京城帝国大学法文学会第二部論纂第1
　　輯：朝鮮支那文化研究》，後收錄於1941年出版加藤常賢，《支那古代家族制度研
　　究》）。

漢語文獻

林慶彰編，《日據時期臺灣儒學參考文獻》，臺北：學生書局，2000。

莊永明著，《臺灣紀事》，臺北：時報文化出版公司，1989。

馮漢驥撰，徐志誠譯，《中國親屬稱謂指南》，上海：上海文藝出版社，1989。

臺南縣文獻委員會編，《臺南縣志稿》，臺南：臺南縣文獻委員會，1960。

英語文獻

Han Chi Feng 撰 *The Chinese Kinship System*（*Harvard Journal of Asiatic Studies*, Vol. 2,
　　1937。今未見原書，僅據漢譯本馮漢驥撰《中國親屬稱謂指南》）

Robert H. Lowie 撰 *Primitive Society*（1920年 Boni & Liveright 出版）

W.H.R. Rivers 撰 *The History of Melanesian Society*（1914年 Cambridge University Press 出
　　版）

W.H.R. Rivers 遺稿，W.J. Perry 編 *Social Organization*（1924年 London: Kegan Paul,
　　Trench, Trubner & Co., Ltd. New York: Alfred A. Knopf, Inc 出版）

Julian H. Steward 撰 *Robert Harry Lowie, A Biographical Memoir*（1974年 National Academy
　　of Sciences 出版）

Edward Westermarck 撰 *The history of human marriage*（1891年 London, New York:
　　Macmillan 出版一卷本，1921年 London, Macmillan and Co., Limited 出版第五版（修
　　訂版）三卷。）

英語論文並詞條

T.S. Chen, J.K. Shryock 撰 "Chinese Relationship Terms"（載 *American Anthropologist*，Vol.
　　34, No. 4, 1932, pp. 623-664）

A.L. Kroeber 撰 "Classificatory Systems of Relationship"（載 *The Journal of the Royal*

Anthropological Institute of Great Britain and Ireland, Vol. 39, ［Jan. - Jun., 1909］, pp. 77-84）

A.L. Kroeber撰 "Process in the Chinese Kinship System"（載 *American Anthropologist*, Vol. 35, No. 1, 1933, pp. 151-157）

R.H. Lowie撰 "A Note on Relationship Terminologies"（載 *American Anthropologist* Vol. 30, Issue 2, pp. 263-267, 1928）

R.H. Lowie撰 "Relationship Terms"（載 *Encyclopaedia Britannica* 14th ed.,Vol. XIX, 1929）

R.H. Lowie撰 "Kinship"（載 *Encyclopaedia of the Social Sciences*, Edwin R.A. Seligman主編，1930年Macmillan出版）

W.H.R. Rivers撰 "Kin, Kinship"（載James Hastings主編，1915年 *Charles Scribner's Sons* 出版Encyclopædia of Religion and Ethics）

Ching-Chao Wu撰 "The Chinese Family: Organization, Names,and Kinship Terms"（載 *American Anthropologist*, Vol. 29, No. 3 , 1927, pp. 316-325）

第十一章

追求純粹形式的沉思者
——黃金穗的日常性現象學與臺灣本土文化運動

高君和、張峰賓[*]

一、前言

關於黃金穗（1915-1967），一般人的第一印象是，他是一位數理邏輯學家；但鮮為人知的是，他同時也是現象學以及京都學派哲學專家，專研西田幾多郎的場所邏輯與絕對矛盾的自我同一思想。本文發現，造成上述第一印象的主要原因，有以下幾點：（1）不知黃金穗在日治時期已有哲學著作，或即使知道有相關哲學著作，卻不知其確切的刊登之處，以致無法進一步研究[1]。

* 高君和為國立臺灣大學哲學系博士候選人／世新大學通識中心兼任講師。張峰賓為東吳大學哲學系博士後研究員。

1 如廖仁義云：「黃金穗戰前並未留下哲學作品，唯在戰後曾在《臺灣大學哲學年報》發表模態邏輯方面的英文著作。」此說有誤，見廖仁義，〈臺灣哲學的歷史構造——日據時期臺灣哲學思潮的發生與演變〉，《當代》，第28期（1988年8月），頁32。另，趙天儀回憶：「他（黃金穗）的大學畢業論文便是發表在《理想》這一份雜誌上。」可惜，此記憶有誤。見趙天儀〈黃金穗老師印象記〉，收入於氏著，《風雨樓再筆：臺灣文化的漣漪》（臺中：中市文化局，2000），頁119-140。

（2）黃金穗回臺任教（延平學院／臺大哲學系）時期，所開設的課程皆與數理哲學相關，如理則學、數理解析、數學邏輯（形式主義）、後設理論論集等課程，並無開設現象學或京都學派哲學相關課程；此外，其後發表的文章，除翻譯法文版的笛卡兒《方法導論》外，其餘皆是數理邏輯哲學的相關論文，因此，不知其曾專研現象學及京都學派哲學思想。另外，（3）則是與黃金穗的生平年代及相關史料之闕如有關[2]。

　　經本文研究發現，黃金穗於京都帝國大學哲學科求學時期的學士論文，部分內容後以〈日常性について──現象學的試論〉（關於日常性──現象學的試論）為題，發表於京都哲學會《哲學研究》第279號（1939年6月1號）[3]。就時間先後而言，此文是第一篇由臺籍學者撰寫刊登於京都《哲學研究》刊物的哲學論文；就內容而言，其直接吸收了西田幾多郎的場所邏輯的非連續、媒介者、絕對矛盾的自我同一等概念，作為文章的核心架構，來建構一幅具體的日常性世界圖像，就此而言，更可謂是臺灣學界，京都學派哲學思想的第一位直接傳人。

　　然而，關於黃金穗日治時期的哲學著作，之前並無學者進行專門性的介紹與研究[4]，因此，為彌補此一空缺，本文擬從三個部分來論述黃金穗此時期的哲學思想。首先，（1）略微考據、概述黃金穗的生平、著作，以及各時期的思想特徵。接著，（2）將焦點集中在日治時期的哲學著作〈日常性について──現象學的試論〉一文上，由此分析與介紹此中所論述的哲學概念與體系。最後，（3）以黃金穗主編的《新新》雜誌為例，來討論身處於殖民同

2　如鄭世璠記述了黃金穗的生平與相關經歷，提供了不少重要的線索，然可惜的是，其記述的年代有誤，以致不易查找黃金穗日治時期的哲學著作。見鄭世璠，〈滄桑話《新新》──談光復後第一本雜誌的誕生與消失〉，收錄於《新新（複刻本）》（臺北：傳文文化，1995），卷頭。關於黃金穗的生平年代，應以本文的考據為確。

3　黃金穗，〈日常性について──現象學的試論〉，《哲學研究》（京都：京都哲學會），第279號（第24卷第6冊），昭和十四年（1939）6月1號，頁1-32。

4　關於此點，目前僅有黃金穗新竹中學的學弟，本方安雄（舊名方壬癸）曾在其回憶錄中提及此篇文章的刊登處及簡略說明外，並無專門性的研究文章。見本方安雄，《阿呆たれ人生》（上）（東京都：文芸社，1999），頁350-352。

化、政權交接、以及語言轉換時期的黃金穗及當時知識分子，如何透過具體的實踐行動，來思考自我以及臺灣文化未來的前途，由此作為本文的結語。

二、生平、著作及其思想特徵

（一）臺北高等學校與京都帝大時期

黃金穗，本姓郭，1915 年 11 月 11 日出生於新竹郭家，後過繼給臺北萬華寶斗里的黃家[5]，但二十一歲（1936）後才正式改姓為黃[6]。其十八歲（1933）時，畢業於新竹州立新竹中學校，因成績優異，直接保送臺灣總督府臺北高等學校高等科文科甲類（外語主修英文），與林金生同班[7]。高三時，轉至文科乙類（外語主修德文）[8]，1936 年 3 月 10 日畢業，並於同年 5 月考取京都帝國大學文學部哲學科，與來自屏東的吳振坤同時進入哲學科就讀，但比吳提前一年畢業[9]。京都帝大期間（1936-1939），黃金穗在田邊元的

5 此說見趙天儀，〈黃金穗老師印象記〉，頁 119。另，黃金穗的出生年月日，載於教育部學術審議委員會、國立教育資料館編，《專科以上學校教師送審著作目錄彙編》第一輯：民國五十五至年五十八年（臺北：正中書局，1983），頁 35。

6 黃金穗何時正式改姓為「黃」已不可知，但據 1936 年（昭和十一）5 月「京都帝國大學錄取榜單」記載，其名仍為「郭金穗」，直至 1939 年「京都帝國大學學士試驗合格名單」中才改姓為「黃金穗」。由此可知，其於二十一歲（1936）後，就讀京都帝大期間才正式改姓「黃」。上述資料見：大藏省印刷局編《官報》第 2805 號，昭和十一年（1936）5 月 12 日，頁 334；及《官報》第 3688 號，昭和十四年（1939）4 月 24 日，頁 1031。

7 當年度「臺北高等學校錄取榜單」，見《官報》第 1902 號，昭和八年（1933）5 月 8 號，頁 237，名單中並註明，郭金穗、林金生皆為「無試驗」錄取。

8 在 1935 年「臺北高等學校生徒名單」中，「郭金穗」已從「文科甲類」轉至「文科乙類」，見：昭和十年度《臺灣總督府臺北高等學校一覽》（臺北：臺灣總督府臺北高等學校，昭和十年 11 月 15 日），頁 125。

9 1936 年「京都帝國大學錄取榜單」見《官報》第 2805 號，昭和十一年（1936）5 月 12 日，頁 332-335。黃金穗 1939 年的畢業紀錄，見《官報》3688 號，昭和十四年（1939）4 月 24 日，頁 1031。吳振坤 1940 年的畢業紀錄，見《官報》4001 號，昭和十五年（1940）5 月 11 日，頁 540。

指導下，主修哲學，副修數學，並對西田幾多郎、田邊元等京都學派的哲學思想頗有研究，專攻現象學、與數理邏輯[10]，並於1939年3月30日（二十四歲）取得文學士學位[11]。

　　黃金穗的學士論文的部分內容，其後以〈日常性について──現象學的試論〉為題，發表於京都哲學會《哲學研究》第279號（1939年6月1號）。此文的重要性有以下幾點：（1）除了是第一篇由臺籍學者撰寫刊登於京都《哲學研究》刊物的哲學論文外，更重要的是，（2）黃金穗直接吸收了西田幾多郎的場所邏輯的非連續、媒介者、絕對矛盾的自我同一，以及歷史實在世界、行為、製作等概念，作為文章的核心架構，由此建構一幅具體的日常性世界的圖像。在此文中，我們可以看到，黃金穗反覆熟練地使用絕對矛盾的自我同一的辯證法，從時間、空間的範疇，來談論日常世界與現實世界之間的相互媒介關係。因此，若就學派思想的傳承系譜而言，黃金穗可謂是臺灣學界，京都學派的第一位傳人[12]。此外，（3）黃金穗此文發表於1939年6月，而西田幾多郎的〈絕對矛盾的自我同一〉也於同年（1939年）3月發表於《思想》[13]期刊上。我們知道，此時期正好介於西田思想由中期轉向晚期的發展階段[14]，因此，在此文中，除了可看見黃金穗對西田思想的創造性理解與詮釋外，同時也可作為研究西田思想的另一補充線索，由此一窺西田思

---

10 此說分別見：本方安雄，《阿呆たれ人生》（上），頁351；趙天儀，〈黃金穗老師印象記〉，頁119；以及鄭世璠，〈滄桑話《新新》──談光復後第一本雜誌的誕生與消失〉，卷頭。

11 見《官報》3688號，昭和十四年（1939）4月24日，頁1029-1031。

12 吳振坤雖與黃金穗同年進入京都帝大哲學科就讀，但其研究領域為宗教哲學。至於鄭發育，其是1939年4月才進入京都帝大哲學科就讀，此時黃金穗已畢業。因此，不論是就時間點或是思想內容而言，黃金穗皆可謂是臺灣學界的京都學派的第一位，甚至是唯一一位的直接傳人。關於鄭發育的介紹，可見：徐嘉宏、吳英璋、余德慧，〈鄭發育教授（1916-1996）：臺灣實驗心理學的奠基者〉，《中華心理學刊》，第42卷第2期（1999年12月），頁113-120。

13 西田幾多郎，〈絕對矛盾的自己同一〉，《思想》，第202號，昭和十四年（1939）3月1號，頁1-62（總頁315-376）。

14 關於西田幾多郎的思想分期與轉向的相關討論，可參見：黃文宏譯，《西田幾多郎哲學選輯》（臺北：聯經出版公司，2013），〈譯注者導讀〉，頁30-43，內有詳細的說明與討論，其以「兩段三期」的說法來理解西田思想的發展，可茲參考。

想的發展脈絡。

（二）岩波書店與太平洋戰爭時期

京都帝大畢業後，黃金穗曾於 1939-1943 年間任職於岩波書店，負責學術新書的編輯工作[15]。當時的一些新書作者，曾於書中的序言或後語提及黃金穗，向其致謝，如京都帝國大學的天野貞祐，在九鬼周造的遺稿與隨筆集的編後語中提及：「岩波書店的各種各樣的工作都是黃金穗先生負責」，由此表達致謝之意。另外，東京帝國大學的尾高邦雄，也曾於新書序言中提及：「特別藉此機會，對岩波書店的森靜夫先生、黃金穗先生的辛苦表示謝意。」[16]

太平洋戰爭期間，黃金穗因父親逝世回臺奔喪。據黃金穗新竹中學學弟，本方安雄（舊名方壬癸）回憶：「他剛回臺灣時沒有工作，就先在榨油（花生油）廠工作，所以，他不是閣樓的哲人，而是油榨廠的哲人」，「我去拜訪他時，他在很吵鬧的聲音中悠然地看著數學書，那本書充滿著我看不懂的符號。他因二二八事件逃到沖繩去，再當任女學校的老師，最後成為臺灣大學的哲學教授」[17]。另據趙天儀回憶：黃金穗在辦完父親的喪事過後，即依習俗於百日內相親、結婚。之後曾短暫於臺北帝國大學圖書館工作，與詩人吳瀛濤同事。其後，一度至新竹女中任教，在此期間，曾教過傅偉勳先生數學[18]。

---

15 據《岩波書店七十年》記載：「1938 年（昭和十三）後到職，至 1943 年底前離職者，共 114 人」，黃金穗即列於此一名單中。見綠川亨編，《岩波書店七十年》（東京都：岩波書店，1987），頁 243。

16 見天野貞祐、澤瀉久敬、佐藤明雄編集，《九鬼周造全集》（東京都：岩波書店，1981），第 5 卷，頁 161。以及尾高邦雄，《職業社會學》（東京都：岩波書店，1941），序，頁 5。

17 見本方安雄，《阿呆たれ人生》（上），頁 351。

18 趙天儀的回憶，見趙天儀，〈黃金穗老師印象記〉，頁 119-140；趙天儀，〈詩人吳瀛濤現代詩的創作世界〉，收錄於許素蘭主編，《考掘·研究·再現：臺灣文學史料集刊》，第一輯（臺南：國立臺灣文學館，2011），頁 189-213。趙天儀，〈洪耀勳·曾天從·黃金穗：臺大哲學系三位老師的回憶〉，發表於「歐美思潮與臺灣早期歐美哲學研究工作坊」（中研院歐美所主辦，2014 年 5 月 23 日），頁 33-35。另，關於黃金穗的相親、結婚趣事，可參閱趙天儀，〈黃金穗老師印象記〉，頁 120，以及本方安雄，《阿呆たれ人生》（上），頁 352。

（三）戰後時期：《新新》雜誌與延平學院

1945 年二次大戰結束後，不會中文的黃金穗，開始與新竹一群文化人士：李友通、劉建珍、陳家鵬、王花、葉宏甲、洪朝明等人一起學習國語，希望能藉由跨越語言的隔閡，了解即將接收臺灣新政權的中國文化，並與之交流。因此，黃金穗與這群人共同創辦了臺灣光復後，第一本由民間人士發行的綜合性文化雜誌：《新新》。因黃金穗曾於岩波書店編輯部工作，故被公推為總編輯。此本雜誌中、日文併用，網羅了當時臺灣著名的文化人士撰文，如龍瑛宗、吳濁流、呂赫若、江肖梅、吳瀛濤、王白淵等，內容涵蓋小說、詩、隨筆、戲曲、音樂、時評漫畫等；並透過翻譯的方式，將林房雄、國木田獨步的日文小說翻譯成中文，將沈從文、老向的中文小說翻譯成日文，由此提供當時受日本統治而不懂中文的臺灣民眾，得以了解即將到來的中國文化，以達文化交流與相互了解之目的。但諷刺的是，此文化交流尚未見效，《新新》就在戰後通膨、政治權力與文化衝突等因素下夭折了。《新新》自 1945 年 11 月 20 日起發行，至 1947 年 1 月 5 日止，僅發行了 8 期，就因二二八事件等因素而停刊[19]。

在發行《新新》的同時，黃金穗於 1946 年 10 月起，應延平學院朱昭陽院長之邀，至延平學院法經組兼課，教授「論理學」（理則學）[20]，但僅維持了一學期，延平學院就因二二八事件因素遭陳儀政府下令「封閉」[21]。二二八事件之後，1948 年 2 月，同為京都帝大畢業的開南商工校長陳有諒，邀請黃

---

19 關於《新新》的創刊過程，詳見鄭世璠，〈滄桑話《新新》——談光復後第一本雜誌的誕生與消失〉，收錄於《新新（複刻本）》，卷頭。另見黃英哲，〈《新新》總目——自創刊號（1945 年 11 月 20）至第 2 卷第 1 期（1947 年 1 月 5 號）〉，《臺灣史料研究》，第 5 號（1995 年 2 月），頁 133-142。

20 見「延平學院法經組第一學年課程表」，收錄於洪敦達編，《延平中學創校五十週年紀念專輯》（臺北：私立延平高級中學，1996），頁 47。

21 關於延平學院的創立始末，可參見陳翠蓮，〈戰後臺灣菁英的憧憬與頓挫：延平學院創立始末〉，《臺灣史研究》，第 13 卷第 2 期（2006 年 12 月），頁 123-167。許雪姬、張隆志、陳翠蓮訪談；賴永祥等記錄，《坐擁書城：賴永祥先生訪問紀錄》（臺北：遠流，2007），頁 128-142。

金穗至開南商工擔任教務主任，規畫開南的新學制課程[22]。1948年9月，延平學院以補校名義復校，黃金穗回任延平補校，教授數學，同時兼總務主任[23]。但不幸的是，1949年國民政府撤退來臺實施戒嚴統治，延平補校朱昭陽校長等多位師生於1950年代紛紛被捕入獄，為躲避白色恐怖迫害，黃金穗再度逃亡至琉球（沖繩），等風波結束後才再度返臺[24]。盛年時期的黃金穗，就在延平補校（延平中學）的風雨中度過[25]。

圖一：黃金穗（左二）與《新新》編輯群合影[26]

---

22 見許嘉齡編，《開南校史：尋找開南美少年再現開南新風華》（臺北：開南高級商工職業學校，2004），頁71。

23 據《臺北高等學校同學會畢業生名簿》及《延平中學創校五十週年紀念專輯》記載，黃金穗時任延平補校教師兼總務主任。見徐慶鐘等編，《臺北高等學校同學會畢業生名簿》（臺北：臺北高等學校同學會，1957），頁15；《延平中學創校五十週年紀念專輯》，頁146-152。

24 見朱昭陽口述、吳君瑩紀錄、林忠勝撰述，《朱昭陽回憶錄：風雨延平出清流》（臺北：前衛，1994），頁126-127。

25 另外，東方白（本名林文德）指出，黃金穗是其在延平補校時期最喜愛的老師之一，因此，其在《真與美》的自傳文學中，詳細記錄了黃金穗在延平補校時的生活點滴與趣事，可供參考，見氏著，《真與美（二）詩的回憶：青年篇（上）》（臺北：前衛，2001），第九章，頁195-221。此外，康寧祥亦曾提及，他是因為受到黃金穗的鼓勵而投考延平補校，此段往事，可參見康寧祥論述、陳政農編撰，《臺灣，打拚：康寧祥回憶錄》（臺北：允晨文化，2013），頁34-36。

26 圖一左起為鄭世璠、黃金穗、葉宏甲、王花（超光）、王花之母、陳家鵬、龍瑛宗。見黃英哲，〈《新新》總目──自創刊號（1945年11月20）至第2卷第1期（1947年1月5號）〉，《臺灣史料研究》，第5號（1995年2月），頁135。圖片來源：鄭世璠之子，鄭安宏先生授權使用。

圖二：黃金穗（前排右四）延平時期照片[27]

（四）臺大哲學系時期

　　直至1958年，四十三歲的黃金穗才在臺大哲學系洪耀勳主任的邀請下，開始於臺大哲學系兼課，至1964年（四十九歲）改聘為專任副教授，開設理則學、數理解析、數學邏輯（形式主義）等課程[28]。在臺大期間，黃金穗除授課外，並專注於哲學創作，1959年翻譯法文版的笛卡兒《方法導論》（協志出版社發行）；並於1964-1966年，連續三年於《國立臺灣大學文史哲學報》以英文發表一系列的邏輯系統建構理論：1964年（第13期）發表〈前設邏輯運作論〉（Protological Operations）；1965年（第14期）發表〈形式構造論〉（Formal Structure）；1966年（第15期）發表〈邏輯多樣體試論〉（Theses on "Logical Manifold"）。

　　作為數理邏輯學家，黃金穗研究的主要課題在於如何建構一套邏輯系統。例如，在1964年的〈前設邏輯運作論〉（Protological Operations）中，其站在羅連仁（Paul Lorenzen）的運作論邏輯（operative logic）的基礎上[29]，

27　見陳忠錦主編，《延平中學走過五十年照片輯》（臺北：私立延平高級中學，1997），頁80。

28　見《五十三年度國立臺灣大學概況》（臺北：國立臺灣大學，1964），頁154。

29　Paul Lorenzen, "Konstruktive Begründung der Mathematik", in *Mathematische Zeitschrift*, Bd. 53 Heft 2（1950）, S. 162-202. And *Einführung in die operative Logik und Mathematik*,（Berlin:

去尋找除了演繹原則（deductive principle）之外，究竟還有其他多少種的消除原則（Elimination principles）類型（type），此一任務，其稱之為前設邏輯（protologic）[30]。

在1965年的〈形式構造論〉（Formal Structure）中，黃金穗首先針對20世紀初幾個古典邏輯學說進行分類。其依照各學說對於無限（infinity）存在範疇的承認程度，將之分為三類：第一類為Definite Logic（可算的有限邏輯），以歸納算法論者（inductivist）為代表。第二類為Finitary Logic（有限立場的構成邏輯），以構成論（constructivism）的形式主義者（formalist）和直觀主義者（intuitionist）為代表。第三類為Transfinite Logic（超限論的邏輯），以論理主義者和公理論的集合論者（Axiomatic set theory）為代表。其次，黃金穗藉由布魯把基（Nicolas Bourbaki）的數學構造（mathematical structures）概念[31]，提出以形式構造（Formal Structure）的方法來檢驗與修正上述三類古典邏輯學說，由此可以避免康德兒（Georg Cantor）集合論（Set Theory）中無法完滿解決的連續統假設（continuum hypothesis），以及弗雷格（Gottlob Frege）概念理論（theory of concept）中的內在悖論（paradox）問題[32]。

在1966年的〈邏輯多樣體試論〉（Theses on "Logical Manifold"）中，黃金穗以前面兩篇文章為基礎，對希伯特（David Hilbert）建立的證明論（proof-theory）提出一個新的觀點。其以數學構造（mathematical structures）作為證明論的對象領域，成立樣式（Type）Σ及公理（axiom）Γ，將後設數學函數（metamathematical function）作為證明論的值域（range），由此定義後

Springer-Verlag, 1955.）另可參考Kurt Schütte, "Reviewed Work: Konstruktive Begründer der Mathematik", *The Journal of Symbolic Logic*, Vol. 18, No. 3（Sep., 1953）, pp. 260-261.

30 見Chin-Sui Hwang（黃金穗）, "Protological Operations"（〈前設邏輯運作論〉）, *Bulletin of the College of Liberal Arts, National Taiwan University*, Vol. 13（Dec., 1964）, pp. 443-462.

31 關於Bourbaki的mathematical structures，可參考Leo Corry, "Nicolas Bourbaki and the Concept of Mathematical Structure", *Synthese*, Vol. 92, No. 3（Sep., 1992）, pp. 315-348.

32 見Chin-Sui Hwang（黃金穗）, "Formal Structure"（〈形式構造論〉）, *Bulletin of the College of Liberal Arts, National Taiwan University*, Vol. 14（Nov., 1965）, pp. 471-490.

設數學的演繹性（deduction）、齊合性（consistency）、完備性（completeness）等概念。最後，黃金穗結合勒文海姆—斯科倫定理（Löwenheim-Skolem theorem）與史東的表現定理（Stone's representation theorem），在集合論（Set Theory）和數論（Number Theory）的架構下，建構出一個新的邏輯多樣體（Logical Manifold）系統，由此進而達到對古典邏輯系統擴充之目的[33]。

1966年3月下旬，黃金穗獲國家長期發展科學展委員會核定補助，將赴西德隨同數理邏輯學家羅連仁（Paul Lorenzen）研究一年[34]，但卻不幸在準備出國之際一病不起，於1967年4月2日（五十二歲）病逝臺大醫院[35]。據本方安雄回憶：「他（黃金穗）很高興地來跟我說，他被德國Göttingen大學招聘，會成為那邊的教授，但過幾天後，因中風而過世。」[36]此外，據康寧祥回憶：「京都大學還一度邀請他（黃金穗）回去，共同致力於西田哲學的發揚，黃金穗老師因為已經接受德國柏林大學邀請，正在做前往講學的準備，只能答應完成柏林大學講學之後再去京都，但事與願違，後來黃老師得病，連德國柏林都沒去成。」[37]

綜觀黃金穗一生，適逢時代劇變，經歷了許多苦難，但就其經歷與著作而言，可謂精采豐富。其扎實的數學基礎，使其能遊刃於數理哲學世界中，建構純粹形式的邏輯系統；而其多方位的外語能力（日文、德文、英文、法

---

[33] 見Chin-Sui Hwang（黃金穗）, "Theses on 'Logical Manifold'"（〈邏輯多樣體試論〉）, *Bulletin of the College of Liberal Arts, National Taiwan University*, Vol. 15（Aug., 1966）, pp. 469-491. 另外，黃金穗1965、1966年這兩篇文章，曾獲國家長期發展科學委員會甲種補助，其部分成果摘要可見《國家長期發展科學委員會年報》，民國五十四年6月，頁107-108；以及民國五十五年6月，頁138。

[34] 見《國立臺灣大學五十四學年度第二次校務會議紀錄》，頁5-6；及趙天儀，〈黃金穗老師印象記〉，頁122。此外，民國五十四年度（第六屆）科學技術出國進修人員名錄，見《國家長期發展科學委員會年報》，民國五十五年6月，頁442。

[35] 見鄭世璠，〈滄桑話《新新》——談光復後第一本雜誌的誕生與消失〉，卷頭。

[36] 見本方安雄，《阿呆たれ人生》（上），頁351。

[37] 見康寧祥論述、陳政農編撰，《臺灣，打拼：康寧祥回憶錄》，頁36。另外，何秀煌有篇〈追悼黃金穗老師〉可茲參考，見氏著，《異鄉偶書（一）》（臺北：三民書局，1971），頁33-36。

文），使其能直接閱讀相關哲學原典著作，並借用西田幾多郎核心的哲學概念，來畫構一幅具體的日常性世界樣貌。可惜英年早逝，未能留下更多哲學著作。以上，是關於黃金穗的生平、著作、思想簡介。接著，我們來審視黃金穗遺留下來的日治時期的哲學著作。

三、日治時期哲學著作：〈關於日常性──現象學的試論〉分析

黃金穗此文的特點在於，其直接吸收了西田幾多郎的媒介者、非連續的場所、絕對矛盾的自我同一、世界的自我同一與連續，以及歷史實在世界、行為、製作等概念，來討論日常生活的究竟根源為何的課題。然而，黃金穗的特別之處在於：其認為日常生活的基體[38]不在白天，而是在夜中的世界，換句話說，夜中的世界才是真正日常自我的基體。因此，黃金穗以「睡眠」為例，來思考其在具體的日常性世界所扮演的角色，其主張：「睡眠是真夜中的完全且絕對的主體」，「這裡所發現的日常的結論：是以保存生命力為明天的基體，以保存精神力為隔天的主體。」然而黃金穗在討論夜中世界之前，首先討論日常性這組概念。因此，我們先來分析黃金穗所言的日常性概念。

在此文中，黃金穗所言的日常性，包含下列幾組概念：日常知性、日常世界、日常行為、現實世界、現實行為，以及日常自我。其文章開頭說道：

> 日常知性是不用說了，我還要討論日常的世界。但是，為了討論日常世

---

38 這裡所言的「基體」，雖是從亞里斯多德的「實體」（substratum）而來的概念，但在西田幾多郎的體系中，基體指的是一種必然的存在，一個綜合的整體，能使直接的經驗與概念化的知識聯繫起來。因此，無論在何處，基體是皆作為主詞而不作為述詞，並且是無限的述詞的統一，無限的判斷的統一。有關西田幾多郎「基體」的討論，可參見藤田正勝，〈場所──根底からの思惟〉，收錄於《日本の哲学》第1號《特集：西田哲学研究の現在》（京都市：昭和堂，2000），頁43-57。此文中譯本可參見藤田正勝著、吳光輝譯，《西田幾多郎的現代思想》（石家莊市：河北人民，2011），附錄一，頁160-175。

界，不知幾億的現實的行為已經被表現出來了。所謂現實的行為，其實
是日常的行為，也就是日常行為以現實機構為媒介而形成的一個歷史過
程。（〈關於日常性〉，頁1）

就上述引文的脈絡而言，黃金穗是從一位超然者的角度來觀看現象世界。因
此，就觀看者的角度而言，現象世界可被歸為日常世界與現實世界兩類。在
此，其所言的「現實世界」，指的是物的世界，即是這個具象的活生生的實
在世界；而所謂的「日常世界」，則是以物為直觀的對象，對實在世界進行
觀察描述而言說的一個世界，而觀察者此一思維運作又稱為「日常知性」。
然而，若就實存現象學（Existential phenomenology）的立場來說，觀察者無
法與被觀察的世界分開[39]，因此，若要討論日常世界，必須連帶一併討論現
實世界中的現實行為。是故關於日常性課題，除日常知性外，黃金穗同時針
對日常世界、日常行為、現實世界、現實行為，以及日常自我等概念進行分
析。基本上，黃金穗認為「日常知性」在這幾組日常性概念之間扮演媒介者
的角色，媒介日常世界與現實世界，並且，展現出四個層次的辯證關係。

（一）日常知性的四層辯證關係：從無知到絕對地無知

首先，黃金穗指出，就媒介者的角色而言，「日常知性」對日常世界展
現出四個層次的辯證關係：無知→無知且知道→絕對想要知道的實驗知性→
絕對地無知。如黃金穗說：

日常知性對於被討論的日常世界都保持無知，只是日常行為變成現實的
行為而已。（〈關於日常性〉，頁1）

然而，如果日常行為直接等同於現實的行為，則日常知性不能對被討論

39　David Stewart, Algis Mickunas: *Exploring phenomenology: a guide to the field and its literature.*
（Athens: Ohio University Press, 1990), p. 64.

的日常世界無知。也就是說，日常知性應該知道被討論的日常世界就是
現實的世界。如此，這裡所說的日常世界中的日常行為，就是現實世界
中的現實的行為，關於此件事，日常知性無知且知道。（〈關於日常
性〉，頁1-2）

由上引文可知，日常知性呈現的第一層知性是「無知」，其對於被討論的日
常世界都保持無知，只是任由日常行為變成現實行為而已。但如果直接將日
常行為等同於現實的行為，則日常知性不能對被討論的日常世界保持無知，
因此，日常知性從對日常世界的「無知」轉變成「無知且知道」，這是其所
呈現的第二層知性。在此，我們可以看到，此一無知且知道的日常知性，具
有一種自我否定及肯定，以及自我限定與被限定的矛盾性質。並且，此一矛
盾性質會隨著日常行為和現實行為之間相互媒介的過程達到極大化，而產生
一種「矛盾性的同一化」作用而自我揚棄。關於此點，黃金穗接著說：

日常知性因此將其矛盾性質放在日常行為和現實行為之間的互相媒介的
遊戲中而揚棄自己，日常知性在矛盾的極限中看見同一化作用。此同一
化作用超越且包容日常世界和現實世界之間的遊戲，可以說是實驗──
實在、先驗的知性。日常知性不再是無知且知道，而成為了絕對想要知
道的實驗知性。（〈關於日常性〉，頁2-3）

在此，我們可以看到，黃金穗統合了實在、與先驗兩組概念，創造出一組新
的語詞：實驗知性，即──實在、先驗的知性，由此將第二層具有矛盾性質
的無知且知道的日常知性提升到實驗知性的範疇。換言之，日常知性在相互
媒介的矛盾辯證過程中，已不再純然只是從先驗的超然者的角度來觀看世
界，同時自己也涉入其中而無法與之分離，並從無知且知道的矛盾辯證過程
中產生同一化作用，形成了一種實在、先驗的實驗知性。就此而言，黃金穗
有試圖統攝先驗現象學與實在現象學的企圖。

　　然而，此一實在、先驗的實驗知性，並非是最終的絕對純粹知性，因

為，實驗知性在面對日常行為與現實行為，以及現實世界與日常世界的無限的矛盾辯證過程中，還是會再度地自我揚棄，並呈現出一種「死」的狀態。如黃金穗說：

> 然而，日常行為即現實的行為，現實的世界即日常世界，這些無限過程的進行，以及媒介這過程的日常知性，即實驗知性的絕對同一化作用，這兩者在永遠的相之下，立刻是死的。（〈關於日常性〉，頁3）

但是，為何實驗知性在上述兩者無限矛盾的媒介辯證過程中，會再度自我揚棄？並且所謂的「死」是什麼樣的狀態？黃金穗說：

> 實驗知性作為日常知性的極限，超越且包容日常世界，但同時自己反而無法超越且包容自己的無知和知道，不得不絕對地無知。——在現實世界當中的自我矛盾，直接等同於日常世界的自我矛盾，實驗知性的自我矛盾等同於日常知性的自我矛盾。（〈關於日常性〉，頁3）

至此，我們可以看到，日常知性的第三個層次：絕對想要知道的實驗知性，在試圖全面性掌握日常世界時，即會陷入二律背反的矛盾中。因為，絕對想要知道的實驗知性，與無知且知道的日常知性之間，有著「同一性的矛盾」關係，實驗知性在超越包容日常世界的同時，自己反而無法超越且包容自己的無知且知道，因此不得不絕對地無知。所謂的死，指的是實驗知性與日常知性之間具有一種「同一性的矛盾」關係，因此，實驗知性不得不成為絕對地無知。

　　總的來說，日常知性在相互媒介的矛盾辯證過程中，呈現出四個層次的轉變：（1）無知；（2）無知且知道（具矛盾性），並在矛盾的極大化中，產生「矛盾性的同一化」作用，而成為（3）絕對想要知道的實驗知性。然而，實驗知性在超越且包容日常世界的同時，卻無法超越且包容自己的無知且知道，由此產生「同一性的矛盾」而不得不成為（4）絕對地無知。然而，究竟

是什麼樣的世界或場所，才能超越且包容這個絕對地無知的日常知性？這樣的世界，究竟是一個怎樣的世界？

（二）非連續的場所：從絕對地無知到實驗世界

討論至此，黃金穗接著從西田幾多郎的非連續場所的絕對矛盾的自我同一，來媒介此一絕對地無知的日常知性，使之成為一種日常性的超克世界，並稱此世界是一種「現實的且實驗的——實存、先驗的世界」。其認為，在這樣的絕對矛盾的東西的同一，以及絕對同一的東西的矛盾的世界中，才能獲得真正的無限。這樣的世界，就是日常的且現實的世界。黃金穗如此說道：

> 在日常世界中的日常行為和日常知性之間的矛盾性同一，經過連續的過程而在現實世界中成為根據；同時，在現實世界此一根據本身當中，現實的行為和實驗知性是同一性矛盾，此處，非連續的場所反而在日常世界中成為根據。而且，這樣的現實世界和日常世界之間的矛盾性同一並不單純是兩者之間的遊戲，而是絕對矛盾的同一。再說，這樣的絕對矛盾的自我同一同時也要媒介現實世界和日常世界之間的連續的遊戲。這樣絕對有矛盾的東西的同一、絕對同一的東西的矛盾，這樣的世界就是日常的且現實的世界。
>
> 在這樣的現實世界中的日常行為的矛盾，把這矛盾視為矛盾，並且自我否定式地去自我肯定，這才可稱為獲得日常世界的現實的且實驗的——實存、先驗的世界。（〈關於日常性〉，頁3-4）

我們知道，西田幾多郎的絕對矛盾的自我同一，是其後期思想的重點所在，也是其場所邏輯的最終形式[40]。然問題是，什麼樣的世界，才能超越且包容

---

40 見黃文宏，〈西田幾多郎「絕對矛盾的自我同一」的邏輯構造〉，《國立政治大學哲學學

這相互矛盾對立卻又相互依存的東西？對西田幾多郎而言，是絕對無的場所[41]，而黃金穗則將此稱之為「實驗世界」——實存、先驗的世界。就此而言，黃金穗此一實驗世界，可說是對西田幾多郎場所邏輯的一種創造性的詮釋與理解。接著，黃金穗引用西田幾多郎〈世界的自我同一與連續〉（1935）[42]中的一段話來補充說明其所言的日常性世界：

> 我們做出行為時，物的世界作為你而對著我，你和我成為一的時候，即是一起成為彼的時候，物作為直觀的對象限定你和我。這樣的歷史現在的世界，對我們而言，可認為是最具體的日常性的世界。（〈關於日常性〉，頁4）

然而，此一歷史現在的世界，其構造究竟為何？所謂的非連續的場所，究竟是一個什麼樣的世界？而我們在這個日常的、且現實的實驗世界中，是否能找到一個具體的例子來描述這個歷史現在世界的具體構造？

關於此點，黃金穗認為，要討論這個具體的日常性世界，必須從「這一天」開始分析，並且認為，「夜中」才是日常生活性世界之基體，不論是黑格爾的知覺（Wahrnehmung），或是柏格森的無意識（l'inconscient），兩者都得依據夜中世界才能成立。由此，黃金穗在文章中，不斷地反覆使用西田幾多郎的媒介，行為、製作等概念，開始對夜中世界進行細緻的分析與討論。其試圖透過夜中世界的場所，來描述純粹日常自我的絕對存在現狀的樣態。以下，本文將透過下列幾點分析，來說明黃金穗所言的「夜中」世界之

報》，第33期（2015年1月），頁39-75。另可參見吳汝鈞，〈西田哲學的絕對無與絕對矛盾的自我同一〉，收錄於氏著，《絕對無詮釋學：京都學派的批判性研究》（臺北：臺灣學生，2012），第一章，頁1-100。

41 關於西田幾多郎「場所」的討論，可參見藤田正勝，〈場所——根底からの思惟〉，頁43-57。以及黃文宏，〈西田幾多郎場所邏輯的內在轉向〉，《國立政治大學哲學學報》，第23期（2010年1月），頁1-31。

42 見西田幾多郎，〈世界の自己同一と連続〉，收錄於《哲學論文集一》（東京都：岩波書店，1935），頁83。或見《西田幾多郎全集》，第7卷（東京都：岩波書店，2003），頁52。

意涵。

（三）日常性之基體：夜中的世界

1. 關於「夜中」的意義

夜中——至少這一天、這一天大家都要在其中。而且想一想什麼是在其中，就是一切的東西、自己、世界，都在純粹的型態，現實的放在其中。（〈關於日常性〉，頁5）

夜中是純粹的無意識，純粹的非行為，就是個物質的靜止體。一切都配置到夜中，人格也好物質也好，一切都安靜。（〈關於日常性〉，頁6）

在夜中，一切都純粹地存在著；無論日常的自我、日常的世界，一切都沒有被加工，絕對地、如實地被保存。（〈關於日常性〉，頁6）

從上引文中，我們可將黃金穗所言的夜中意涵，歸納為以下兩點：（1）夜中是今天行動上連續的終焉，是明天行動的潛態。所以，至少這一天，大家都要身在其中。並且，（2）夜中是純粹無意識、純粹非行為的，一切的物質都呈現靜止狀態。換言之，在夜中，一切都純粹地存在著，一切的東西、自己、世界，都在純粹的型態下，現實的放在其中，一切都沒有被加工，絕對地、如實地被保存。

但問題是，何謂純粹的型態？何謂純粹的日常自我呢？黃金穗認為，以上問題，可從分析日常世界的空間配置的絕對現狀得到線索。首先，其先討論何謂日常自我。

2. 何謂日常自我？

黃金穗所言的日常自我，除了自我的身體外，還包括了自我的形象：

聽到日常自我，不可以馬上只聯想到我的身體。我的形象並不是裸體。如同身體是我的私有物一樣，我身邊的東西也是我的私有物。因此，可以稱為日常自我的基體，這種東西是以我的身體為中心的所有物小體系。我的所有物的小體系對應著我的身體的原形，包含著、隨伴著它。（〈關於日常性〉，頁7）

就此而言，日常自我除了自我的身體外，還包括對應著我的身體的原形的所有物小體系，例如一個人的服裝、化妝等東西，皆是其身體所有物的小體系，而此一小體系，即是日常世界中的形象自我。此一形象自我，因應著身體的日常行為，一方面幫助身體生命的律動；另一方面保持人格生命的自我同一。例如，第一次見面的人的形象，應該與他的身體，尤其他的臉和身高，及他的服裝和化妝一起被知覺，被記得，被再認。換言之，所謂的日常自我，除了自我的身體外，還包含著以我的身體為中心的所有物的小體系的形象自我，此即所謂的純粹的日常自我。

　　然而，此一純粹日常自我的範圍為何？什麼樣的世界或場所，才能包含此一純粹的日常自我？換言之，純粹的日常自我，究竟是身處於一個什麼樣的世界或場所之中？針對上述問題，黃金穗接著以純粹的日常自我為中心，由此開展而畫構出一幅包含住宅、交通、職場的日常性生活世界的樣貌。首先，我們來看其所言的住宅體系的世界。

（四）純粹日常自我的範圍：住宅體系

　　黃金穗是以圓錐體的圖示，來說明身體與住宅之間的關聯：

以我的身體為中心的所有物的小體系，以純粹的身體為圓錐的頂點，以它為中心具有各種各樣的所有物的切面。純粹的日常自我的範圍終止於住宅。（〈關於日常性〉，頁7）

這樣以住宅為基底、媒體，站在那裡的幾個身體為尖端，這就是住宅的

世界。其基底具有幾個圓錐。因此，幾個圓錐尖端和同一基底之間，作為圍繞著各個身體及其附屬小體系的切面，應該有共同的家具。家具就是住宅的體系。家具把我的身體——和其小體系——媒介到住宅，同時也媒介我的身體和其他的身體。然後自己二分，構成住宅的就變成固定家具，而內化於身體的就變成可變的家具。前者成為身體的抽象同一體（ポーズ／pose）[43]的工具，把身體媒介到住宅；後者則成為身體的有目的性的動作。（〈關於日常性〉，頁8）

由上引文可知，黃金穗借用媒介概念，來說明身體、住宅、家具三者之間的關係。首先，身體行為透過住宅的媒介，在靜態時（如安靜臥坐），與住宅成為抽象的同一體（pose），變成住宅的固定家具。其次，身體在動態時（如步行），則與住宅成為具體的同一體，變成住宅的可變家具。另外，家具還具有動且靜（可變家具、固定家具）的雙重性，因此，可讓身體行為的雙重性（如從安靜臥坐到慢慢步行）的連續成為可能。就此而言，黃金穗指出，純粹的日常自我的最大範圍是被決定的；其空間構造的配置也是被決定。因此，在住宅範圍內的純粹日常自我，具有著：(1)純粹可動的身體；(2)純粹不動的住宅；(3)中間有著動且靜、靜且動，以身體為中心的身體附屬小體系；以及(4)以住宅為中心的家具體系。並且，(5)如果身體越動態，則身體將會超出住宅以及家具體系的範圍，自然地與住宅外界的事物（如交通工具）成為具體同一體；相反的，(6)身體越靜態，則越與家具和住宅體系共存，身體自然地成為住宅的抽象同一體。

從上述的第(5)點可知，日常自我終止於住宅，也從住宅世界超出。在住宅世界外，也就是在日常世界中，存在著交通體系與職場世界。接著，黃金穗進一步來說明，身體與交通世界所具有的關聯性。

---

43 黃金穗在「同一體」旁附上拼音：ポーズ／pose。之後，文章只要出現「同一體」都有附上拼音。在此，其所言的同一體（pose），是指身體透過不同媒體的媒介，而呈現出各種不同的姿態。

（五）純粹日常世界的兩大體系：交通世界與職場世界

1. 交通世界

首先，黃金穗對交通世界下一定義：

> 交通世界並不是單純的平面，而是幾何的圖形。它是連接定點和另外定點的整齊畫好的交通路之擴展。藉由連接定點和另外定點，交通世界越來越擴展。交通世界是定點和定點的媒介，並且自己也被媒介。（〈關於日常性〉，頁11）

在此，我們可以看到，黃金穗同樣再次借用媒介概念，來畫構一幅幾何圖形的交通世界的樣貌。其指出，身體與交通世界具有以下幾層相互媒介的關係：

> 身體從這交通世界的幾何平面切開一組來，把它視為是身體本身的運動＝步行，一方面可以在這平面之間移動，另外方面可以託給交通機關的媒介。在前者中，身體是具體同一體（pose）之一，步行得很急；在後者中，身體是抽象同一體（pose），臥坐得很安靜。無論哪一種，為了有益於身體的日常行為，選擇其中一個。（〈關於日常性〉，頁11-12）

> 多種交通機關體系的連鎖，多種身體步行的連鎖，以及這兩者之間的連鎖，這種世界就是交通的世界。（〈關於日常性〉，頁12）

透過上述引文，我們可將身體與交通世界的關聯，歸納為以下幾點：（1）身體透過交通機關的媒介，在動態時（如步行得很急），身體與交通機關成為具體的同一體。例如，我們可將身體步行的本身視為是一種交通工具，因此，身體與交通機關成為了具體同一體。（2）身體在靜態時（如安靜臥坐），則與交通機關成為抽象的同一體。例如，身體安靜的坐在交通工具（如車子）中，則身體與交通機關成為抽象同一體。（3）為了益於身體的日

常行為，我們可任選其一使用。

但問題是，我們的身體，從住宅世界超出後連結到交通世界，那麼，交通世界結束後的下一個連結點，又是一個什麼樣的世界呢？黃金穗指出，交通世界結束的另一頭，有著各式各樣的職場世界。

2. 職場世界

> 交通機關體系結束的地點，——從住宅出來的我來看——那邊可以看到各種各樣的職場。——聯場的世界在其機械圖式中並列材料、生產機關、製作器具。（〈關於日常性〉，頁13）

同樣的，黃金穗亦是以媒介概念來說明身體與職場世界的關聯性：

> 職場世界的基體是被計畫好的媒體，也是自己被生產、製作體系的媒介。生產、製作體系被二分，作為固定的東西、作為可變的東西，在生產機關、製作器具下成為物品原料。但是前者會生產、製作後者，也分隔、集合後者。相反地，後者會確定前者的部署，發揮其體制作用。而身體把後者拉到前者去的同時，把後者放在遠離於前者的地方。也就是說，身體作為勞動的激烈運動，需要具有具體同一體（pose），同時作為管理的安靜動作，需要具有抽象同一體（pose）。因此，身體在職場世界當中，把自己為一組而聯絡到生產、製作體系中。職場的世界就是依據機械圖式，連鎖多種生產、製作體系，以及聯絡到它的我和其他的身體動作體系的自動編制體。（〈關於日常性〉，頁13）

在此，我們可以看到，職場世界與交通世界的不同之處在於：交通世界是一幅向外擴展的幾何圖形，職場世界則是一幅往內吸收的機械圖式。而兩者之間的相同處在於：身體皆是透過媒介作用在其中被給予一個位置，並被編輯在內，使得身體能透過多種不同的姿態／姿勢（pose）而發揮作用。如黃金穗說：

> 在交通世界中，直接的時候，身體具有具體同一體（pose），急急的步
> 行；被媒介的時候，有身體的抽象同一體（pose），安靜的臥坐；相較
> 之下，在職場世界中，直接的時候，身體有抽象同一體（pose），發揮
> 有彈性的動作；被媒介時，身體有具體同一體（pose），發揮激烈的動
> 作。身體的這些多種pose作為特殊的東西而分配到各自的身體，形成
> 各種身體pose的連鎖。我們應該這麼說：日常世界的絕對自動性執行
> 與交通和職場的相互作用，在這樣的編成體上，身體成為其中一部分而
> 被發揮作用。（〈關於日常性〉，頁14-15）

就此，我們可發現，身體透過不同的姿態／姿勢（pose），為成日常世界的
一部分而發揮作用。因此，不論是在交通或職場世界中，自我存在的意義，
並不是作為與世界割裂的主客二分的自我，而是與世界成為同一且連續的自
我存在，此一與世界同一與連續的自我，即是黃金穗所言的日常性自我，而
此一思想，可謂是西田幾多郎的「世界的自我同一與連續」思想之開展與發
揮。然問題是，黃金穗使用媒介概念僅說明了世界與自我的連續關係，並未
說明世界與自我的同一關係，因此，黃金穗接著針對日常自我與日常世界的
同一性關係進行討論。

（六）日常自我與日常世界之間的交涉關係

> 首先，純粹日常自我的範圍和純粹日常世界的範圍都顯示絕對不動的東
> 西，即是扎根於大地的它們的絕對基底，一方面是住宅世界和身體的小
> 體系，另一方面是交通機關體系和職場施設。也就是說，把礎石放地
> 上，這一點顯示兩者的共同性格。（〈關於日常性〉，頁15）

在此，黃金穗指出，日常自我與日常世界具有一個共同的基體，即是扎根於
大地的絕對基底，此一絕對不動的基底，是兩者的共同性格，也是兩者之間
所具有的同一性。至於兩者之間的差異則有以下幾點。首先，（1）日常自我
與日常世界各自擁有其不同的附屬小體系：

身體應該擁有附屬的小體系，住宅應該擁有其家具體系，職場應該擁有
生產、製作體系，交通應該擁有交通機關的體系。日常自我和日常世界
在其原形下包含其體系，這應該是兩者的差異。（〈關於日常性〉，頁16）

所以，不論是身體、住宅、交通、職場體系，都應該各自擁有其附屬體系。
其次，(2) 若就動、靜的型態而言，日常自我的最大範圍：住宅及其家具體
系，可說是靜態的；而日常世界中的職場和交通世界，可說是動態的。如黃
金穗說：

形成日常自我的最大範圍的住宅，以及其家具體系僅僅是靜態的；相較
之下，日常世界中的職場世界和交通世界絕對是動態的。（〈關於日常
性〉，頁16）

換句話說，住宅世界使得家具體系靜止而保有；職場和交通世界讓生產、製
作體系和交通體系發揮主動作用。就此而言，黃金穗認為，(3) 由於靜態作
用，住宅及其家具體系自成為一個內在連續的封閉社會；(4) 相較之下，職
場和交通之間的交替是動態的，因此對外呈現出為二個非連續的開放社會。
黃金穗說：

也就是說，住宅把其家具體系的動作保存成靜止，只是做出一個連續的
封閉社會（société close）；相較之下，職場和交通之間的交替是相互動
態的，只是做出兩個非連續的開放社會（cociétés ouvertes）。（〈關於日
常性〉，頁17）

所謂的連續的封閉社會，指的是住宅及其家具體系。因為，住宅世界本來就
是日常自我身處的一個私密的封閉空間，並且，家具所具有動且靜（可變家
具、固定家具）的雙重性，可讓身體行為的雙重性的連續（如從安靜臥坐到
慢慢步行）成為可能，因此，黃金穗將住宅世界稱之為一個連續的封閉社

會。至於「兩個非連續的開放社會」，指的是交通和職場世界，這兩個場所，一開始本來就是被分隔且非連續的兩個世界，所以，相較於住宅世界的封閉空間，交通與職場世界是個對外開放的社會；並且，日常自我一旦從住宅世界超出而進入這些世界，身體馬上會透過媒介作用而被聯繫至其中，透過不同的身體姿態（pose）為成日常世界的一部分而發揮作用。

　　另外，（5）若就時間和空間的因素來說，日常自我與日常世界的範圍，除了現象上呈現的差異外，在本質上也有所不同：

> 日常自我的範圍本質上雖然是家，是空間的，但現象上仍然是生命，是被時間化的。相反地，日常世界的範圍本質上雖然是生產、交通，是時間的，但現象上仍然是社會，是被空間化的。一旦日常自我的空間被時間化，就進入日常世界的時間，而日常世界的時間被空間化，就進入日常自我的空間。這過程被重複，被並列——這是廣義上的日常世界，日常歷史。（〈關於日常性〉，頁17）

由上引文可知，黃金穗進一步從本質與現象，時間與空間來說明日常自我與日常世界之間的差異，及相互交涉的關係作用。我們可藉由黃金穗所繪的兩幅圖示（〈關於日常性〉，頁17），來說明上述之間的交涉作用：

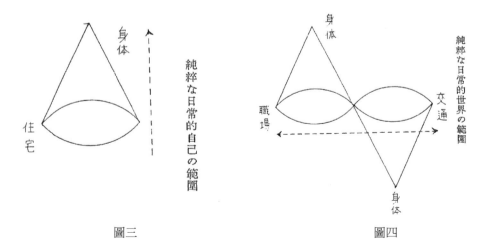

圖三　　　　　　　　　　　　　　　　　　圖四

　　圖三的箭頭方向，是身體生命對時間方向的限定；圖四的箭頭方向，是社會機構對空間方向的限定。首先，我們知道，純粹日常自我、與純粹日常世界的共同性，皆是扎根於同一大地的基石上，因此，兩者有著共同的基底。其次，如果身體越動態，則身體將會超出住宅的範圍，而進入日常世界（交通、職場）中。就圖三而言，我們知道，在住宅中的身體，本質上是家、是空間的，但現象上仍然是生命，是被時間化的，因此，身體一旦超出住宅（空間）而進入日常世界的時間中，則日常自我的空間就會被時間化而進入日常世界的時間。

　　相反的，日常世界的範圍（如圖四），在本質上雖然是生產、交通，是時間的，但現象上仍然是社會，是被空間化的。因此，身體一旦離開日常世界（時間）回到住宅（空間）中，則日常世界的時間就被空間化而進入日常自我的空間（住宅）中。由此，黃金穗認為，如此反覆的循環過程，即是廣義上的日常世界、日常歷史。

　　以上，是黃金穗借用西田幾多郎的媒介、非連續的場所、世界的自我同一與連續，以及歷史現在世界、行為、製作等概念，所畫構出的一幅日常自我（住宅）與日常世界（交通、職場）相互交涉的日常生活性世界的原形圖。接下來，黃金穗將討論焦點轉向下列問題：夜中世界與日常世界之間的關聯性問題。黃金穗說：

> 然而，這樣的日常世界、日常歷史的原形正在夜中，在絕對物質的現狀當中。因此，身體生命和社會機構雖然現在被分隔，但藉由其原形在潛態下可以拉近。（〈關於日常性〉，頁 17-18）

換句話說，在白晝中活動的日常世界（交通、職場），現在因夜中而停止，日常自我的生命，正處於休息的靜止狀態中。那麼，夜中的世界，究竟是一個什麼樣的世界？其具有什麼樣的哲學意涵？以下，我們來審視其所言的夜中的世界。

（七）夜中的日常性：以自我休息為中心的靜止狀態

黃金穗指出，真夜中的世界，是一種絕對無意識狀態的世界。

> （真）[44]夜中是絕對無意識。無意識的範圍越大，（真）夜中的世界越
> 大。在這宏大的（真）夜中的物質現狀當中，把一切活動的原形直接拿
> 下來，並置並列。世界在（真）夜中的媒介上分隔著。在夜中，日常空
> 間和日常範疇在文字上是等同的。（〈關於日常性〉，頁18）

我們先前已經提及，夜中具有以下幾個意涵：(1)夜中是今天行動上連續的
終焉，是明天行動的潛態；(2)夜中是純粹無意識、純粹非行為的，一切物
質都呈現靜止狀態，一切都純粹地存在著，如實地被保存著。

就此而言，相對於夜中的靜止狀態，白天的世界可說是一個絕對動態的
世界。但是，白天的日常自我與日常世界，會隨著時間的流動，由白天進入
黑夜，由動態到靜止。換言之，夜中的世界，乃是白天動態世界的一種待機
狀態，一切皆停止活動，呈現出絕對的靜止狀態，因此，在真夜中，可以將
白天一切的活動原形直接拿下，置於其中。而黃金穗將此白天一切的活動原
形，稱之為「白天的原案」。如黃金穗說：

> 純粹日常的世界現在因夜中而停止，（夜中）[45]可以說是白天原案，是絕
> 對自動的東西的待機。在純粹的日常世界中，內在的東西結束的地方有
> 外在的東西，外在東西結束的地方有內在的東西的開始。（〈關於日常
> 性〉，頁14）

由此我們可知，相對於白天的動態世界，夜中的世界是個靜止的無意識狀

---

44 此中（真）字的括弧，為黃金穗原文中所本有。

45 此括弧中的（夜中）二字，為本文自行添加，原文中無此二字。

態，日常世界與日常自我，正是在此晝、夜反覆的循環過程中展現其日常性。在白天原案中的日常自我，身體穿著其附屬小體系，超越住宅世界，進入動態的日常世界（交通、職場）中活動；到了夜中，日常自我則回歸到絕對的物質空間的住宅世界中，休息而止靜。因此，黃金穗指出，身體生命的休息，是人類在夜中的一種重要的存在型態，人類在其中休息，在其中放著它的對象。黃金穗說：

> 在（真）夜中，日常世界應該被放著直接展現其物質構造，應該是絕對無意識的、非動作的、非行為的世界。──換句話說，日常自我應該正在休息，日常世界靜止。（〈關於日常性〉，頁20）

> 對無生物來看，夜晚是沒有意義的。相反地，只要是生物，至少應該擁有（真）夜中此一環境。尤其對人類而言，其意義很大。人類在其中休息，在其中放著它的對象。（〈關於日常性〉，頁20-21）

在真夜中，日常自我──正在休息；日常世界──被放著而靜止。由此，黃金穗認為，白天的主體是世界，動態地活動著；夜晚的主體是自我，安靜地休息著。同時，夜晚也使得日常世界變得安靜而保有自己，被持續地無意識的靜置在其中。所以，黃金穗指出，真夜中的日常性，乃是一種以自我休息為中心的靜止構造：

> 在夜中的日常性，是以自我休息為中心的靜止構造。日常自我的休息，應該擁有夜中的絕對意義。（〈關於日常性〉，頁21）

那麼，休息是什麼呢？黃金穗說：

> 休息的世界，是以真夜為中心，廣大伸展的世界。以真夜為中心，畫出許多休息型態的同心圓。（〈關於日常性〉，頁21）

在此，黃金穗是以同心圓來說明，所謂的休息世界，是以真夜為中心所擴展出的一種同心圓的休息型態。因此，不論是日常自我或是日常世界，一切都被靜止的放著。並且，黃金穗指出，睡眠乃是此同心圓中的絕對主體：

> 真夜中本來具有的休息意義的型態，應該是睡眠。睡眠是真夜中完全且絕對的主體。真夜中的最大範圍是睡眠過程的持續。（〈關於日常性〉，頁21）

換言之，睡眠，乃是真夜中所具有的絕對意義的休息型態，是真夜中完整且絕對的主體。那麼，問題是，睡眠究竟具有什麼樣的哲學意涵？另外，睡眠在日常自我與日常世界中扮演什麼樣的角色？接著，黃金穗將討論焦點從夜中轉向睡眠此一課題上。

（八）睡眠：身體生命節奏的恢復過程

關於睡眠，黃金穗提出下列幾個問題意識。首先，（1）人們會討論日常的生命節奏，但為什麼不討論睡眠呢？

> 我不認為針對睡眠所說的話都是非哲學的，因為哲學是絕對自覺的。人會討論生命的節奏，但為什麼不討論睡眠呢？睡眠是生命節奏的直接基體。（〈關於日常性〉，頁22）

黃金穗指出，睡眠是維持日常生命節奏的重要基體，因為沒有睡眠，身體就無法正常發揮日常生命的節奏。順此，黃金穗提出另一問題：（2）有人說，睡眠是身體生命之恢復、補充的最後防線，但此最後防線的睡眠過程，究竟是如何展開與進行呢？關於這個問題，黃金穗借由Gestalt來說明，日常自我在睡眠過程中所展現出的生命型態，是個完整而不可分割的整體：

> 在（真）夜當中，日常自我保有著身體的生命節奏，這意味著，在非動

作的安靜狀態中，顯現出日常自我的平均的動態整體（ゲシュタルト／Gestalt）[46]。我們應該說，身體生命節奏本身的動態整體形式，在（真）夜中被呈現出來。（〈關於日常性〉，頁22）

我們知道，白天身體的勞動，會消耗身體的精神與體力，因此，經過一天的勞動，身體除了需要透過攝取營養來補充體力外，同時，還需要透過睡眠來積蓄身體的生命節奏。因此，睡眠可說是恢復身體生命的動態整體及儲蓄生命能量的一個重要過程。黃金穗說：

> 進一步放鬆，恢復身體生命的動態整體形式，以及儲蓄身體生命節奏的工作，就是睡眠過程。（〈關於日常性〉，頁22）

那麼，這睡眠過程的具體內容為何？它是處於一個什麼樣的時空狀態中呢？

> （真）夜中的日常自我，進行著生命動態整體形式的積蓄工作，因而把真夜中的空間時間化。但是，日常自我僅是單純的把空間的時間視為是真夜中的無意識的物質現狀，並在固定的圈中使那現狀持續下去。（〈關於日常性〉，頁23）

由上引文可知，就時空因素來說，真夜中的日常自我，是處於住宅的空間中，而睡眠的過程則是一時間化的歷程，因此可以說，在睡眠歷程中的日常自我把真夜中的空間時間化，形成一個以自我睡眠為中心而開展的圓圈，並持續維持著這固定的圓圈，而這就是日常自我的睡眠過程。

　　但是，我們不能直接將日常自我的睡眠過程（圓圈的持續過程），直接

---

46 關於Gestalt，黃金穗將其翻譯成日文「定容」，並附上拼音：ゲシュタルト。Gestalt可譯成：動態整體、完全型態、完整體、完形。所謂Gestalt，是指一個完整事物的具體真實的存在。並且，整體不是部分的組合，而是一個不可分割的整體性存在。當我們受限於主客對立或其他類似的二分思維時，將無法把握到事物的整體性意義。

等同於夜中的時間。因為，夜中的世界，除了自我睡眠的圓圈外，同時還包含著許多其他個體生命的睡眠圓圈：

> 本來，夜中是這樣的東西：一個恢復生命動態整體形式的原形，和很多其他恢復生命動態整體形式的原形，他們以自己為中心，把夜中世界機構的原形當作最大的圈，被它包容著。它是能夠被圖形畫出來，被時鐘明示的東西。（〈關於日常性〉，頁 23）

由此可知，每各個體生命的睡眠圓圈以自己為中心，將夜中的世界當作是一個最大的圈，由此被包含在內。但問題是，這些正在睡眠的自我圓圈，與夜中世界存在著什麼樣的交涉關係？黃金穗指出，在這些睡眠圓圈與夜中世界之間，存在著一個間隙，而此一「間隙世界」，正是使得日常自我得以解放的重要關鍵。黃金穗如此說道：

> 每個恢復生命動態整體形式的原形，彼此之間保持著相互的間隙，同時也與夜中世界的原形保持著間隙。（〈關於日常性〉，頁 23）

> 這些間隙的世界，在夜中的全範圍中，將真夜中所具有的絕對物質的、非行動的、無意識的現狀皆排除在外，成為從被白天現實世界中解放的夜晚的自我主體，能夠自由地做出自我活動。它是只有自己的世界。（〈關於日常性〉，頁 23-24）

我們試想一下：夜中的世界，是一個範圍最大的圓圈，其將所有東西包含在內。而自我睡眠的圓圈，與夜中世界最外圍的一圈，兩者之間存在一個間隙空間，黃金穗將此稱為間隙世界。

前面已經提及，夜中的世界，是純粹無意識、純粹非行為的，一切物質都呈現靜止狀態。因此，介於夜中世界與自我睡眠圓圈之間的「間隙世界」，正好能將夜中世界具有的物質性的、非行動的狀態，以及自我睡眠圓

圈所具有的無意識的現狀全部排除在外，成為一個只有自己的世界，而將自我從白天現實世界中解放出來，成為夜晚的自我主體。在這間隙世界中被解放的自我，可謂是日常日我所能擁有的絕對自由。所以，黃金穗說：

> 夜中，用世界的靜止來解放自我。被解放的自我，不但恢復生命動態整體形式的原形，還解放自我。在這樣的夜中，從日常世界的絕對物質性的勢力中被解放，這可能是日常自我所能擁有的絕對自由吧。（〈關於日常性〉，頁24）

由此，黃金穗對夜中的原形下一定義：

> 夜中具有以下的原形：固定的、不動的停止世界，以及生命動態整體形式的蓄積工作，具有這兩者的必然同心的環，和彌縫這些環的、自由的、所謂的浪漫主體的流動液。（〈關於日常性〉，頁24）

我們可將上述所言的夜中原形，歸納為以下三點：(1)夜中的原形，是一個固定的、不動的停止世界。(2)在這之中，日常自我正進行著恢復生命動態整體形式的蓄積工作，並呈現出一個自我的睡眠圓圈。(3)彌縫在自我睡眠圓圈之外、與停止不動的世界之間，流動著一種浪漫主體的液體，而日常自我在此得到解放，成為一個擁有絕對自由的主體。

　　在此，我們可以看到，在不動的停止世界中，流動著一種浪漫主體的液體，此中的動與不動之間，存在著一種矛盾的張力。並且，此一具有浪漫主體流動液的間隙世界，會隨著睡眠過程的進行而逐漸消失。因為，一旦自我睡眠圓圈的中心的環，聯繫到夜中世界最外圍的環，這個間隙世界就消失了，世界停止就結束了。此時，停止的世界便又重新開始運作，就開啟了白天的日常世界的活動：

> 這樣一來，中心的環到最後的環，最後的環到中心的環，兩者消滅而形

成，形成而消滅，製造出一個循環。（〈關於日常性〉，頁25）

由此，環與環之間的消滅而形成，形成而消滅的循環過程中，同樣存在著一種矛盾性的張力。我們知道，在真夜當中，日常世界——被放著而靜止；日常自我——正在睡眠；兩者被分隔且互相無緣。但一旦睡眠過程達到極限，之前被分隔且互相無緣的日常自我與日常世界，會再度聯繫上，而其中宵（夜中的開始）和曉（夜中的結束）的這兩部分的連結，可說是一個非常大的矛盾世界，同時，也是一個絕對矛盾的自我同一的世界，因為，宵和曉會在矛盾的極限中產生同一化作用，製造出一個循環，這就是廣義上的日常世界、日常歷史。

以上，是黃金穗從「這一天」為線索，以夜中世界與睡眠為核心，運用西田幾多郎的媒介者、非連續的場所、絕對矛盾的自我同一、世界的自我同一與連續，以及歷史實在世界、行為、製作等概念，所畫構出的一幅包含住宅、交通、職場的晝、夜不斷交替循環的日常性世界圖像。其中，我們可以看到，黃金穗似乎是以一種直觀的方式，以西田的哲學術語，將其自身所處的日常生活經驗之原形，直接抽離出來所畫構出的一幅日常性經驗的世界圖像。

其所言的睡眠的同心圓，可謂是脫胎於西田幾多郎的絕對矛盾的自我同一的圓環的限定[47]；而其所言的間隙世界，則是脫胎於西田幾多郎〈場所〉中所提及的全般與特殊之間存在著的間隙的概念[48]。

然可惜的是，黃金穗在文章開頭雖然借用絕對矛盾的自我同一來討論日常知性的四層辯證關係，但在討論完「這一天」的日常性之後，卻沒有進一步提及日常知性與日常自我之間的交涉關係。這或許是因為，此篇文章只刊登了其學士論文的部分內容所致。但若就一位二十四歲的學生時期的畢業作

---

47 見西田幾多郎，〈弁証法的一般者としての世界〉，收錄於《哲學の根本問題續編——弁証法的世界》，見《西田幾多郎全集》，第6卷，頁239-334。

48 西田幾多郎〈場所〉的中譯本可參見：黃文宏譯注，《西田幾多郎哲學選輯》，頁163-240。

品而言，可謂已具有高度抽象的哲學理論體系。因此，未來若能得到黃金穗的畢業學士論文的全本，則可進一步一窺黃金穗日治時期的哲學思想全貌。

四、存在交涉下的臺灣本土文化運動

接著，我們以黃金穗主編的《新新》雜誌為例，來討論身處於殖民同化、政權交接、以及語言轉換時期的黃金穗及當時的知識分子，如何透過具體的實踐行動，來思考自我以及臺灣文化未來的前途，由此作為本文的結語。

我們知道，一塊土地上所使用的語言，與其文化有著密切的關係[49]。臺灣在日本殖民統治下，日語雖然成了臺灣當時主要的生活語言，但是，日語始終無法取代臺語，於是，臺灣成為了日語、臺語並用的雙語社會。當時的知識分子，雖然透過日語來攝取知識養分，但始終沒有將日語視為母語，反倒將之視為是外國語言。例如，在《新新》創號刊〈卷頭言〉的這段話，就是一個明顯的例子：

> 娛樂是不是也有虛假欺瞞的？是的，在帝國主義下確實有過。明明不想笑，卻要勉強假裝的笑。過去的娛樂雜誌，只有扭曲的笑，明明毫無內容可言，卻被要求無謂的感動。我們的雜誌正與此相反，內容很豐富，想讓讀者打從心底得到感動。以具體替代抽象，盡量從視覺上讓讀者得到娛樂，並有助於啟迪民智。……。使用他國語言來閱讀及表達意見，是很悲哀的。希望我們能用全國文來書寫、發行的日子，盡快到來。[50]

從上引文可知，在此，語言被視為是一種文化識別與認同的象徵。很顯然

---

49 關於語言與文化關係的討論，可參見黃宣衛，〈「語言是文化的本質嗎？」──從認知人類學的發展談起〉，《國立臺灣大學考古人類學刊》，第53期（1998年9月），頁81-104。

50 此文原為日文，見《新新》創號刊〈卷頭言〉，民國三十四年（1945）11月20日發行。

的，身處於殖民同化、政權交接，以及語言轉化之際的黃金穗，一開始，對
於即將到來的中國文化有著滿心的期待，因此希望能夠盡快地使用中文來發
表意見，並對目前只能用他國的語言（日語）來表達意見的現狀感到悲哀[51]。

　　但問題是，受日本殖民統治五十一年的臺灣，在文化上受到日本很深的
影響，而與中國文化有著相當的隔閡。是故，光復後的臺灣文化的未來究竟
要何去何從，則成了當時一個很重要的議題。因此，在《新新》雜誌的推動
下，於民國三十五年（1946）9月12日在臺北山水亭主辦了一場「談臺灣文
化的前途」座談會。此舉可謂是臺灣知識分子以具體的行動，來思考自我以
及臺灣文化未來前途的一個具體的實踐運動。此座談會全文，後以日文刊登
於第七期的《新新》雜誌中[52]。其中，時任臺灣大學文學系[53]副教授的黃得時
認為：

> 光復以後的臺灣文化運動的應有方向，可以從兩個面向思考。一是臺灣
> 過去受到日本式的文化影響，已達世界文化的水準；另一是臺灣文化現
> 狀，若與中國漢民族文化相比，還有很多尚未中國化的部分，因此必須
> 進一步思考，臺灣文化要如何一方面保持世界化水準，同時併行推進中
> 國化？此中存在很多需克服的難題。[54]

關於此點，時任《新生報》主任的王白淵則認為：

> 不是只有用中文表現出來的東西才是中國文化，這是說不通的。日本帝
> 國主義下的文化和現在的國民黨治下的文化有共通點，即是排他文化。

---

51 此〈卷頭言〉雖然沒有表明作者，但從文字書寫及內容來看，創號刊及第二號的〈卷頭
　　言〉，應當皆是出自黃金穗之筆。

52 〈談臺灣文化的前途〉，見《新新》第七期，民國三十五年（1946）10月17日，頁4-8。

53 關於光復初期臺大文學院的組織架構，可參見李東華，《光復初期臺大校史研究：1945-
　　1950》（臺北：臺灣大學出版中心，2014）。

54 此文原為日文，見〈談臺灣文化的前途〉，頁5-6。

> 比如說，林語堂先生用英文寫的東西是哪裡的文化呢？他因為是用英文寫，所以被視為非中國文化。這當然是世界文化，但很明顯不應該就此被當作是非中國文化而被排斥。具有人類共通的國際內容，又有民族表現，這樣很適合當（臺灣）文化。[55]

在此，王白淵認為，所謂的文化，應當同時具有普遍性和民族性兩個部分。其認為：民族性很低、普遍性很高的文化，才是高位文化；而有濃厚的民族性，但普遍性卻很低的文化，則是低級文化。所以其主張，不是只有用中文表現出來的東西才是中國文化，非者就不是中國文化，這是說不通的。

　　但是，對於前來接收臺灣的國民政府立場，正好與王白淵的主張相反。就國民政府的立場而言，臺灣人說日語、寫日語是一種奴化象徵，因此，要透過一連串的剛性手段來禁止使用日語，使臺灣的社會中國化，以改變頗有日本味道的臺灣。而其中的一項措施，就是全面廢除報紙、雜誌的日文欄，全面禁用日語[56]。然而此一措施，對於當時正在尋找自我文化認同的臺灣知識分子，產生了一個極大的矛盾，這矛盾之處來自三點：(1)在民族性上，雖然傾向認同有血緣關係的中國文化，但在實際的現實中，卻又無法立即使用國語來表達意見；(2)在普遍性上，他們傾向認同日本文化的世界性，並能熟悉的使用日語，但卻又將日語當作是他國的語言，不將日本式的文化當作是臺灣文化。(3)可悲的是，正當他們正在尋找自我文化定位之際，卻又被禁止使用熟悉的日語，使他們深陷於日文不能使用，而中文又不夠純熟的兩難狀態下而無法發聲，就此陷入語言轉換的困境中。而此一現實的困境，使得臺灣當時的文化界處於停滯不前的狀態。如李日章在其回憶錄中指出：「曾天從教授二十七歲就在東京出版了一本被其推薦者桑本嚴翼稱為『大冊』的《真理原理論》，廣受注目。但他們當時都處於『語言轉換』的困境中，

---

55 同上註，頁6。

56 見許雪姬，〈臺灣光復初期的語文問題——以二二八事件前後為例〉，《思與言》，第29卷第4期（1991年12月），頁155-184。

其習用的學術語言日文不能再用，而中文的使用尚不純熟，以致曾教授原已構思成熟的十部著作遲至1968年以後才得以中文陸續出版。」[57]而同樣的，黃金穗也面臨「語言轉換」的困境。如東方白在其自傳中指出：「延平老師群中的黃金穗老師，他是日本京都大學畢業的，上課時，以臺語補助國語，原來他的國語一塌糊塗，經常辭不達意，他老愛在句子中間插上『哪哈』這兩個感嘆辭，因此全校學生便給他起了『哪哈』的綽號。」[58]

雖然如此，黃金穗與《新新》並未被這波禁用日語與廢止雜誌日文欄的措施打倒，在隔年1947年第2卷第1期的新年號（總第8期）中，即全面使用中文來發行雜誌，繼續思索臺灣文化未來前途的方向與自我定位。例如，此期的〈卷頭語〉所談的主題仍是「文化的交流」，全文如下[59]：

> 本省光復後，本省和省外各地的所謂「文化的交流」的問題，是最膾炙人口的問題之一。當道言之，省民言之，由外省來的朋友，亦無不言之。可是經過一年有餘的今日。其具體的成就，則寥寥無幾。

> 原來，文化的流注，有一個定式，就是像流水般的由高之低，從高度的文化的地方，流注於較低度的地方的，其流注是很迅速的。可是，現在的本省的狀態，和這定式，卻有些不同。就是本省和他省的文化的程度，各有高低，不是「清一式」；所以不能像由某一方流注某一方那麼簡單。這就是文化的交流，遲遲不進的重大原因。談文化的交流的，要直視這個事實。

---

57 見李日章，《赤峯街5號的那些事》（臺北：玉山社，2015），頁164。

58 見東方白《真與美（二）詩的回憶：青年篇（上）》，頁199。另外，黃金穗辭不達意的中文，可謂是一種日文式的中文，此點可從其所寫的國家長期發展科學委員會甲種補助的成果報告中看出。見《國家長期發展科學委員會年報》，民國五十四年6月，頁107-108；以及民國五十五年6月，頁138。

59 見《新新》，第2卷第1期，民國三十六年（1947）1月5日發行。

上述的事實以外，文化的交流不進的另一個原因，就是，現在本省人和外省人的心理上的隔閡，沒有互相尊敬處，沒有互相信賴處，哪有文化的交流的可能呢？談文化的交流的，要努力打破這個隔閡。至於我國的內戰不已，到處烽煙，也是阻礙文化交流的重大原因之一，因為戰事不已，那有餘力，可以流出或是接受他處的文化。

我們略舉本省和外省文化交流遲遲不進的原因二三。第一的原因是不可如何的事實。可是第二，第三的原因人為的，可以改善它，可以消滅它的。我們願與關心於文化的省內外諸同志，向此努力。

由此可知，黃金穗與當時的臺灣知識分子，雖然在禁用日語以及全面強迫中國化的壓制下，仍相信文化交流的可能，並企圖打破其中的人為因素，從中找出臺灣文化未來的可能方向。但諷刺的是，此文化交流尚未見效，就在發行第 8 期的隔月發生了二二八事件，黃金穗因此逃亡至琉球（沖繩）避難，而《新新》也因二二八事件因素而停刊。

　　由《新新》的命運我們可以看到，臺灣本土文化意識的啟蒙運動，就在(1)日本殖民的同化統治下；(2)戰後被迫即刻全面中國化的壓制下，以及(3)國民政府的政治屠殺（二二八事件，及 1950 年代白色恐怖事件）等三方面矛盾的因素下，使得正要開始萌芽的臺灣本土文化意識就此夭折，由此造成了臺灣本土哲學的斷裂。而這或許也是造成黃金穗日後沒有繼續使用日文發表哲學著作，進而轉向以英文作為與世界溝通的學術語言的可能因素之一。《新新》雜誌的命運，以及黃金穗的一生，可謂是那個時代哲人的無奈地悲哀的縮影。

　　後記：本文得以完成，有賴「國立臺灣師範大學校史館」林政儒與國立臺灣大學哲學所碩士吉田繪里的協助，前者是發現黃金穗相關史料的關鍵人物，後者在日文原文解讀上給予莫大的幫助，謹此致謝。另外，承蒙李日章老師代為引介，本文才有機會訪問趙天儀老師，在此向兩位老師致謝。

參考文獻

Chin-Sui Hwang（黃金穗）, "Protological Operations"（〈前設邏輯運作論〉）, *Bulletin of the College of Liberal Arts, National Taiwan University*, Vol. 13（Dec., 1964）, pp. 443-462.

Chin-Sui Hwang（黃金穗）, "Formal Structure"（〈形式構造論〉）, *Bulletin of the College of Liberal Arts, National Taiwan University*, Vol. 14（Nov., 1965）, pp. 471-490.

Chin-Sui Hwang（黃金穗）, "Theses on 'Logical Manifold'"（〈邏輯多樣體試論〉）, *Bulletin of the College of Liberal Arts, National Taiwan University*, Vol. 15（Aug., 1966）, pp. 469-491.

David Stewart, Algis Mickunas: *Exploring phenomenology: a guide to the field and its literature.*（Athens: Ohio University Press, 1990）, p. 64.

Kurt Schütte, "Reviewed Work: Konstruktive Begründung der Mathematik", *The Journal of Symbolic Logic*, Vol. 18, No. 3（Sep., 1953）, pp. 260-261.

Leo Corry, "Nicolas Bourbaki and the Concept of Mathematical Structure", *Synthese*, Vol. 92, No. 3（Sep., 1992）, pp. 315-348.

Paul Lorenzen, "Konstruktive Begründung der Mathematik", in *Mathematische Zeitschrift*, Bd. 53 Heft 2（1950）, S. 162-202.

Paul Lorenzen, *Einführung in die operative Logik und Mathematik*（Berlin: Springer-Verlag, 1955）.

大藏省印刷局編，《官報》第1902號，昭和八年（1933）5月8號。《官報》第2805號，昭和十一年（1936）5月12日。《官報》第3688號，昭和十四年（1939）4月24日。《官報》第4001號，昭和十五年（1940）5月11日。

天野貞祐、澤瀉久敬、佐藤明雄編集，《九鬼周造全集》，東京都：岩波書店，1981。

本方安雄，《阿呆たれ人生》（上），東京都：文芸社，1999。

朱昭陽口述、吳君瑩記錄、林忠勝撰述，《朱昭陽回憶錄：風雨延平出清流》，臺北：前衛，1994。

西田幾多郎，〈世界の自己同一と連続〉，收錄於《哲學論文集一》，東京都：岩波書店，1935。或見《西田幾多郎全集》，第7卷，東京都：岩波書店，2003。

西田幾多郎，〈弁証法的一般者としての世界〉，收錄於《哲學の根本問題續編──弁証法的世界》，見《西田幾多郎全集》，第6卷，東京都：岩波書店，2003。

西田幾多郎，〈絕對矛盾的自己同一〉，《思想》，第202號，昭和十四年（1939）3月1號，頁1-62（總頁315-376）。

何秀煌，《異鄉偶書（一）》，臺北：三民書局，1971。

吳如鈞，《絕對無詮釋學：京都學派的批判性研究》，臺北：臺灣學生，2012。

尾高邦雄，《職業社會學》，東京都：岩波書店，1941。

李日章，《赤峯街5號的那些事》，臺北：玉山社，2015。

李東華，《光復初期臺大校史研究：1945-1950》，臺北：臺灣大學出版中心，2014。

東方白，《真與美（二）詩的回憶：青年篇（上）》，臺北：前衛，2001。

洪敦達編，《延平中學創校五十週年紀念專輯》，臺北：私立延平高級中學，1996。

徐嘉宏、吳英璋、余德慧，〈鄭發育教授（1916-1996）：臺灣實驗心理學的奠基者〉，
　　《中華心理學刊》，第42卷第2期（1999年12月），頁113-120。

徐慶鐘等編，《臺北高等學校同學會畢業生名簿》，臺北：臺北高等學校同學會，1957。

國立臺灣大學，《五十三年度國立臺灣大學概況》，臺北：國立臺灣大學，1964。

國立臺灣大學，《國立臺灣大學五十四學年度第二次校務會議紀錄》。

國家長期發展科學委員會，《國家長期發展科學委員會年報》，民國五十四年6月─民國
　　五十五年6月。

康寧祥論述、陳政農編撰，《臺灣，打拚：康寧祥回憶錄》，臺北：允晨文化，2013。

教育部學術審議委員會、國立教育資料館編，《專科以上學校教師送審著作目錄彙編》
　　第一輯：民國五十五年至五十八年，臺北：正中書局，1983。

許雪姬、張隆志、陳翠蓮訪談，賴永祥等紀錄，《坐擁書城：賴永祥先生訪問紀錄》，
　　臺北：遠流，2007。

許雪姬，〈臺灣光復初期的語文問題──以二二八事件前後為例〉，《思與言》，第29卷
　　第4期（1991年12月），頁155-184。

許嘉齡編，《開南校史：尋找開南美少年 再現開南新風華》，臺北：開南高級商工職業
　　學校，2004。

陳忠錦主編，《延平中學走過五十年照片輯》，臺北：私立延平高級中學，1997。

陳翠蓮，〈戰後臺灣菁英的憧憬與頓挫：延平學院創立始末〉，《臺灣史研究》，第13卷
　　第2期（2006年12月），頁123-167。

黃文宏，〈西田幾多郎場所邏輯的內在轉向〉，《國立政治大學哲學學報》，第23期
　　（2010年1月），頁1-31。

黃文宏，〈 西田幾多郎「絕對矛盾的自我同一」的邏輯構造〉，《國立政治大學哲學學
　　報》，第33期（2015年1月），頁39-75。

黃文宏譯注，《西田幾多郎哲學選輯》，臺北：聯經出版公司，2013。

黃金穗，〈日常性について──現象學的試論〉，《哲學研究》，第279號（第24卷第6
　　冊），昭和十四年（1939）6月1號，京都：京都哲學會，頁1-32。

黃金穗譯、笛卡兒著，《方法導論》，臺北：協志出版社，1959。

黃宣衛，〈「語言是文化的本質嗎？」──從認知人類學的發展談起〉，《國立臺灣大學考古人類學刊》，第53期（1998年9月），頁81-104。

黃英哲，〈《新新》總目──自創刊號（1945年11月20）至第二卷第一期（1947年1月5號）〉，《臺灣史料研究》，第5號（1995年2月），頁133-142。

廖仁義，〈臺灣哲學的歷史構造──日據時期臺灣哲學思潮的發生與演變〉，《當代》，第28期（1988年8月），頁25-34。

綠川亨編，《岩波書店七十年》，東京都：岩波書店，1987。

臺灣總督府臺北高等學校，《臺灣總督府臺北高等學校一覽》，臺北：臺灣總督府臺北高等學校，昭和十年11月15日。

趙天儀，〈洪耀勳‧曾天從‧黃金穗：臺大哲學系三位老師的回憶〉，發表於「歐美思潮與臺灣早期歐美哲學研究工作坊」（中研院歐美所主辦，2014年5月23日），頁33-35。

趙天儀，〈黃金穗老師印象記〉，收入於氏著，《風雨樓再筆：臺灣文化的漣漪》，臺中：中市文化局，2000。

趙天儀，〈詩人吳瀛濤現代詩的創作世界〉，收錄於許素蘭主編，《考掘‧研究‧再現：臺灣文學史料集刊》，第一輯，臺南：國立臺灣文學館，2011。

鄭世璠，〈滄桑話《新新》──談光復後第一本雜誌的誕生與消失〉，收錄於《新新（覆刻本）》，臺北：傳文文化，1995。

藤田正勝，〈場所──根底からの思惟〉，收錄於《日本の哲學》，第1號，《特集：西田哲學研究の現在》，京都市：昭和堂，2000，頁43-57。

藤田正勝著、吳光輝譯，《西田幾多郎的現代思想》，石家莊市：河北人民，2011。

臺灣哲學大事年表（1895-1950）

年代	臺灣事件	世界事件
1895	• 4月，馬關條約生效；5月，臺灣民主國成立。 • 8月，臺北城陷入混亂，李春生設立保良局保護城內基督徒並維護治安。	• 德國哲學家恩格斯（Friedrich Von Engels）逝世。逝世前一年將馬克思手稿《資本論》第三部編輯出版。
1907	• 李春生出版《天演論書後》，從基督教觀點批判演化論。 • 11月，北埔抗日事件。	• 美國哲學家詹姆士（William James）出版《實用主義》（*Pragmatism: A New Name for Some Old Ways of Thinking*）。
1908	• 李春生出版《東西哲衡》。 • 郭明昆生於臺南麻豆。	• 法國存在主義哲學家西蒙波娃（Simone de Beauvoir）出生於巴黎。 • 法國哲學家梅洛龐蒂（M. Merleau-Ponty）出生於羅什福爾。
1910	• 李春生有出版《宗教五德備考》，說明宗教的本質必須具備五種特質，即始終、道理、經權、異蹟、讖語等。	• 詹姆士逝世。 • 8月，「日韓合併條約」生效。 • 東京大學哲學科成立。
1911	• 李春生出版《哲衡續編》。	• 10月，辛亥革命。 • 日本哲學家西田幾多郎出版《善的研究》，被視為是日本最早的哲學著作。
1912	• 清帝退位，張深切被父親剪去辮子，並開始接受日本教育。	• 京都大學哲學科成立。隔年，「京都學派」開始發展。 • 英國哲學家羅素（B. Russell）出版《哲學問題》（*The Problems of Philosophy*）。

		• 北京大學首創「哲學門」，亦稱「中國哲學門」，1919年更名為哲學系，是中華民國大專校院中最早成立的哲學系。
1915	• 李春生捐地捐款興建臺北幸町教會（今濟南基督長老教會）。 • 7月，噍吧哖事件。	
1916	• 林茂生自東京帝大哲學科畢業，並於《東亞研究》第6卷第11-12號上連載〈王陽明の良知說〉。是臺灣哲學的第一篇學術文獻。	• 美國哲學家和教育家杜威（John Dewey）出版《民主與教育》（*Democracy and Education: An Introduction to the Philosophy of Education*）。
1917	• 張深切赴東京求學，與洪耀勳同寄居於礫川小學教導主任長鹽家中。	• 1月，胡適發表〈文學改良芻議〉。 • 俄國共產革命。
1919		• 胡適《中國哲學史大綱》（上卷）出版，是第一部以西方哲學角度寫成的中國哲學史類的書籍。
1920	• 林茂生任教於臺灣總督府商業專門學校（1926年改名臺南商業專門學校）。	• 中國加入國際聯盟。
1921	•「臺灣文化協會」成立，從事文化啟蒙運動，同年林茂生與林秋梧加入。	• 10月，中國「學衡社」成立，新儒家開始發展。 • 奧地利哲學家維根斯坦（Ludwig Wittgenstein）出版《邏輯哲學論》（*Tractatus Logico-philosophicus*）。 • 羅素赴中國講學、杜威結束兩年中國講學返美。
1922	• 2月，林秋梧參與北師抗日學潮被拘捕，一個多月後獲釋，遭退學。 • 4月，黃彰輝進入臺南師範附屬公學校就讀。	•「維也納學派」首次聚會。 • 日本京都學派第一代哲學家田邊元前往德國向胡塞爾（Edmund Husserl）學習現象學。

1924	• 2月，蘇薌雨進入北京大學哲學系就讀，並發表〈二十年來的中國古文學及文學革命的略述〉。 • 張深切在上海創立臺灣自治協會。 • 10月，李春生逝世。	• 田邊元出版《康德之目的論》。
1925	• 林秋梧自廈門大學哲學系肄業。 • 10月，彰化蔗農「二林事件」。	• 田邊元出版《數理哲學研究》。
1926	• 張深切在廣州成立「臺灣學生聯合會」。	• 10月，法國結構主義與後現代主義學者傅科（Michel Foucault）誕生。 • 12月，日本昭和天皇繼位。
1927	• 張深切考入廣州中山大學法政系，並成立「臺灣革命青年團」。推動反日本殖民與臺灣獨立。 • 8月，張深切回臺灣籌款時，被日本政府逮捕，判刑兩年，受監於臺中監獄。	• 德國哲學家海德格（Martin Heidegger）出版《存在與時間》（*Sein und Zeit*）。
1928	• 楊杏庭參與臺中師範抗日學潮。 • 廖文奎自中國金陵大學哲學系畢業。 • 臺北帝國大學哲學科創立。同年，洪耀勳自東京大學哲學科畢業，並進入臺北帝大哲學科擔任副手。是第一位在文政學部任職的臺灣人。	• 維也納學派與邏輯實證論要角卡納普（Rudolf Carnap）出版《世界的邏輯結構》（*Der Logische Aufbau der Welt*）、《哲學中的假問題》（*Scheinprobleme in der Philosophie*）。
1929	• 廖文奎完成論文 *Modern Idealism as Challenged by Its Rivals*，取得美國芝加哥大學哲學碩士。 • 11月，林茂生自美國哥倫比亞大學畢業，是臺灣第一位PhD博士（PhD in Education）。指導教授為杜威（John Dewey）。	• 維也納學派哥德爾（Kurt Gödel）完成博士論文，證明一階邏輯的完備性。
1930	• 林秋梧自日本駒澤大學畢業。繞道朝鮮後返臺。同年加入「臺灣民眾黨」、「臺灣工友總聯盟」、「赤崁勞動青年會」，並創辦《赤道報》。 • 10月，霧社事件。	• 西田幾多郎出版《普遍者的自覺的體系》。

1931	• 2月，「臺灣民眾黨」遭解散。 • 廖文奎自美國芝加哥大學畢業，是臺灣第一位哲學博士（PhD in Philosophy）。 • 郭明昆自日本早稻田哲學科（社會哲學專攻）畢業。	• 哥德爾證明了「不完備定理」。 • 日本哲學家和辻哲郎升任京都帝國大學教授。 • 日本新康德主義者桑木嚴翼出版《西洋哲學史概說》。 • 中國哲學家馮友蘭《中國哲學史》（上冊）出版，以新實在論為研究框架，為國際知名的第一部完整的中國哲學史，下冊於1934年出版。
1932	• 1月，洪耀勳在《臺灣新民報》發表〈創造臺人言語也算是一大使命〉。	• 3月，滿洲國成立。
1933	• 廖文奎由英國Kegan Paul, Trench, Trübner & Co.出版社（Routledge前身）出版 *The Individual and the Community: A Historical Analysis of the Motivating Factors of Social Conduct* 專書。	• 納粹黨掌權，維也納學派遭派遭到迫害。 • 5月，海德格加入納粹黨。 • 日本共產黨遭鎮壓。 • 西田幾多郎出版《哲學的根本問題》。
1934	• 郭明昆受日本外務省文化事業部派遣到中國北京留學。 • 曾天從畢業於早稻田大學文學部（德國文學專攻）。 • 林秋梧肺結核病逝。	• 美國哲學家奎因（W.V. Quine）發表《邏輯系統》（*A System of Logistic*）。 • 和辻哲郎擔任東京帝國大學文學部倫理學講座教授。
1935	• 8月，陳紹馨在《文化》第2卷第8期發表〈アダムフアグスソの市民社会論〉，討論蘇格蘭哲學家福格森的社會理論。	• 和辻哲郎出版《風土——人間學的考察》。 • 卡納普逃往美國。 • 10月，義大利入侵衣索比亞。
1936	• 郭明昆擔任日本第二早稻田高等學院臨時講師。 • 4月及6月，陳紹馨在《文化》分別發表〈ヘーゲルに於ける市民社会論の成立〉上下篇。 • 6月，洪耀勳發表〈風土文化觀——臺灣風土との聯關に於て——〉。	• 6月，維也納學派與邏輯實證論創立者石里克（Moritz Schlick）遇刺，維也納學派解散。 • 胡塞爾出版《歐洲科學危機和超驗現象學》（*Die Krisis der Europaeischen wissenschaften und die Transzendentale Phaenomenologie*）。

1937	• 曾天從在東京理想出版社發表《真理原理論》，由桑木嚴翼作序推薦，是戰前臺灣哲學家重要作品。 • 3月，黃彰輝畢業於東京帝大哲學科。	• 中日戰爭爆發。
1938	• 洪耀勳在臺北帝國大學《哲學科研究年報》發表〈存在と真理——ヌツビッゼの真理論の一考察〉，是該刊創刊以來唯一的臺灣人作者。 • 蘇薌雨參與臺兒莊、武漢會戰。 • 9月，黃彰輝赴劍橋西敏學院（Westminster College Cambridge）攻讀神學。	• 4月，胡塞爾逝世。
1939	• 張冬芳自東京帝國大學文科（東洋哲學專攻）畢業。 • 黃金穗自京都帝國大學哲學科畢業。同年6月，在京都哲學會所編之《哲學研究》279號發表〈日常性について〉。並在東京岩波書店擔任岩波文庫編輯。	• 9月，德國入侵波蘭，歐戰爆發。 • 杜威出版《自由與文化》（*Freedom and Culture*）。
1940	• 楊杏庭自東京文理科大學哲學科肄業，同年赴南京中央大學任教。 • 吳振坤自京都帝國大學哲學科畢業。	• 6月，法國哲學家沙特被德軍俘虜。 • 6月，德國占領法國。
1941	• 鄭發育自京都帝國大學哲學科畢業，為西田幾多郎學生。畢業後留在京都大學研究心理學並擔任助教。 • 12月，日本對英宣戰，黃彰輝因「敵國國民」身分被英國政府限制行動。	• 12月，珍珠港事件。 • 12月，太平洋戰爭爆發。
1943	• 郭明昆與子女從神戶搭「熱河丸」回臺途中遭美軍潛艦擊沉，全家罹難。 • 黃彰輝在倫敦大學亞非學院（SOAS）教授英國政府與軍職人員日語。	• 沙特完成《存有與虛無》（*L'être et le néant*）。

1944	• 6月，曾天從赴滿洲國遼寧農業大學任教授。	• 日本本土遭受盟軍密集空襲。
1945	• 臺北帝國大學哲學科更名為臺灣大學哲學系。 • 林茂生獲聘臺灣大學教授，張冬芳任教於臺大先修班。 • 林茂生創辦《民報》並擔任社長。 • 11月，黃金穗在新竹創辦《新新》雜誌。	• 8月，二戰結束。 • 奧地利哲學家波普爾（Karl Popper）出版《開放社會及其敵人》（*The open society and its enemies*）。 • 梅洛龐蒂發表《知覺現象學》（*Phénoménologie de la Perception*）。
1946	• 洪耀勳在北京與洪炎秋、張我軍、張深切等人籌組「臺灣省旅平同鄉會」並發行機關報《新臺灣》雜誌。 • 10月，曾天從輾轉從遼寧回到臺灣，經林茂生推薦任教於臺大哲學 • 10月，黃彰輝辭去倫敦亞非學院工作，準備回臺灣在教會服務。	• 田邊元出版《作為懺悔道的哲學》，反思戰前之軍國主義。 • 桑木嚴翼出版《哲學要義》。
1947	• 二二八事件爆發。 • 3月，林茂生遇害、黃金穗出逃沖繩。 • 8月，楊杏庭奉命回臺調查二二八真相，後與國府決裂。 • 11月，臺灣民主自治同盟在香港成立。	• 8月，印度和巴基斯坦獨立。
1950	• 白色恐怖開始，張冬芳逃亡。 • 9月，廖文奎發表「Formosa Speaks」向聯合國陳情尋求臺灣獨立。	• 羅素獲得諾貝爾文學獎。

洪子偉、李佩芸製表

中央研究院叢書

存在交涉：日治時期的臺灣哲學

2016年1月初版　　　　　　　　　　　　　　定價：新臺幣550元
2016年3月初版第二刷
有著作權‧翻印必究
Printed in Taiwan.

編　　　者	洪　子　偉
總　編　輯	胡　金　倫
總　經　理	羅　國　俊
發　行　人	林　載　爵

		叢書主編	沙　淑　芬
出　版　者	中　央　研　究　院	校　　對	吳　淑　芳
	聯經出版事業股份有限公司	封面設計	李　東　記
地　　　址	台北市基隆路一段180號4樓		
編輯部地址	台北市基隆路一段180號4樓		
叢書主編電話	（02）87876242轉212		
台北聯經書房	台北市新生南路三段94號		
電　　話	（02）23620308		
台中分公司	台中市北區崇德路一段198號		
暨門市電話	（04）22312023		
郵政劃撥帳戶第0100559-3號			
郵　撥　電　話	（02）23620308		
印　刷　者	世和印製企業有限公司		
總　經　銷	聯合發行股份有限公司		
發　行　所	新北市新店區寶橋路235巷6弄6號2F		
電　　話	（02）29178022		

行政院新聞局出版事業登記證局版臺業字第0130號

國家圖書館出版品預行編目資料

存在交涉：日治時期的臺灣哲學/洪子偉編 .
初版 . 臺北市 . 中研究、聯經 . 2016年1月(民105年) .
328面 . 17×23公分（中央研究院叢書）
ISBN　978-986-04-7290-5（精裝）
[2016年3月初版第二刷]

1.現代哲學　2.存在主義　3.日據時期

128　　　　　　　　　　　　　　　　　104027384